U0940321

企业合规实务

张家港改革实践样本

CORPORATE COMPLIANCE
PRACTICE

邓根保　主编

中国检察出版社

图书在版编目（CIP）数据

企业合规实务 / 邓根保主编 . -- 北京 : 中国检察出版社 , 2022.11

ISBN 978-7-5102-2820-9

Ⅰ . ①企… Ⅱ . ①邓… Ⅲ . ①企业法—研究—中国 Ⅳ . ① D922.291.914

中国版本图书馆 CIP 数据核字（2022）第 208626 号

企业合规实务

邓根保　主编

责任编辑： 葛晓湄

技术编辑： 王英英

封面设计： 李　瞻

出版发行： 中国检察出版社

社　　址： 北京市石景山区香山南路 109 号（100144）

网　　址： 中国检察出版社（www. zgjccbs. com）

编辑电话：（010）86423784

发行电话：（010）86423726　86423727　86423728

（010）86423730　86423732

经　　销： 新华书店

印　　刷： 河北宝昌佳彩印刷有限公司

开　　本： 710 mm × 960 mm　16 开

印　　张： 20.5

字　　数： 263 千字

版　　次： 2022 年 11 月第一版　　2022 年 11 月第一次印刷

书　　号： ISBN 978 - 7 - 5102 - 2820 - 9

定　　价： 68.00 元

检察版图书，版权所有，侵权必究

如遇图书印装质量问题本社负责调换

《企业合规实务》
编写委员会

主　　　编： 邓根保

执行副主编： 丁建勤

副　主　编： 吴晓敏　　刘　霞　　韩广强
董树海

成　　　员： 郑　莉　　张秀娟　　刘　青
钱　丽　　孙敏叔　　杨扬琴
杜友震

编写说明

2020年3月19日，最高人民检察院开启企业合规改革试点，对于办理的涉企刑事案件，在依法少捕慎诉慎押的同时，督促涉案企业作出合规承诺并积极整改落实，减少和预防企业犯罪，促进“严管”制度化，不让“厚爱”被滥用。

张家港市人民检察院作为全国六家首批试点基层检察院之一，两年多来坚持能动履职、创新实践，办理涉案企业合规案件20余件，探索10余种合规与检察职能相结合的模式，建立配套制度和文书模板50余项，接待来院考察交流50余批次。相关经验得到最高人民检察院肯定。2个案例在第三届民营经济法治建设峰会上展播，2个案例获评全国检察机关典型案例，“合规护企”检察办案团队获评全国检察机关优秀办案团队，拍摄的合规办案故事获评首届全国检察机关“十佳检察办案故事”。在第四届民营经济法治建设峰会上，张家港市工商联、张家港市人民检察院共建沟通联系机制做法入选全国工商联与检察机关沟通联系机制典型事例（2019—2022）。

在试点推进过程中，上级检察院的有力指导，为改革试点的依法推进提供了正确方向。陈瑞华教授、王志乐所长、孙国祥教授、丁胜明教授等专家学者时刻关注、不吝赐教，为改革试点的攻坚克难提供了智力支持。张家港市委市政府充分认识改革试点的重要意义，将其纳入全市重点项目，提出打造样板的要求，统筹全市力量推进合规城市建设；工商联、司法局以及相关行政机关、各区镇等全力支持配合，为改革试点的落地执行提供了肥沃土壤。这些支持和帮助，是张家港市人民检察院企业合规改革试点深入推进的有力支撑和力量源泉，在此表达最诚挚的谢意。

本书由全国检察机关优秀办案团队的核心成员编写，从实务操作的角度，对一个基层检察院探索实践的阶段性成果进行归纳整理和系统展示，以期能够对实务界的工作推进和理论界的研究探讨提供一些素材、带来一些启迪。其中第一章回顾了企业合规改革试点的发展脉络，介绍了张家港市人民检察院把握的基本原则和试点概况；第二章介绍了该院“合规护企”检察办案团队的组建情况以及在办案中把握的规则、要点；第三章和第七章聚焦以抓末端、治已病为核心的第三方机制和以抓前端、治未病为核心的事前合规，分节将在探索实践中形成的52项配套制度和文书模板以附件的形式完整展现；第四、五、六章结合该院的办案实践，介绍了12种紧扣职能推动合规建设的办案模式；第八章提出了对企业合规立法和合规城市建设的展望思考。

合规改革试点是一项从无到有的工作，没有现成的经验可以借鉴。本书所展示的配套制度和文书模板，虽然经过多次修改完善，却依然存在很多不成熟、不完善之处。12种办案模式中，有一些案例是在改革试点初期办理的，为充分展示改革试点全过程，也都真实呈现出来，望广大读者提出宝贵意见。

合规探索任重道远。张家港市人民检察院将更加充分发挥检察职能，着力打造企业合规改革试点的“张家港样板”，为以打造“企业违法犯罪率、被违法犯罪率最低”城市名片为目标的合规城市建设作出更大努力。

本书编委会
2022年10月

序一

张家港市人民检察院是最高人民检察院启动的涉案企业合规改革的第一批试点单位，也是迄今办理涉案企业合规案件数量最多、入选最高检典型案例最多并受本市党委和政府委托推进合规城市建设的基层检察院。邓根保检察长说，编写这本书的直接动因是给一批批前来参观访问的客人送一份礼物、一套可资借鉴的企业合规改革样本。

在最高检涉案企业合规研究指导组编写了《涉案企业合规办案手册》后，张家港市人民检察院作为基层检察院编写这本书具有特别重要的意义。一方面，它可以系统地反映该院在企业合规改革方面取得的突出成就，即“三大建设”（办案团队建设、第三方机制建设、合规城市建设）和“三大探索”（探索侦查环节、审查起诉环节、社会治理中的合规裁量制度）；另一方面，本书中原汁原味的办案文书和改革文件以及办案经验不仅为各地检察官、律师和第三方机制成员等实务工作者提供了参考，也为理论工作者探索企业合规改革前沿问题提供了素材。

企业合规检察办案团队是涉案企业合规改革的先锋队。张家港市人民检察院从改革伊始就把办案团队建设放在重要位置，通过建立健全合规办案规则，挑选高素质办案人员，打造了一支理论研究与实务操作兼优的办案团队。以理论研究引领改革探索，以改革实践检验和发展理论认识。这支合规改革的先锋队被评选为全国检察机关优秀办案团队，受到最高检的嘉奖。这也是该院始终站在合规改革的前沿，在办案和宣传等方面都取得骄人成绩的重要原因。

第三方监督评估机制是涉案企业合规改革顺利推进的保障。

2021年3月最高检在第二期涉案企业合规改革试点工作方案中提出第三方机制建设的要求，6月初最高检等九部门联合发布《关于建立涉案企业合规第三方监督评估机制的指导意见（试行）》，张家港市人民检察院在4月中旬就发布了《关于开展企业合规改革试点工作的实施细则》和《张家港市企业合规监管委员会工作章程》。第三方机制建设推进的速度之快、力度之大、效果之好，可谓“一骑绝尘”。除了检察长的事业心和责任心之外，争取党委领导支持的能力、与相关部门沟通协调能力都发挥了重要作用。

协同推进合规城市建设是张家港市合规改革的鲜明特色。张家港市党政领导干部政治素质高、敏感性强，检察机关提出涉案企业合规改革试点的请示后，党委和政府不仅大力支持，而且要求在全市域推进企业合规建设。2021年3月，张家港市委、市政府出台了《关于推进企业合规建设的意见（试行）》，成立了市企业合规监管委员会；2022年3月，张家港市人大常委会通过了《关于推进全市企业合规建设工作的决定》和《张家港市企业合规建设工作实施办法》，按照严格依法、政府支持、企业自愿、积极稳妥的原则，统筹协调推进全市企业合规建设工作。同时，张家港市合规改革探索注重发挥第三方机制的作用，可以接受非涉案企业合规建设评估验收的申请，鼓励非涉案企业主动承诺并开展企业合规建设，要求相关部门对事前合规并通过合规考察的企业予以政策激励。这些改革探索已经超出最高检的改革部署任务，使检察机关和第三方机制的职能都向外延伸和拓展了。总体上说，这是一个好势头，但是如何把握好度，有所作为而不越位，值得我们进一步研究。

探索侦查环节的合规裁量制度。一方面，由于现行《刑事诉讼法》规定的审查起诉期限一般只有一个半月，在此期间内完成合规建设和评估验收都是难以想象的，合规建设和评估工作向侦查延伸，以便借用时间，成为许多地方的选择；另一方面，在侦查阶段，对企业人员的批捕、挂案清理等工作与合规改革具有相关性，将其纳入改革范围，可以更好地落实宽严相济的刑事政策。但是，最高检目前的试点方案没有将公安机关设定为合规办案主体，如何联合、协商公安机关参与合规改革并建立相应的程序和规则，这就需要地方检察机关来探索，张家港市人民检察院在侦查环节适用合规的探索是多方面的，也是有成效的。

探索审查起诉环节的合规裁量制度。第一期企业合规改革试点主要是相对不起诉适用机制改革，可以简称为“合规不起诉”。第二期企业合规改革试点就把“合规从宽”的方式拓展到合规不批捕、合规变更强制措施、合规从轻量刑建议等。同时，对于合规案件的异地协作、分案处理等程序规则也有探索。这不仅丰富了合规从宽的内容，拓展了合规从宽的程序，而且在现行法律框架内激发了企业的合规积极性，产生了较大的社会效应。

探索社会治理中的合规监督制度。对于涉案企业的范围，在理论界和实务界都存在一些不同认识，主要问题是：对于那些与涉案企业存在关联合规风险或者由类案暴露出合规风险的企业，检察机关应当如何对待和处理？这些企业要不要进行合规建设？其合规有效性要不要进行评估？张家港市人民检察院通过检察建议的方式比较好地解决了这些问题。这一经验在全国工商联等九部门联合发布的《涉案企业合规建设、评估和审查办法》中得到了反映。该院还在社区矫正、诉源治理、行业治理、示范企业建设等方面探索适用合规检察建议。这些做法都值得我们研究。

张家港市人民检察院合规改革工作既是全国检察机关涉案企业合规改革的一部分，也是其领跑者、探索者，是包含着合规改革发展密码的重要样本。

是为序。

谢鹏程

2022 年 8 月 16 日

序二

收到张家港市人民检察院发来的书稿，顿时眼前一亮。这部名为《企业合规实务》的著作，由邓根保检察长主编，该院全国检察机关优秀办案团队的核心成员集体创作，全面总结该院合规改革的经验，记录了该院改革探索的艰辛历程，是该院集体智慧的结晶。

2020 年 3 月，最高检遴选了包括张家港市人民检察院在内的全国六家基层检察院，以开展检察理论研究课题的形式，启动了企业合规改革的试点。由于改革试点顺应了社会各界的期待和需要，符合我国加强民营企业保护的刑事政策，因此迅速得到了社会各界的高度关注和强力支持。在改革试点取得积极效果的背景下，最高检不仅将这一改革试点列为我国检察制度改革的重要课题，而且于次年将这一改革试点扩大到十个省份的检察机关，进而于 2022 年 4 月推广到全国各级检察机关。星星之火，可以燎原。我国企业合规改革的经验表明，只要是符合司法规律的改革项目，都具有强大的生命力，并可以得到社会各界的广泛支持。

我国企业合规改革是一次全新的尝试，既没有现成的经验可供参考，也没有较为成熟的理论可供借鉴。张家港市人民检察院本着“司法为民”“宽严相济”的理念，根据本地社会经济的具体情况，对企业合规制度做出了大胆探索，并通过对改革经验的不断总结，推出了一个又一个较为成功的改革案例，提出了一系列行之有效的改革设想。在此过程中，张家港市人民检察院展现了高超的政治智慧和改革精神，从小微企业的合规整改方式，到大型企业的合规考察模式；从个案中的企业整改，到整个行业的合规治理；从本土企业的合规体系建设，到涉外企业的合规管理，他们都不断地进行研究和思考，并付诸于实践，提出了不少颇具新意的制度设计。该院的合规制度改革，引起了全国法学界和司法实务界的高度重视，也得到了最高检的高度肯定。

迄今为止，张家港市人民检察院共办理涉案企业合规案件 20 余件，探索出 10 多种合规与检察职能相结合的制度模式。该院所办理的一起污染环境案件和一起侵犯知识产权的案件，被最高检分别载入第一批和第二批典型试点案例。该院"合规护企"检察办案团队获评全国检察机关优秀办案团队，拍摄的合规办案故事获评首届全国检察机关"十佳检察办案故事"。可以说，张家港市人民检察院的企业合规改革走在全国检察机关的最前列，成为名副其实的"合规改革试点基地"。

根据我的观察和理解，张家港市人民检察院在合规改革中率先创造了一些值得高度关注的经验。该院针对辖区内小微企业涉嫌犯罪案件较多的特点，探索出了一套既简便易行又行之有效的合规考察模式。这种模式不过分强调合规整改的体系化和全面化，而注重针对企业的管理漏洞和制度缺陷，做出有针对性的合规整改，重在消除同类犯罪发生的内在结构性原因。该院针对辖区内所出现的"挂案"情况，与公安机关和其他部门相互协作，与其他地区的检察机关进行跨地域合作，灵活机动地启动合规考察程序，取得了多方面的改革收益。该院针对一些行业性的普遍违法违规案例，在针对涉案企业开展合规整改工作的同时，还督促同行业其他企业启动合规整改工作，并建立了一套具有合规激励效果的制度设计。不仅如此，该院还对企业合规的刑行衔接、企业的事前合规、涉外企业的合规整改等，做出了全方位的制度探索，形成了一些较为成熟的改革经验。

作为一部系统总结合规改革经验的著作，《企业合规实务》一书对企业合规的性质、价值、制度进行了理论上的梳理，并结合张家港市人民检察院的改革经验，对合规整改中的制度建设、改革路径探索、事前合规的开展思路、"合规城市"建设等，做出了全面的讨论。对于与企业合规改革有关的《刑法》和《刑事诉讼法》的立法完善，提出了有针对性的设想。在论述中，该书不是空对空地进行讨论，而是结合相关案例，做出有针对性的分析，具有较强的可操作性和可复制性。

作为一个关注、跟踪和研究企业合规制度的学者，我对张家港市人民检察院在合规改革中取得的成绩表示祝贺，并向广大读者强烈推荐《企业合规实务》一书。本书既可以供法学研究者在研究合规改革时加以参考，也可以供全国其他相关实务部门进行合规改革探索时加以借鉴。

陈瑞华

2022年8月5日

缩略语表

《试点方案》	最高人民检察院《关于开展企业合规改革试点工作方案》
《指导意见》	最高人民检察院、司法部、财政部、生态环境部、国务院国有资产监督管理委员会、国家税务总局、国家市场监督管理总局、全国工商联、中国国际贸易促进委员会《关于建立涉案企业合规第三方监督评估机制的指导意见（试行）》
第三方机制	涉案企业合规第三方监督评估机制
第三方机制管委会	第三方监督评估机制管理委员会
第三方组织	第三方监督评估组织
《〈指导意见〉实施细则》	最高人民检察院、司法部、财政部、生态环境部、国务院国有资产监督管理委员会、国家税务总局、国家市场监督管理总局、全国工商联、中国国际贸易促进委员会《〈关于建立涉案企业合规第三方监督评估机制的指导意见（试行）〉实施细则》

《选任管理办法》	最高人民检察院、司法部、财政部、生态环境部、国务院国有资产监督管理委员会、国家税务总局、国家市场监督管理总局、全国工商联、中国国际贸易促进委员会《涉案企业合规第三方监督评估机制专业人员选任管理办法（试行）》
《审查办法》	最高人民检察院、司法部、财政部、生态环境部、国务院国有资产监督管理委员会、国家税务总局、国家市场监督管理总局、全国工商联、中国国际贸易促进委员会《涉案企业合规建设、评估和审查办法（试行）》
《决定》	张家港市人民代表大会常务委员会《关于推进全市企业合规改革试点工作的决定》
《办法》	张家港市人民代表大会常务委员会《张家港市企业合规建设工作实施办法》

目　录

CONTENTS

第一章　引论

第二章 检察办案团队建设

第三章 第三方机制建设

第四章 侦查环节的合规裁量

第五章 审查起诉环节的合规裁量

第六章 社会治理中的合规监督

第七章　事前合规

第八章 展望思考

附件目录

扫描二维码
查看最新版文件

第一章

引　论

第一节 发展脉络

一、企业合规的起源

1991 年美国颁布适用于单位被告人的《联邦组织量刑指南》，首次在刑事规范中引入合规理念，要求企业建立具有预防违法犯罪功能的公司治理结构，并将企业是否实施“有效的合规计划”与对企业的刑事责任评价挂钩，开企业合规制度之先河。20 世纪 90 年代之后，企业合规迎来高速发展期。

进入 21 世纪，包括美国、英国、法国、意大利在内的众多发达国家纷纷确立了企业合规制度，南非、巴西、印度等发展中国家也在特定领域建立了合规制度，再加上《联合国反腐败公约》《OECD 关于腐败的刑法公约》《保护欧洲共同体金融利益公约的第二协议》等系列国际、区域文件的助推，使得企业合规制度在全球范围内普及。[①] 企业合规制度在美国、英国等国家已较为成熟，在推进企业发展方面具有一定的代表性，值得我国借鉴。

二、企业合规的国内发展

企业合规肇始于行政合规。[②] 行政合规是指由国家行政机关在其管辖范围内，通过制定规范性文件等方式，建议、鼓励特定的企业加强合规管理。2006 年，银监会出台了《商业银行合规

① 参见张远煌：《刑事合规国际趋势与中国实践》，载《检察日报》2019 年 11 月 2 日，第 3 版。

② 参见黄石检察：《权威解读 | 谢鹏程回应有关企业合规从宽制度改革的质疑》，载微信公众号“民主与法制周刊”，2021 年 10 月 27 日，https://mp.weixin.qq.com/s/-b-HAKJfV-c2wViGBymPjQ。

风险管理指引》；2007年，保监会出台了《保险公司合规管理指引》。之后，国资委、商务部等政府部门也出台了要求企业合规经营的意见规定，并于2018年底正式印发了《中央企业合规管理指引（试行）》《企业境外经营合规管理指引》等，引导推动企业建立健全合规管理体系。[①] 同时，在国家立法层面，《反不正当竞争法》等立法中已规定了“合规激励机制”，为企业合规制度的重点突破创造了前置性的制度条件。2022年9月，国务院国资委正式发布《中央企业合规管理办法》，吸纳了多年来我国企业合规建设取得的经验成果，推动企业合规管理工作迈上新台阶。

2017年5月23日，中央全面深化改革领导小组第三十五次会议审议并通过《关于规范企业海外经营行为的若干意见》。会议指出，规范企业海外经营行为，要围绕体制机制建设，突出问题导向，落实企业责任，严格依法执纪，补足制度短板，加强企业海外经营行为合规制度建设。

2018年11月，习近平总书记主持召开民营企业座谈会，充分肯定民营企业的重要地位和作用。之后，最高人民检察院（以下简称最高检）发布了规范办理涉民营企业案件的11条执法司法标准，落实习近平总书记关于民营经济发展的重要指示精神。

2020年1月，最高检张军检察长在全国检察长会议上提出，对涉嫌犯罪的民营企业负责人，切实做到依法能不捕的不捕，能不诉的不诉，能不判实刑的就提出缓刑建议。

2020年3月，最高检启动涉案企业合规改革试点工作，并确定上海市浦东新区检察院、金山区检察院，广东省深圳市南山区检察院、宝安区检察院，江苏省张家港市检察院，山东省郯城县检察院为试点单位，开展第一期合规改革试点。

2020年11月，最高检决定成立企业合规问题研究指导工作

---

① 参见王志乐主编：《企业合规管理操作指南》，中国法制出版社2017年版，第40-41页。

组，统筹推进企业合规问题的理论研究和实务指导，确保相关工作严格依法，稳妥有序。

2020 年 12 月，张军检察长主持召开企业合规试点工作座谈会，听取前期试点单位的工作情况汇报以及专家学者、企业代表的意见建议，对下一步依法有序开展试点工作作出部署要求。

2021 年 3 月，最高检发布《关于开展企业合规改革试点工作方案》(以下简称《试点方案》)，开展第二期合规试点，试点范围较第一期有所扩大，涉及北京、辽宁、上海、江苏、浙江、福建、山东、湖北、湖南、广东十个省、直辖市。在落实少捕、慎诉、慎押刑事司法政策的同时，督促涉案企业作出合规承诺，并积极整改，构建合规管理体系，走上守法经营的健康发展道路。[①]

2021 年 6 月 3 日，最高检会同司法部、财政部、生态环境部、国务院国有资产监督管理委员会、国家税务总局、国家市场监督管理总局、全国工商联、中国国际贸易促进委员会共同发布《关于建立涉案企业合规第三方监督评估机制的指导意见（试行）》（以下简称《指导意见》)，从国家层面建立涉案企业合规第三方监督评估机制（以下简称第三方机制），进一步深化企业合规改革试点工作。同日，最高检发布首批共 4 件企业合规改革试点典型案例。之后，全国多地检察机关建立起第三方机制，由第三方监督评估机制管理委员会（以下简称第三方机制管委会）专门成立的第三方监督评估组织（以下简称第三方组织）对涉案企业合规计划完成情况进行监督考察，出具监督考察评估意见，作为检察机关办理案件的重要参考。由此，企业合规正式纳入刑事司法领域，中国特色的企业合规制度逐渐成形。

2021 年 11 月 22 日，最高检等九部门联合发布《〈关于建立涉

---

① 参见徐日丹:《最高人民检察院下发工作方案 依法有序推进企业合规改革试点纵深发展》，载正义网，http://news.jcrb.com/jsxw/2021/202104/t20210409_2268887.html。

案企业合规第三方监督评估机制的指导意见（试行）〉实施细则》（以下简称《〈指导意见〉实施细则》）和《涉案企业合规第三方监督评估机制专业人员选任管理办法（试行）》（以下简称《选任管理办法》），规范涉案企业合规第三方机制专业人员的选任管理工作，保障第三方机制有效运行。

2021 年 12 月 8 日，最高检发布第二批共 6 件企业合规典型案例，该批案例以适用第三方机制为重点，着力体现企业合规流程、合规整改效果，检察机关的主导作用及典型意义等。

2022 年 4 月 2 日，随着涉案企业合规改革第二期试点结束，最高检总结经验做法，部署在全国范围内全面推开改革试点工作。①

2022 年 4 月 19 日，九部门联合发布《涉案企业合规建设、评估和审查办法（试行）》（以下简称《审查办法》），对涉案企业如何进行合规建设、第三方组织如何进行合规评估、检察机关如何进行合规审查作出规定，进一步明晰第三方机制参与各方的职责。

2022 年 8 月 10 日，最高检发布第三批共 5 件企业合规典型案例，该批案例充分考虑大、中、小、微不同类型企业合规特点，既有针对大中型企业开展的专项合规，也有针对小微企业开展的简式合规，典型案例更具代表性。②

---

① 参见徐日丹:《涉案企业合规改革试点全面推开！这次部署会释放哪些重要信号》，载微信公众号“最高人民检察院”，2022 年 4 月 2 日，https://mp.weixin.qq.com/s/3jTZM51Y65kPzW4MZJXMyA。

② 参见孙凤娟:《最高检发布第三批涉案企业合规典型案例》，载微信公众号“最高人民检察院”，2022 年 8 月 10 日，https://mp.weixin.qq.com/s/WUscpam8EmOhZHQuuG8izQ。

第二节 基本概念

一、企业合规的概念

国内对企业合规基础理论研究较早的是最高检专家咨询委员会委员、北京大学教授陈瑞华，他在《企业合规基本理论》一书中写道，企业合规有三层含义：一是从积极的层面来看，企业合规是指企业在经营过程中要遵守法律和遵循规则；二是从消极的层面来看，企业合规是指企业为避免或减轻因违法违规经营而可能受到的行政责任、刑事责任所采取的一种公司治理方式；三是从外部激励机制来看，国家法律需要将企业合规作为宽大行政处理和宽大刑事处理的重要依据，给企业一定程度的法律奖励。① 这一关于企业合规概念的阐述比较全面，包含了企业自我管理和国家政策激励两方面内容。

企业合规的概念在我国实践中的最早运用应该是《中央企业合规管理指引（试行）》，该指引第二条规定："本指引所称合规，是指中央企业及其员工的经营管理行为符合法律法规、监管规定、行业准则和企业章程、规章制度以及国际条约、规则等要求。" 2021 年 3 月 1 日，在由检察日报社举办的企业合规制度"三人谈"研讨活动中，时任最高检检察理论研究所所长、研究员谢鹏程论述道，企业合规就是企业及其员工的经营管理行为要符合国家法律、行政法规、国际条约、行业准则、商业道德以及企业内部的管理制度。②

---

① 参见陈瑞华：《企业合规基本理论》（第二版），法律出版社 2021 年版，第 7 页。

② 参见《为什么要建立企业合规制度？检察机关发挥怎样的作用？"三人谈"打开问号》，载微信公众号"最高人民检察院"，2021 年 3 月 1 日，https://mp.weixin.qq.com/s/yAf5bcnhtJ-CgN1HOsVrYw。

需要注意的是，企业合规的概念传入我国后，理论界和实务界出现了“刑事合规”“企业合规”不同的说法。“刑事合规”是德国学者从刑事激励措施角度研究合规时独创的表述，强调企业完成合规建设可以获得刑事处罚从宽的激励，并不是说只要求企业经营管理行为符合国家刑事法律规定。但是，在企业合规理论和实践研究的初期，“刑事合规”和“企业合规”的概念出现混淆，引发了一些误解。鉴于此，《试点方案》中使用“企业合规”而非“刑事合规”。[①]

二、企业合规改革试点的概念

《试点方案》中指出，开展企业合规改革试点工作是指检察机关对于办理的涉企刑事案件，在依法作出不批准逮捕、不起诉决定或者根据认罪认罚从宽制度提出轻缓量刑建议等的同时，针对企业涉嫌的具体犯罪，结合办案实际，督促涉案企业作出合规承诺并积极整改落实，促进企业合规守法经营，减少和预防企业犯罪，实现司法办案政治效果、法律效果、社会效果的有机统一。可见，检察机关开展企业合规改革试点，目的是通过探索涉案企业合规从宽制度，要求涉案企业进行合规整改，建立起有效的合规管理体系。企业合规改革试点中对企业合规整改的要求与企业合规的内涵是一脉相承的，即要求企业建立的合规管理体系应当符合国家法律、市场监管、企业管理等方方面面的要求。

三、涉案企业合规的概念

《指导意见》第一条规定：“涉案企业合规第三方监督评估机制（以下简称第三方机制），是指人民检察院在办理涉企犯罪案件时，对符合企业合规改革试点适用条件的，交由第三方监督评估机制

---

① 参见李勇：《企业合规需要重塑治理模式》，载《检察日报》2021年10月14日，第3版。

管理委员会（以下简称第三方机制管委会）选任组成的第三方监督评估组织（以下简称第三方组织），对涉案企业的合规承诺进行调查、评估、监督和考察。考察结果作为人民检察院依法处理案件的重要参考。”该条规定可以作为检察机关建立涉案企业合规从宽制度的主要依据。涉案企业合规可以理解为涉案企业合规从宽制度，是企业合规改革试点的制度设计，指的是检察机关在办理涉企犯罪案件时，对符合条件的涉案企业启动合规监督考察程序，在考察期内由检察官或者成立的第三方组织对涉案企业制定并执行合规计划进行监督、考察和评估，并出具监督考察报告。考察结果作为检察机关作出不捕、不诉以及提出轻缓量刑建议等的重要参考。涉案企业合规从宽制度包含企业自身努力和国家刑事政策激励两个层次，以达到企业管理和国家治理双赢的效果。当前，如何构建起中国特色的企业合规制度已经引起理论界和实务界的高度关注。

第三节 意义价值

一、符合新时代企业犯罪治理要求

2021 年 4 月，中国企业家犯罪预防研究中心发布了《2019—2020 企业家刑事风险分析报告》，以“中国裁判文书网”2019 年 12 月 1 日至 2020 年 11 月 30 日上传的刑事案件判决书、裁定书为检索对象，确定分析样本，数据显示涉案企业家 3082 人，涉及犯罪 3278 次，其中国有企业家人数为 187 人，约占总数的 6.07%，民营企业家人数为 2876 人，约占总数的 93.32%。[①] 企业家犯罪暴

① 参见蒋安杰:《〈2019—2020 企业家刑事风险分析报告〉发布》，载《法治日报》2021 年 4 月 28 日，第 9 版。

露出企业家合规经营意识淡薄、企业日常管理有漏洞、监督制约机制不完善等问题，特别是中小民营企业，是刑事风险的高发群体，难以对可能出现的风险隐患及时作出预警并排除。我国现有的企业犯罪追责体系偏重于对犯罪主体的打击与威慑，但在犯罪预防与长效治理方面存在一定的不足。涉案企业合规从宽制度是一种新的犯罪治理模式，企业以建立有效的合规管理体系换取刑事处罚上的从宽，在减轻刑事处罚后果的同时增强防控风险的能力，有效降低再犯罪的可能。这种犯罪治理模式不再以惩罚为第一要义，而是以教育挽救为原则，帮助犯罪的企业消除涉罪风险。以企业合规为前提的犯罪治理在某种程度上变成了国家和企业合作的模式。[①] 从企业层面看，涉案企业通过合规整改能够修复现有的管理体系，激活企业风险防控机制，实现动态、持续、有效的管理。从国家层面看，检察机关指导和监督企业依法开展合规建设，创新手段参与企业犯罪预防、治理，尽可能挽救涉案企业，符合少捕慎诉慎押刑事司法政策的要求，是国家司法机关治理犯罪能力和水平提升的体现。

二、符合法治化营商环境构建要求

党中央提出了“六稳”“六保”的政策，其中保市场主体是重要内容。习近平总书记强调“法治是最好的营商环境”。“十四五”规划和党的二十大报告更是强调了持续优化营商环境的重要性。最高检明确提出，要营造法治化营商环境，推动构建新发展格局，积极探索中国特色现代企业规制司法制度。现代意义上的企业合规不仅限于企业内控管理机制，还涉及国家治理、市场监管、企业管理等多个维度、多个主体，考验当地执法、司法能力和水平，对一个地区法治化营商环境的构建具有积极的推动作用。企业只

---

① 参见石磊:《刑事合规：最优企业犯罪预防方法》，载《检察日报》2019年1月26日，第3版。

有在税收、环保、安全生产等各个环节、各个领域都合规经营，才能实现从企业合规逐步走向市场合规、营商环境合规，以“合规”促“法治”，从而整体提高营商环境法治化水平。

三、符合现代化企业合规经营要求

虽然我国政府部门逐步引导、推广企业合规管理，但合规激励机制没有建立起来，企业合规的动力明显不足。刑事激励是推动企业合规建设最有效的激励手段，可以倒逼涉案企业主动开展合规建设。企业合规管理体系虽然短期无法直接创造商业价值，但长期来看，有效的合规管理体系可以帮助企业保持良性运行的态势，让企业家安心经营、长远发展。合规可以转化成推动企业持续健康发展的生产力。合规的生产力体现在：一是对合作伙伴形成吸引力，特别是在外贸合作、外商谈判中，企业打造的合规文化、合规管理制度、行为准则都可能成为达成合作、谈判的加分项；二是对生产经营形成竞争力，企业建立起合规管理体系解决了企业负责人的后顾之忧，可以放开手脚投入产品研发、产业升级，扩大产业规模，增加企业的营业收入、产值；三是对风险防控形成战斗力，企业建立起生产经营、财务管理、合规内控的管理体系，改变原来野蛮、粗放的管理模式，风险防控能力和水平都将有所提高。

第四节 试点概况

一、坚持的基本原则

2017 年 9 月，习近平总书记在致第二十二届国际检察官联合会年会贺信中指出，中国检察机关是国家的法律监督机关，承担惩治和预防犯罪、对诉讼活动进行监督等职责，是保护国家利益和社会公共利益的一支重要力量。检察机关牵头开展企业合规改革试点工作，正是检察机关履行预防犯罪职责、当好公共利益代表的重要抓手和有力举措。检察机关开展企业合规改革试点工作应紧紧围绕监督职责：一是把好合规监督考察程序启动关，从合规的必要性和可行性出发，审查涉案企业是否符合企业合规改革试点适用的条件并决定是否启动合规监督考察程序；二是把好第三方机制专业人员选任关，涉及选任第三方机制专业人员名录库成员的条件以及组建第三方组织的人员结构、数量、专业要求等事项的确定；三是把好监督考察程序的运行关，涉及第三方组织履职审查以及评估意见审查等问题。检察机关在探索实践中应当遵守以下基本原则：

（一）检察主导但不主办原则

检察机关在发挥检察职能推进企业合规改革试点中，应从服务和保障企业发展角度出发，秉持"检察主导但不主办"的原则，通过检察建议、相对不起诉、认罪认罚从宽、事前合规预防等方式，引导企业进行合规整改。在推进企业合规上，检察机关应找准方向和定位，不可消极被动，亦不可大包大揽。检察机关主导作用体现在决定涉案企业是否符合企业合规试点适用条件、适用第三方机制的建议权以及对监督考察意见的运用等方面。在第三方机制构建方面，检察机关可以发挥指导监督作用，联合行政机关、工商联等部门组建第三方机制管委会，保障第三方机制的启动、运行。

检察机关"不主办"是指检察机关不能既当"运动员"，又当"裁判员"，既参与对企业合规整改的考察、评估，又决定考察评估意见对刑事案件处理的影响程度，这会造成外界对合规监督考察公正性、客观性的质疑。《指导意见》明确，工商联负责承担第三方机制管委会的日常工作，负责办案的检察机关履行审查监督职责，包括对第三方组织人员名单、企业合规计划、定期书面报告、合规考察报告的审查，并提出意见建议，处理相关人员的申诉、控告。由此可见，检察机关在合规监督考察中履行职责应围绕《刑事诉讼法》《人民检察院刑事诉讼规则》等规定的法定监督职责，不得越权、破权。

（二）吸收借鉴与结合实际原则

英美法系国家对企业合规问题研究和实践较早，美国已建立企业犯罪量刑指南等系列规定。企业合规改革试点中，可以吸收借鉴国外先进经验。比如美国的刑事监管人制度，在监管人的选择方面，司法部负责和公司就聘用监管人达成协议，考虑监管人与监管任务的专业匹配度，不具有现实或潜在的利益冲突，要求监管人与公司及公司人员不存在利益关系，要求公司承诺监管期结束后不少于两年内不得雇用监管人等其他利益关系人。[①] 美国的刑事监管人制度可以作为我们制度设计的重要参考。

由于我国与其他国家社会制度、发展阶段、国家政策、观念和理论等多方面都存在差异，在吸收借鉴的同时要结合我国实际打造符合我国法律体系、适应企业发展需求的企业合规制度体系。比如，国外典型的合规承诺中要求企业履行的义务一般都包括支付高昂的保证金或者缴纳罚金。而我国大多数中小民营企业难以承担这笔费用，甚至自身合规建设经费都难以保证，与此同时，中小企业又是刑事风险高发的群体，具有通过合规考察预防犯罪的迫切需要。因此，尽管大型企业的合规工作更能体现出合规整改的效果，也更有利于发挥合规制度的优势，但在实践中，要注意结合地区实际，创新包括乡镇企业和家族企业在内的中小微企业的合规制度设计。

（三）大胆探索与依法审慎原则

目前企业合规在我国处于改革试点阶段，适用合规试点的条

---

① 参见［日］川崎友巳：《合规管理制度的产生与发展》，李世阳译，载李本灿等编译：《合规与刑法：全球视野的考察》，中国政法大学出版社2018年版。

件、案件类型、企业范围、监督考察的程序等方面都需要进行探索。解决实际问题、焦点问题，需要试点单位大胆实践，找出符合我国实际的合规制度模型。同时，要坚持合法性原则，在目前立法未修改的情况下，暂缓起诉、附条件不起诉等缺乏法律依据，不得适用。试点单位应当在现有法律框架内进行探索，比如可以将涉案企业合规与认罪认罚、相对不起诉等相结合，依法从宽。

（四）刑行衔接与多方共建原则

企业合规改革试点工作涉及面广、专业性强，是一项全面系统的工程，需要行政机关、社会团体、中介机构等多方参与，构建起以检察机关为主导的社会化支持体系。无论是政府部门还是公共机构，其职责决定了应当运用法定工具促进企业守法。企业面临的合规风险包括行业风险、行政风险和刑事风险，其中程度较严重的是刑事风险，涉及行政机关监管和司法机关刑事惩处，检察机关与行政机关可以在涉案企业涉嫌犯罪移送以及不起诉后建议行政处罚方面加强协作。

两法衔接机制的有效运用为企业合规改革试点加强刑行衔接提供了平台和基础。2001 年国务院发布《行政执法机关移送涉嫌犯罪案件的规定》以来，两法衔接机制不断发展，各地检察机关和行政机关在信息共享、联合执法、案件移送等方面取得一定的成效，为合规改革试点工作创造了条件。同时，检察机关可以以企业合规改革试点为契机，促进行政主管部门发挥各自职能共同推动企业加强合规管理。企业合规改革试点工作符合犯罪社会防范的要求，集结社会多方力量共同配合，建立犯罪防范体系。多方共建，就是要发挥工商联、行业协会、律师事务所等社会团体、中介组织的作用，特别是工商联对第三方机制运行的日常管理，在加强第三方机制专业人员的选任和管理，保障第三方监督评估工作的公正性和专业性等方面所起的作用是不可或缺的。

（五）立足当下与兼顾长远原则

涉案企业合规整改应当以全面合规为目标，专项合规为重点，避免“大而全”的合规管理体系造成“纸面合规”的现象。在企业合规改革试点初期，考虑到企业合规能力不足、合规考察标准模糊、试点工作推进难等因素，合规监督考察的程序、方法和标准都不宜要求过高，允许出现多种模式、多种类型的合规建设样本，合规验收评估也主要以完成针对性整改、消除涉罪风险为主要标准，达到专项合规的要求。但从长远发展来看，涉案企业合规整改的生命力和公信力仍要以全面合规为最终目标，这是一个分步实施、逐步深化的过程。对一家企业进行合规评价应当全面，确保这家企业尽可能在各个领域、各个环节、各个岗位都实现合规运行，才能符合企业持续健康发展的目标追求。因此，涉案企业合规改革试点应以去犯罪化为基本要求，在企业自愿承诺的基础上确定合规考察期限。涉案企业需要在规定的考察期内按照制定的专项合规计划完成针对性合规整改，有条件的可以推进全面整改。涉案企业在考察期内未实现全面整改的，可以通过刑行衔接的方式，在后续跟踪监督中由行政机关督促企业持续整改，建立起整体的合规管理体系。

二、认识深化的过程

最高检部署开展企业合规改革试点，目的是通过创新检察履职，激励涉案企业进行合规整改，建立起有效的合规管理体系。从最开始全国六家检察院，到积极稳慎推广到十个省、直辖市，并从国家层面构建第三方机制，再到全国推开，一步步深入，中国特色的企业合规制度逐渐成形。张家港市检察院开展企业合规改革试点的过程，也是认识和实践不断深化的过程，大体经过三个阶段。

（一）不起诉权合理适用

2020 年 3 月，以“企业犯罪相对不起诉”为重点，企业合规改革试点工作启动。张家港市检察院在开展试点过程中认为：企业最大的畏惧来自刑事处罚。以相对不起诉为激励，倒逼涉案企业主动开展合规建设，手段最有效，推动最有力，也更具有现实必要性和可行性。后结合认罪认罚从宽制度，重点选择认罪认罚、损失挽回、法定刑在3年以下的涉案企业开展相关探索，并研究制定《企业犯罪相对不起诉适用办法》，明确调查评估、合规承诺、监督考察、处理决定等四个流程，规范相关做法。在调查评估环节，检察机关通过走访、发函等形式，开展办案影响评估；在合规承诺环节，企业自愿作出合规承诺，并确定6个月至2年的考验期；在监督考察环节，成立由行政机关业务骨干以及相关专家组成的监督考察组，对承诺完成情况进行评估，并邀请监督员参与评估过程，参加拟不起诉公开听证；在处理决定环节，评估合格的，对企业作出相对不起诉决定，对直接负责的主管人员和其他直接责任人视情依法不起诉。

（二）检察职能深度介入

随着企业犯罪相对不起诉做法的成熟，张家港市检察院认为：检察机关在刑事诉讼中承担主导责任，在办理涉企案件时，应当充分发挥刑事追诉、审前过滤、检察建议、犯罪预防等各项职能，始终将合规监督融入其中。张家港市检察院在梳理总结第一期改革试点经验做法的基础上，全面研究企业合规中检察职能的发挥问题，围绕检察建议促进企业治理、单位犯罪二元化处理、有事后合规优于无事后合规、正面评价事前合规、合规促进“挂案”清理等方面进行了有益的探索，形成10余种合规与检察职能相结合的模式（“合规 +N”办案模式），建立配套制度和文书模板50余项，作为张家港市检察院开展试点最为核心的成果，为改革试点提供了较为丰富的基层实践样本。

（三）事后向事前拓展

随着改革试点的持续深入，张家港市检察院认为：企业合规改革作为一项全新的社会治理模式，涉及国家治理、市场监管、行业管理等多个维度、多个主体，绝不是检察机关一家的事情，必须争取党委政府支持，凝聚改革的强大合力。为此，张家港市检察院以服务保障地方发展大局为出发点，主动向市委市政府报告，阐明推进企业合规的重要意义和价值。市委市政府高度认可，大力支持。2021年3月，市委常委会审议通过了《关于推进企业合规建设工作的意见（试行）》，成立了张家港市企业合规监管委员会[①]，要求结合实际拓展深化改革试点，凝聚全市40家机关单位力量开展事前合规探索，着力打造“企业违法犯罪率、被违法犯罪率最低”城市名片。此后，张家港市企业合规监管委员会结合第三方机制，围绕非涉案企业合规建设有效性验收、等级评定、政策激励等方面进行了深入研究，开展了非涉案企业事前合规建设、涉外法律风险领域合规建设、行业商会合规建设等具有张家港特色的大胆探索。

三、取得的初步成效

（一）党委政府高度重视

张家港市检察院被确定为首批全国企业合规改革试点单位后，张家港市委市政府高度重视，市委书记、市长先后4次作出批示，从三个层面深化推动企业合规改革试点。党委政府层面，除通过制发规范性文件、成立企业合规监管委员会予以支持外，还将企业合规探索纳入全市重点项目，并专门设立企业合规专项经费，将合规经费纳入财政预算。牵头机构层面，以张家港市检察院、工商联、司法局为主要牵头单位的企业合规监管委员会，制定《企业合规分级评定办法》《合规激励政策清单》等，着力解决愿不愿合规的问题；制定《张家港市企业合规管理指引》，明确企业合规方法步骤，帮助企业解决会不会合规的问题。张家港市

① 本书中所称的“企业合规监管委员会”即“第三方机制管委会”，“合规监管人”即“第三方监督评估机制专业人员”。因张家港市合规改革探索起步较早，根据《关于建立涉案企业合规第三方监督评估机制的指导意见（试行）》沿用了上述称呼。

工商联、检察院强化沟通协作，共同推进企业合规的做法获评全国工商联、最高检典型事例。行政机关层面，市司法局牵头应急管理、市场监管等 16 家行政机关，先后发布了 4 批 278 条《企业行政合规指导清单》，为企业开展行政合规提供方向，组建机关单位企业合规讲师团，搭建涉企综合法律咨询服务平台，选任 31 名机关骨干和 40 名专业律师，向企业免费提供法律服务和合规政策咨询。

（二）司法办案不断成熟

张家港市检察院成立第四检察部，专门负责涉企案件办理、合规改革试点、涉企犯罪预防等工作，并以此组建“合规护企”检察办案团队，汇集了院内被评为全国检察机关经济犯罪检察业务人才、全省检察机关职务犯罪检察专门人才的骨干力量。根据《试点方案》《指导意见》等，制定合规有效性审查工作办法、企业犯罪相对不起诉适用办法等配套制度，在科学公正监督考察的基础上，对企业合规建设评估合格的，依法能不捕的不捕、能不诉的不诉，或向法院提出轻缓的量刑建议，充分发挥刑事激励作用。先后探索出“合规 + 检察建议”“合规 + 认罪认罚从宽”“合规 + 相对不起诉”等 12 种合规办案模式，并探索制定 20 余种配套文书。改革试点 2 年多，张家港市检察院共办理企业犯罪案件 137 件，其中紧扣职能推进合规建设 25 件，全流程办理合规案件 9 件，2 个案例获评最高检典型案例并在第三届民营经济法治建设峰会上向全国展播，拍摄的《合规护企 轻装稳行》检察视频获评全国检察机关“十佳检察办案故事”，相关工作得到最高检的肯定。

（三）合规成效逐步凸显

通过合规办案，对犯罪情节较轻、认罪认罚的民营企业负责人、技术骨干作不起诉处理 19 人、建议适用缓刑 14 人，清理立案后长期未处理的“挂案”18 件，相关企业恢复生产经营后，稳定 5000 余万元税收和上千人就业。先后召开 2 次全市性的企业合规大会，推动 81 家各类民营企业和 2 家行业商会开展事前合规建设。启动了涉外法律风险领域事前合规试点，推动江苏沙钢集团有限公司、骏马化纤股份有限公司、江苏国泰国华实业有限公司等3家大型企业开展涉外合规建设，邀请全国知名律所团队和合规专家参与其中，着力打造外向型民营企业合规的全国样板。依托第三方机制，选取来自安全生产、环境保护、财税管理、知产管理等领域的14名专业人员，组成2个第三方组织，对首批14家事前合规建设完成并申请验收的企业开展有效性验收和评级，其中被评定为合规优质企业5家、合规良好企业5家、合规达标企业3家、不达标企业1家。所有试点企业开展合规建设后，管理制度更加完善、生产经营更加规范，从企业负责人到一线员工的合规理念持续深化，13家合规建设达标以上企业根据相关评级得到了政策激励。

（四）合规氛围日益浓厚

张家港市检察院、工商联等先后受邀在第二届企业合规高端论坛、全国工商联“德胜门大讲堂”、江苏电视台“黄金时间”改革政策解读栏目等交流经验，全国工商联等主要领导积极倡导事前合规做法，张家港的“声音”越来越受到关注和肯定。组织第三方机制专业人员遴选活动，全市30余家行政机关、20余家律师事务所、10余家会计师事务所和税务师事务所主动对接、报名，选取组建包括61名行政机关业务骨干、24名律师、7名注册会计师、7名税务师及4名合规专家的专业队伍，面向社会、面向企业提供专业服务。高标准建成张家港市企业合规法治护航中心，系统回答什么是合规、为什么要合规、怎么样合规以及合规建设效果怎么样“四个问题”，接待第三方机制专业人员、企业家代表等39批700余人次，宣传合规文化，提高合规意识。组织各类培训10余次，区分企业普通员工、企业高管、企业合规监管委员会成员单位合规联络人、第三方机制专业人员等进行针对性培训，提高合规技能。

第二章
检察办案团队建设

第一节 团队组建

张家港市检察院适应新时代检察工作高质量发展形势需要，精心打造专业化办案团队，带动检察工作整体提升。该院重点打造的“合规护企”检察办案团队获评全国检察机关优秀办案团队。

“合规护企”检察办案团队脱胎于涉企案件专办部门。早在2018年5月，张家港市检察院就针对当地民营企业多的情况，成立涉企案件专办部门——侵犯企业产权犯罪检察部（现为“第四检察部”），专门负责涉企案件的审查逮捕、审查起诉、诉讼监督以及开展涉企犯罪预防、企业产权特殊保护等服务保障工作，方便对涉案罪名、金额、刑期、犯罪特点、犯罪领域、主体身份等进行大数据分析，有利于统一办案尺度标准、提高办案质量；有利于摸清企业犯罪风险点、精准预防企业犯罪；有利于把握合规特殊流程、顺畅与合规相关部门沟通协调；有利于集中资源力量、提升服务保障规模效益。该院以被最高检确定为企业合规改革首批试点单位为契机，以第四检察部为基础成立了“合规护企”检察办案团队。

在团队培育和打造方面，张家港市检察院将检察业务细化分解为若干子领域、小科目，选拔在某一方面具有业务专长、培养前途的检察官为相应科目带头人，再通过带领办案、研究等提高专业能力、壮大专业力量。“合规护企”检察办案团队配备1名分管副检察长、4名员额检察官和3名检察官助理，汇集了包括1名全国检察机关经济犯罪检察业务人才、1名全省检察机关职务犯罪检察专门人才、1名打击网络侵权犯罪专门人才、1名全省优秀公诉人等骨干力量。该院制定加强专业化办案团队建设相关办法，明确了团队集中承办专业领域案件、推动机制创新、加强理论研究、打造典型案例、强化课程研发等五项总任务，制定个性化的年度工作计划和具体争创目标。“合规护企”检察办案团队成员均可参加（列席）该院检委会，优先参加专业领域研讨会、论坛、学术沙龙、专门业务培训、外出学习考察等，方便参与研究相关领域的疑难复杂案件、新类型案件。该院加强专业化办案团队廉政风险防控，制定检察人员涉企业合规工作八条禁令，“合规护企”检察办案团队成员均签署承诺书。团队成立一年多的时间，获得最高检检察理论研究课题立项 1 个、检察应用理论研究课题立项 3 个，被《人民检察》《检察工作》等知名期刊录用 4 篇相关论文，在省级法学会以上论坛作专题交流 6 次。

第二节　办案规则

为增强企业合规的刑事激励效果，张家港市检察院“合规护企”检察办案团队结合司法实践总结提炼办理涉案企业合规案件的规则，便于办案检察官整体把握，强化合规考察结果运用。

一、坚持有事后合规优于无事后合规

对于案发后主动健全合规体系的，加强有效性审查，对于合规体系完备、合规实施有效的，给予比一般认罪认罚更大的从宽幅度，在刑罚评价上体现有事后合规优于无事后合规。这是涉案企业合规从宽的应有之义，也是发挥涉案企业合规从宽制度激励效果的基本要求。在目前立法未修改的情况下，司法实践中，涉案企业合规整改后的从宽处理激励效果最大的就是相对不起诉。以合规整改为前提的不起诉的适用范围应当大于相对不起诉的适用范围。对于犯罪情节轻微，本来就符合相对不起诉适用条件的企业，应当直接作出相对不起诉处理决定；对于犯罪情节较轻，

不符合当地把握的相对不起诉标准的企业，可以将企业通过合规验收作为从宽的酌定情节，对涉案企业作出相对不起诉处理决定。

二、坚持事前合规优于事后合规

对于案发前自主开展合规建设并建立起有效的合规管理体系的企业，将事前合规有效性作为评判社会危险性、犯罪主观恶性等的参考，在强制措施的采取、不起诉的适用、量刑建议的提出等方面予以从宽考量，并给予比事后合规更大的从宽幅度。在国外的暂缓起诉制度中，检察机关在决定是否与企业签署暂缓起诉协议时，要考虑企业是否已经确立了合规计划。相对于从未建立合规计划的企业，已经初步建立合规计划的企业与检察机关达成暂缓协议的可能性大得多。[①] 可见，国外的暂缓起诉制度对有过合规计划的企业给予积极评价。没有企业可以保证永远不涉罪，企业涉罪不能否定其曾建立起的合规管理体系的有效性。事前合规是企业为预防违法犯罪主动建立的防范机制，相较被动的事后合规，应当给予更高的评价。因此，对于经评估事前合规建设有效的涉案企业，应当在案件处理上予以从宽，且从宽幅度可以大于事后合规，更好地激励企业自主合规。

三、坚持企业责任与个人责任区别化处理

在单位和单位责任人员犯罪案件办理中，改变以往对单位犯罪的企业及直接负责的主管人员和其他直接责任人（法律规定单罚制的除外）提起公诉和简单两罚的做法，将单位的合规体系建设情况、责任人的合规表现等作为起诉必要性和量刑的考量情节，予以统一定罪，但进行区别化处罚。具体来说，对涉案企业和企业直接责任人员作出分别处理，如在起诉必要性把握上，经评估

① 参见陈瑞华：《企业合规视野下的暂缓起诉协议制度》，载《比较法研究》2020 年第 1 期。

企业建立了有效合规机制的，可以对企业作出不起诉处理决定，保障企业的生产经营活动正常进行；对企业直接责任人员应当充分考虑公共利益、犯罪的社会危害和犯罪嫌疑人个人情况等因素，决定是否提起公诉。如存在企业对涉案人员依存度比较高或者涉案人员掌握多项专利技术、对公共利益有很大贡献等情况的，检察机关也可以倾向于对涉案人员不起诉，从而更好地保护企业。

四、坚持以“合规互认”扩大结果运用

检察机关可以借助第三方机制管委会这一平台，通过刑行衔接、侦诉衔接、检法衔接等，与各行政主管部门、公安机关、法院加强协同配合，建立涉案企业“合规互认”机制，扩大合规结果运用范围，增强合规激励效果。对涉企合规不起诉案件，依法移送行政机关建议给予行政处罚，并将合规评估结果作为向行政机关提出检察意见的重要依据，引导企业从涉案合规拓展到行政合规。依托侦查监督与协作配合办公室，将“合规护企”工作向侦查阶段前移，明确侦查阶段开展涉案企业合规的适用范围、适用条件、工作原则、启动程序、案件移送、结果运用等重点内容。检察机关可以与法院在合规检法衔接方面形成共识：一方面，提起公诉时，在起诉书中载明企业合规整改情况，随案移送合规材料，并在认罪认罚具结书中提出合规从宽的量刑建议，为法院从宽处理提供参考；另一方面，对于已经起诉到法院的涉企案件，涉案企业符合企业合规改革试点适用条件的，也可以决定启动合规监督考察。

第三节　办案要点

“合规护企”检察办案团队开展企业合规改革工作，以办案为

载体，探索“合规＋挂案清理”“合规＋认罪认罚”“合规＋异地协作”等不同模式，所办合规案件既具有共性特点，又呈现出独特的办案方法。该办案团队在探索涉案企业合规案件办理中总结了四个要点，提升合规审查的实效性。

一、合规适用条件的审查

美国的涉案企业合规整改，主要适用于大企业。而最高检《试点方案》则明确指出，企业合规改革试点适用企业范围包括大、中、小、微企业等各类市场主体，强调“平等保护”。《指导意见》关于涉案企业合规改革试点的适用条件规定较为原则，张家港市检察院吸收借鉴英国法律中暂缓起诉公共利益检验标准，在合规适用条件审查时引入调查评估程序。对 2020 年 3 月以来办理的 137 件企业犯罪案件进行办案影响评估，对其中 25 起案件进行合规必要性和可行性分析，对有较大合规必要性和可行性的 9 家企业启动合规监督考察程序；对其他确有风险提示必要的企业，通过制发检察建议等方式推进合规建设。

二、合规监督考察模式的选择

随着合规试点的深入，合规监督考察模式经历了从检察官独立监督到“检行联合”[①]，再到第三方监管的演变过程。办案检察官需要结合案件具体情况、企业类型、规模以及监督考察的难易程度等实际情况，确定合适的监管模式，实现公正与效率的统一。在监督考察模式的选择上，不应只考虑企业规模一个因素，还要具体问题具体分析，在节约资源、提高效率的同时保证合规监督考察的实效性。

① “检行联合”是指检察机关与行政机关共同对企业合规整改情况进行监督、考察、评估。

三、第三方组织适配度的审查

检察机关除审查第三方机制专业人员利益回避外，重点要对第三方组织组成人员结构的科学性以及成员的随机性、专业性进行审查。张家港市检察院研发了第三方组织智能抽取系统，在实现分类随机抽取的同时，便于检察机关审查组织结构的合理性。具体而言，检察机关可以对专业人员抽取、更换以及分配次数进行审查，如出现第三方机制专业人员被抽取机会不均等、工作量不均衡等问题，可以及时纠正。

四、第三方组织履职的审查

检察机关在第三方机制运行中承担着双重监督的职责，即对第三方组织履职和涉案企业合规整改均应当进行有效监督，防止出现“双重纸面”的现象。检察机关合规审查工作贯穿监督考察的全过程，以实效性整改为目标，对涉案企业合规计划修改完善、合规整改中出现新风险、考察期调整等问题均可以及时向第三方组织反馈意见。必要时，检察机关还可以通过向企业制发检察建议或者法律风险提示函等方式提示整改，保障合规整改有效推进。比如审查第三方组织评估方案时，检察机关应当对评估方案中确定的成员分工、评估目的、方法、步骤、时间安排等内容进行审查，有问题的及时提出修改建议。

第三章

第三方机制建设

第一节　第三方机制管委会的组建

一、组建第三方机制管委会的必要性

企业合规监督考察是涉案企业合规从宽制度良性运行的关键环节和核心内容，专业、客观、独立的评估结果是其作为刑事案件从宽处理重要参考的根基。而评估结果的专业性、客观性、独立性依赖评估主体的专业化、独立化程度。企业合规本质是一种公司治理模式，涉及企业管理知识、合规管理知识以及各项业务知识，专业人员的来源、适格性以及日常管理等需要有一套完善的机制来保障。专业性需求，产生的问题是如何吸收专业人员提供称职、有效、常态的监管工作；客观性需求，产生的问题是第三方机制专业人员的选取、组成、管理程序如何设置；独立性需求，产生的问题是对监督考察履职过程如何进行监督制约。

为此，《试点方案》提出，各试点单位应当结合本地实际，探索建立企业合规第三方机制。第三方机制是指成立专门的第三方组织独立对企业的合规建设情况进行考察并出具验收评估意见的一套机制。通过第三方机制，监督、促进企业践行合规承诺。当前，第三方机制已经成为开展涉案企业合规监督考察的主要模式。很显然，第三方机制就是为依法推进企业合规制度服务的，根本目的在于监督企业开展合规建设，促进企业合规经营，从而减少和预防犯罪，实现国家治理体系和治理能力的现代化。

二、第三方机制管委会组建要点

（一）成员单位

根据《〈指导意见〉实施细则》的规定，国家第三方机制管委会成员单位包括最高检、司法部、全国工商联、财政部等有关单位，并可根据工作需要增加成员单位。合规监督考察工作的复杂性决定了第三方机制管委会成员单位的多样性，丰富的成员单位可以进一步推动第三方机制管委会工作的有效开展。

具体到地方第三方机制管委会的组建，亦应吸纳与合规监督考察工作相关的单位参与其中，以满足工作开展需要。张家港市检察院主动向市委市政府汇报，提请出台《关于推进企业合规建设工作的意见（试行）》（见第 34 页附件 1），成立由市检察院牵头的企业合规监管委员会，统筹推进全市企业合规建设。成员包括纪委监委、法院、公安局、司法局、市场监督管理局、工商联等 40 家单位，有效保证了企业合规改革试点工作的深入开展。

（二）工作职责

根据《〈指导意见〉实施细则》，第三方机制管委会应履行研究制定相关规范性文件及相应制度、组织开展日常监督及巡回检查、统筹协调相关工作等职责。张家港市在成立企业合规监管委员会之初，研究制定了《张家港市企业合规监管委员会工作章程（试行）》（见第 38 页附件 2）等 12 个配套文件和 23 种文书，促进合规试点工作及第三方机制的有效运行。根据后续《指导意见》等上级文件的颁布施行，张家港市检察院修订了《关于开展企业合规改革试点工作的实施细则（试行）》（见第 40 页附件 3），进一步细化第三方机制运行流程，第三方机制从启动到终止包括考察宣告、商请组建第三方组织、成立第三方组织、要求企业提交合规计划、审查合规计划并确定合规考察期限、监督合规计划执行、现场验收评估、制作监督考察报告以及后续跟踪监督等流程；修订了《合规有效性审查工作办法（试行）》《合规有效性审查专项参考指标》《合规有效性审查工作流程》，完善了第三方组织合规有效性审查、评估的程序、方法和参考标准，为第三方组织进行考察评估提供依据和参考。具体工作机制及流程，此后章节将进行详细论述。

（三）联席会议机制

根据《〈指导意见〉实施细则》，第三方机制管委会应建立联席会议机制，以联席会议的形式协商议定规范性文件制定、阶段性工作重点等重大事项。联席会议设置联络员，由各成员单位负责同志担任。联席会议原则上每半年召开一次，也可以根据工作需要临时召开。

在张家港市的实践中，联席会议对企业合规改革试点工作的深入开展起到了重要推动作用。《关于推进企业合规建设工作的意见（试行）》《张家港市企业合规监管委员会工作章程（试行）》中明确规定建立联席会议机制。建立一年多，张家港市企业合规监管委员会已召开6次联席会议，研究探讨了第三方机制专业人员名录库组建、合规经费保障、事前合规工作开展、涉外法律风险领域合规试点工作开展、规范性文件修订等重点难点问题。通过联席会议，张家港市企业合规监管委员会各成员单位高效沟通，快速达成一致意见，确保了各项工作顺利开展。

（四）管委会办公室

根据《〈指导意见〉实施细则》，第三方机制管委会下设办公室作为常设机构，承担组织、协调、筹备联席会议，第三方机制专业人员名录库的选任及管理，组织巡回检查等职责。办公室应设在工商联，由工商联有关部门负责同志担任办公室主任。

需要说明的是，张家港市委市政府印发的《关于推进企业合规建设工作的意见（试行）》中明确张家港市企业合规监管委员会办公室设在张家港市检察院，主要是因为彼时合规改革尚处于初步探索阶段，出于快速筹备、打牢基础的考虑而作出的安排。随着全国范围内合规改革工作的开展及张家港市本地实践探索的深入，张家港市企业合规监管委员会办公室的相关工作正逐步转移至张家港市工商联。

附件：

1. 张家港市委办公室、市政府办公室关于推进企业合规建设工作的意见（试行）

2. 张家港市企业合规监管委员会工作章程（试行）

3. 张家港市人民检察院关于开展企业合规改革试点工作的实施细则（试行）

附件1

张家港市委办公室、市政府办公室关于推进企业合规建设工作的意见（试行）

为推进企业全面加强合规建设，加快提升依法合规经营管理水平，着力优化法治化营商环境，保障企业持续健康发展，结合我市实际，特制定本意见。

第一条　企业合规是指企业建立健全预防、发现、处理企业违法犯罪行为的内部控制机制，确保企业及其员工的经营管理行为符合法律法规、监管规定、行业准则和企业章程、规章制度以及国际条约、规则等要求。

第二条　推动企业合规建设，应坚持严格依法、政府支持、企业自愿的原则。

第三条　各机关单位应结合职能优势加强合规宣传，采取法治讲座、走访座谈、典型宣传等形式，引导企业充分认识到合规建设对企业预防违法犯罪、提升企业诚信度和竞争力等方面的积极作用。

第四条　各机关单位对于在履职过程中发现的企业违法犯罪风险漏洞，应建议相关企业承诺并践行可管控的整改措施，主动加强合规建设。

第五条　成立由市检察院牵头的企业合规监管委员会，统筹推进全市企业合规建设工作，主要职能包括：

（一）制定企业合规建设工作指引；

（二）组建、管理合规监管人队伍；

（三）开展企业合规分级评定；

（四）开展合规有效性审查；

（五）其他需要统筹协调推进的工作。

第六条　企业合规监管委员会应牵头制定企业合规建设工作指引，为企业加强合规建设提供方向、目标和参考标准。

第七条　企业合规监管委员会应牵头组建合规监管人队伍，遴选律师事务所、会计师事务所、审计师事务所以及市自然资源和规划局、应急管理局、市场监管局、苏州市张家港生态环境局、税务局等单位的专业骨干，纳入合规监管人队伍库。

第八条　建立企业合规分级评定机制，在企业自愿申报的基础上，由企业合规监管委员会对企业合规建设情况进行优质、良好、达标等不同等级的评定。

第九条　对合规分级评定在达标以上的，各机关单位可以采取提供行政审批“绿色通道”、优先提供公共服务便利、降低市场交易成本等举措，加强对企业合规情况的正面评价和政策激励。

第十条　司法机关在办理涉企犯罪案件中，可以委托企业合规监管委员会开展合规有效性审查，作为评判企业犯罪主观恶性、社会危险性等的参考，在适用强制措施、不起诉及量刑等方面予以从宽考量。

第十一条　行政机关在办理涉企行政违法案件中，可以委托企业合规监管委员会开展合规有效性审查，作为评判违法行为的事实、性质、情节以及社会危害程度等的参考，在行政处罚上予以从宽考量。

第十二条　企业合规监管委员会应组织相关机关单位定期召开联席会议，针对推进合规建设工作中的难点，研究工作举措，切实解决问题，形成有效合力。

附：张家港市企业合规监管委员会组成人员名单

附

张家港市企业合规监管委员会组成人员名单

主　任：邓根保　市检察院检察长

副主任：徐卫杰　市纪委副书记、市监委副主任

曹　徐　市司法局局长

解志荣　市工商联党组书记

丁建勤　市检察院三级高级检察官

成　员：陈晓锋　市人大监察和司法工作委员会副主任

张　澄　市政协社会事业委员会副主任

陆建忠　市法院副院长

刘　霞　市检察院检委会专职委员

许海萍　市工商联副主席

张耀清　市委台办主任、市政府台办主任

沙美秀　市重大项目推进中心主任

朱晨阳　市科技局副局长

侯　忠　市工信局副局长

戴冷松　市公安局党委委员、新市民事务中心主任

周炳芳　市司法局副局长

李　刚　市财政局二级主任科员

朱志斌　市人力资源和社会保障局副局长

张爱民　市自然资源和规划局副局长

杨　枫　市住建局党委委员、房管中心副主任

张　辉　市交通运输局副局长

王秀芹　市农业农村局副局长

张愫阳　市商务局副局长

李　峰　市文体广电和旅游局副局长

李　浩　　市卫生监督所所长
林学军　　市应急管理局副局长
徐德华　　市审计局二级主任科员
袁瑞燕　　市行政审批局副局长
黄敏东　　市市场监管局副局长
张君华　　市地方金融监督管理局副局长
秦国平　　张家港生态环境局副局长
唐建国　　市税务局副局长
陈小俊　　张家港海关副关长
高洪刚　　市国有资产管理中心副主任
宋　波　　保税区企业服务局副局长
施林峰　　经开区发展改革局局长
马春青　　冶金工业园党工委副书记、管委会主任
范一明　　塘桥镇镇长
薛盘芳　　乐余镇镇长
田文华　　凤凰镇镇长
王　希　　南丰镇镇长
沈海峰　　大新镇镇长
牛　楠　　常阴沙现代农业示范园区管委会主任
卞振磊　　双山香山旅游度假区管委会主任

监管委员会下设办公室，承担日常工作，许海萍同志兼任办公室主任。张家港市企业合规监管委员会组成人员职务发生变动时，接任的人员直接替补，不再另行发文。

（注：本意见自 2021 年 3 月 31 日发布施行，早于《指导意见》，已根据成员单位职务调整情况更新名单。本意见中所称的“企业合规监管委员会”即“第三方机制管委会”，“合规监管人队伍”即“第三方机制专业人员”）

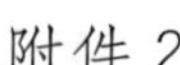

附件 2

张家港市企业合规监管委员会工作章程（试行）

为加强协作配合，建立公正规范、衔接顺畅的工作机制，保障企业合规工作稳步推进，根据最高检等九部门《关于建立涉案企业合规第三方监督评估机制的指导意见（试行）》以及张家港市委办公室、市政府办公室《关于推进企业合规建设工作的意见（试行）》（以下简称《意见》）等规定，结合本市工作实际，制定本办法。

第一条【组建机构】 市检察院、司法局、工商联牵头组建企业合规监管委员会（以下简称管委会），负责讨论决定企业合规改革试点工作重大事项，研究制定涉及企业合规第三方监督评估机制（以下简称第三方机制）的规范性文件等，市工商联负责承担日常工作。

第二条【基本原则】 管委会应坚持依法有序、公开公正、平等保护、标本兼治原则，激励企业合规经营，着力营造法治化营商环境。

第三条【组建名录库】 管委会统筹各成员单位根据职责开展第三方机制专业人员选任工作，组建第三方机制专业人员名录库。

管委会应当根据工作需要，结合履职台账、考核情况以及本人意愿、所在单位或者所属有关组织意见等，定期或不定期对名录库人员进行动态调整，及时公布。

第四条【制定优惠政策】 管委会统筹各成员单位根据职责研究制定、落实营商优惠政策，为企业合规建设提供正面评价和激励政策。

第五条【启动第三方机制】 管委会收到市检察院商请函，可以决定对涉案企业启动第三方机制，组建第三方监督评估组织

（以下简称第三方组织）对涉案企业的合规承诺进行调查、评估、监督和考察。

第六条【开展分级评定】 管委会根据事前合规试点工作安排，组建第三方组织对试点企业合规建设情况进行验收评估，评定优质、良好、达标不同等级，并将评定结果作为对企业进行政策激励以及行政、刑事处罚从宽的依据。

第七条【建立台账制度】 管委会建立第三方机制专业人员履职台账，全面客观记录第三方机制专业人员业务培训、参加活动和履行职责情况，作为确定考核结果的重要参考。

第八条【考核奖惩】 管委会可以通过定期考核、一案一评、随机抽查、巡回检查等方式，并主动征求检察机关、巡回检查小组以及涉案企业等的意见建议，对第三方机制专业人员作出考核评价。考核结果作为对第三方机制专业人员奖励激励、续任或者调整出库的重要依据。

管委会对表现突出的第三方机制专业人员给予奖励激励，或向其所在单位或者所属有关组织提出奖励激励的建议，第三方机制专业人员涉嫌违规的，应当及时向有关主管机关，或其所在单位或者所属有关组织反映情况、提出惩戒或者处理建议；涉嫌违法犯罪的，应当及时向有关机关报案或举报。

管委会应当及时将考核结果、奖惩情况书面通知本人及所在单位或者所属有关组织，可以通过有关媒体向社会公布。

管委会应当对各成员单位进行年度考核，考核结果作为各成员单位推进、落实《意见》的重要依据。考核结果应书面通知各成员单位。

第九条【建立禁入名单】 管委会应当建立健全第三方机制专业人员名录库禁入名单制度。对于调整出库的第三方机制专业人员应当列入名录库禁入名单。

第十条【组织合规培训】 管委会适时组织第三方机制专业人员进行合规业务培训，加强经验总结、业务指导，推广有效举措。

各成员单位应当指导所属或主管的有关组织，加强本行业、本部门涉及第三方机制相关工作的理论实务研究，积极开展业务培训和工作指导。

第十一条【设置联络员】 管委会各成员单位设置一名联络员，负责日常沟通联络、信息共享及反馈工作，保障各项工作衔接顺畅。

第十二条【召开联席会议】 管委会建立联席会议制度，适时召开联席会议商讨推进企业合规建设工作中遇到的困难和问题，研究工作方法，形成工作合力。建立健全日常联系、联合调研、信息共享、宣传培训等机制。

第十三条【组建巡回小组】 管委会组建巡回检查小组，对第三方组织履职开展日常监督和巡回检查，可以进行不预先告知的现场抽查和跟踪监督。

巡回检查小组成员可以由人大代表、政协委员、人民监督员、退休法官、检察官以及会计审计等相关领域的专家学者担任。

第十四条【经费保障】 企业合规改革试点所需经费列入本市年度经费预算。

第十五条【解释及施行】 本章程由管委会负责解释，自发布之日起施行。

（注：本章程自 2021 年 4 月 15 日发布施行，根据 2021 年 6 月 3 日《指导意见》、2021 年 11 月 22 日《〈指导意见〉实施细则》《选任管理办法》等规定进行修正）

附件 3

张家港市人民检察院
关于开展企业合规改革试点工作的实施细则（试行）

为充分发挥检察职能，深入开展企业合规改革试点，有效惩治预防企业违法犯罪，服务保障经济社会高质量发展，根据最高检等九部门《关于建立涉案企业合规第三方监督评估机制的指导意见（试行）》等相关规定，结合本市工作实际，制定本细则。

第一条【制度定义】 涉案企业合规从宽制度，是指检察机关在办理涉企犯罪案件时，对符合企业合规改革试点适用条件的，启动涉案企业合规第三方监督评估机制（以下简称第三方机制），交由企业合规监管委员会选任组成的第三方监督评估组织（以下简称第三方组织），对涉案企业的合规承诺进行调查、评估、监督和考察。考察结果作为检察机关依法处理案件的重要参考。

第二条【适用原则】 检察机关开展企业合规改革试点工作应秉持客观公正立场，坚持罪刑法定和罪责刑相适应原则，贯彻少捕慎诉慎押的刑事司法政策，落实认罪认罚从宽制度，依法保障当事人合法权益，平等保护各类市场主体，维护国家利益和社会公共利益，实现政治效果、社会效果和法律效果的统一。

第三条【适用范围】 涉案企业合规从宽制度适用于公司、企业等市场主体在生产经营活动中涉及的经济犯罪、职务犯罪等案件，既包括公司、企业等实施的单位犯罪案件，也包括公司、企业实际控制人、经营管理人员、关键技术人员等实施的与生产经营活动密切相关的犯罪案件。

第四条【适用阶段】 涉案企业合规从宽制度原则上适用于刑事诉讼所有环节。

第五条【适用条件】 对于同时符合下列条件的涉企犯罪案件，可以适用涉案企业合规从宽制度：

（一）涉案企业、个人认罪认罚；

（二）涉案企业能够正常生产经营，承诺建立或者完善企业合规制度，具备启动第三方机制的基本条件；

（三）涉案企业自愿适用第三方机制。

第六条【不适用情形】 对于具有下列情形之一的涉企犯罪案件，不适用涉案企业合规从宽制度：

（一）个人为进行违法犯罪活动而设立公司、企业的；

（二）公司、企业设立后以实施犯罪为主要活动的；

（三）公司、企业人员盗用单位名义实施犯罪的；

（四）涉嫌危害国家安全犯罪、恐怖活动犯罪的；

（五）其他不宜适用的情形。

第七条【权利告知】 办理涉企犯罪案件，应当保障涉案企业及人员及时获得有效法律帮助，并告知本细则中的相关规定。

第八条【调查评估】 检察机关对受理的涉企犯罪案件经审查，认为符合本细则规定，有必要开展合规监督考察的，应当对涉案企业的行业情况、生产经营状况、刑事处罚后可能造成的社会影响等开展调查，或者委托有关组织机构进行调查，形成调查报告。

涉案企业、个人及其辩护人、诉讼代理人或者其他相关单位、人员可以根据本细则规定向检察机关申请开展合规监督考察，充分说明理由和依据，并提交企业经营、纳税、员工情况及行政主管机关证明等有关材料。检察机关应当依法受理并进行审查，必要时可以进行调查，或者要求补充提供有关材料。

第九条【合规承诺】 涉案企业同意开展合规监督考察，应当出具书面合规承诺，内容包括且不限于：

（一）遵守法律法规，服从监督；

（二）主动承认犯罪事实，积极配合调查、追诉；

（三）积极采取退赃、赔偿损失、消除影响等补救措施；

（四）制定有效的合规计划，主要围绕与企业涉嫌犯罪有密切联系的企业内部治理结构、规章制度、人员管理等方面存在的问题，制定可行的合规管理规范等；

（五）认真履行合规计划并配合第三方组织监督考察工作；

（六）其他必要内容。

第十条【听取意见】 开展合规监督考察前，检察机关应当听取侦查机关、被害人及其法定代理人、诉讼代理人、犯罪嫌疑人、涉案企业及个人、辩护人等相关人员的意见，并制作笔录附卷。

第十一条【审查决定】 检察机关根据调查报告、合规承诺以及听取意见情况，认为符合本细则规定条件的，应由承办检察官围绕企业现状、整改意愿、整改可能等撰写请示报告，报分管检察长批准。

分管检察长审批后，三日内书面层报至省检察院，经省检察院同意后方可启动合规监督考察程序。书面报告应包括案件基本情况、企业运营情况、企业整改意愿及整改可能等。

第十二条【强制措施】 对涉案企业开展合规监督考察的，原则上不采取逮捕的强制措施，已经逮捕的应当及时开展羁押必要性审查，依法予以变更或者建议变更。

第十三条【财产处置】 对涉案企业开展合规监督考察的，在保证诉讼顺利进行，相关行政、刑事处罚措施可以执行的条件下，对已查封、扣押、冻结的企业设备、资金和技术资料等，应当解除查封、扣押、冻结。

第十四条【考察宣告】 检察机关决定对涉案企业开展合规监督考察的，应当向涉案企业、个人宣告考察决定，并制作笔录，可以商请企业合规监管委员会启动第三方机制。

企业合规监管委员会决定启动第三方机制的，应当在三日内根据案件具体情况以及涉案企业类型，从第三方组织专业人员名录库中分类随机抽取人员组成第三方组织，并向社会公示。第三方组织组成人员名单应当报送检察机关备案。

检察机关或者涉案企业、个人、其他相关单位、人员对选任的第三方组织组成人员提出异议的，企业合规监管委员会应当调查核实并视情况作出调整。

第十五条【合规计划】 涉案企业应当全面排查合规风险，制定可行、有效、全面的合规计划，提交第三方组织和检察机关。

第三方组织应当在收到涉案企业合规计划后七日内完成审查，出具对合规计划的审查意见。

第十六条【考察期限】 第三方组织审查合规计划时，根据案件具体情况和涉案企业承诺履行的期限，并向检察机关征求意见后初步确定合规监督考察期限，提交企业合规监管委员会审核。

合规监督考察期限一般不超过二年，从企业合规监管委员会作出决定的次日起计算，并应当在三日内通知涉案企业、个人。

考察期限可视情况延长或缩短，由第三方组织向企业合规监管委员会提出延长或缩短的建议，经企业合规监管委员会审核后作出决定。

第十七条【企业义务】 涉案企业在合规考察期限内，应当遵守以下规定：

（一）遵守法律法规，服从监督；

（二）按照时限要求认真履行合规计划；

（三）定期书面报告合规计划执行情况，并配合第三方组织进行检查、评估；

（四）及时发现、制止企业、员工可能存在的违法犯罪行为。

涉案企业人员应当协助涉案企业遵守以上规定。

第十八条【监督考察】 企业合规考察期结束后，由检察机关委托第三方组织对涉案企业的合规计划完成情况进行全面检查、评估和考核并制作监督考察报告，报送企业合规监管委员会和检察机关。

在合规考察期内，第三方组织可以定期或不定期对涉案企业合规计划履行情况进行监督和评估，可以要求涉案企业定期书面报告合规计划的执行情况，同时抄送检察机关。

第十九条【组织听证】 对适用本细则开展企业合规监督考察的案件，作出处理决定前，除涉及国家秘密、商业秘密和个人隐私外，检察机关应当组织公开听证。

听证时，应当邀请侦查机关、第三方组织参加，全面审查涉案企业的合规整改情况；有被害人的案件，应当通知被害人参加。

公开听证时，允许公民旁听；可以邀请人大代表、政协委员参加；可以根据案件需要或者当事人的请求，邀请有关专家及与案件有关人员参加。对涉及国家财产、集体财产遭受损失的案件，可以通知有关单位派代表参加。

第二十条【从宽处罚】 涉案企业在考察期内履行完毕合规计划，没有违反监督考察要求，经考察期满并评估合格的，检察机关可以依法对其作出不批准逮捕、不起诉决定或者提出从宽处罚的量刑建议。

检察机关应当将合规监督考察报告、涉案企业合规计划、定期书面报告等合规材料作为从宽处罚的重要参考。

第二十一条【检察建议】 检察机关发现涉案企业在预防违法犯罪方面制度不健全、不落实，管理不完善，存在违法犯罪隐患，需要及时消除的，可以结合合规材料，向涉案企业提出检察建议。

第二十二条【检察意见】 检察机关对涉案企业作出不起诉决定，认为需要给予行政处罚、处分或者没收其违法所得的，应当结合合规材料，依法向有关主管机关提出检察意见。

第二十三条【区分处理】 第三方组织发现涉案企业、个人存在下列情形之一的，应当中止合规监督考察程序，并向检察机关报告：

（一）尚未被办案机关掌握的犯罪事实或者新实施的犯罪行为需要追诉的；

（二）实施新的违法违规行为的；

（三）无正当理由拒绝履行或者变相不履行合规计划的；

（四）无正当理由拒不配合第三方组织合规考察的；

（五）实施其他严重违反合规计划的行为。

检察机关应当进行调查核实并向分管副检察长汇报，决定是否终止合规监督考察程序，并依法提起公诉，同时将案件线索移送有关主管机关、公安机关或者纪检监察机关处理。

第二十四条【跟踪监督】 检察机关应在作出从宽处理决定后一定时期内，联合第三方组织、行政主管部门通过走访等方式对涉案企业合规整改情况进行跟踪监督，促进企业持续、有效运行合规管理体系。

检察机关发现涉案企业存在下列情形之一的，应当向分管副检察长汇报，决定是否撤销不起诉决定，提起公诉：

（一）实施新的犯罪；

（二）未有效运行合规管理体系；

（三）其他需要撤销不起诉决定的情形。

第二十五条【检察机关工作职责】 检察机关应当履行下列职责：

（一）对第三方组织组成人员名单进行备案审查，发现组成人员存在明显不适当情形的，及时向企业合规监管委员会提出意见建议；

（二）对涉案企业合规计划、定期书面报告进行审查，向第三方组织提出意见建议；

（三）对第三方组织合规考察书面报告进行审查，向企业合规监管委员会提出意见建议，必要时开展调查核实工作；

（四）依法办理涉案企业、个人及其辩护人、诉讼代理人或者其他相关单位、人员在第三方机制运行期间提出的申诉、控告或者有关申请、要求；

（五）刑事诉讼法、人民检察院刑事诉讼规则等法律、司法解释规定的其他法定职责。

第二十六条【申诉、控告权】 涉案企业或其人员认为第三方组织成员存在行为不当或者涉嫌违法犯罪的，可以向企业合规监管委员会反映或者提出异议，或者向检察机关提出申诉、控告。

第二十七条【风险防控】 检察机关在开展合规监督考察过程中，要及时作出风险评估，并采取有效措施帮助企业化解矛盾纠纷，避免因为办案时机或方式把握不当，影响企业正常生产、工作秩序或引发群体性、突发性事件。

第二十八条【案件评查】 检察机关负责案件管理的部门对适

用本细则作出处理决定的案件，应当逐案开展评查，对案件办理流程进行全程监控、综合分析，及时发现存在的问题，督促办案部门整改落实。

第二十九条【纪律监督】 严禁截留、挪用或者以其他方式侵吞涉案企业及人员的财物。

严禁以监督考察为名，干扰企业正常生产经营活动或实施收受财物等违反廉洁纪律的行为。

对违反规定的单位和个人，应当依照有关规定进行处理；构成犯罪的，依法追究刑事责任。

第三十条【解释及施行】 本细则由张家港市人民检察院负责解释，自发布之日起施行。

（注：本细则自2021年4月15日发布施行，根据2021年6月3日《指导意见》、2021年11月22日《〈指导意见〉实施细则》《选任管理办法》等规定进行修正）

第二节 第三方机制专业人员的选任和管理

第三方组织是指在涉案企业监督考察程序中，负责对涉案企业合规计划完成情况进行监督、考察、评估的主体。《指导意见》第十条第二款规定："人民检察院经审查认为涉企犯罪案件符合第三方机制适用条件的，可以商请本地区第三方机制管委会启动第三方机制。第三方机制管委会应当根据案件具体情况以及涉案企业类型，从专业人员名录库中分类随机抽取人员组成第三方组织，并向社会公示。"九部门在《指导意见》的基础上，于2021年11月22日印发了《〈指导意见〉实施细则》《选任管理办法》两个配套文件，分别就第三方机制管委会的职责、第三方组织的性质、程序启动和运行以及第三方机制专业人员的选任、日常管理、工作保障作出更为细致的规定，指导司法实践。张家港市检察院推动张家港市企业合规监管委员会修订了《张家港市企业合规第三方监督评估机制专业人员选任管理办法（试行）》（见第 55 页附件 4），细化落实上级精神。

一、第三方机制专业人员的选任

（一）入库主体性质

《选任管理办法》第五条规定：“名录库以个人作为入库主体，不得以单位、团体作为入库主体。”企业合规改革试点实践初期，部分地区检察机关在组建第三方组织雏形时，以单位入库的形式建库。试点实践中一直有个人入库还是单位入库的争议。从世界范围来看，第三方机制专业人员必须由独立的第三方中介机构专业人员担任已经成为共识。最高检主要领导在调研张家港市企业合规改革试点工作座谈会上指出，第三方机制专业人员名录库必须精准到个人，否则选任的专业人员可能并不是实际参与监督考察的人员，无法保证第三方监督评估工作的专业性。对此，《选任管理办法》明确个人入库。个人入库的好处，一是入库的专业人员在开展监督考察工作时，能够比较真实地评价企业合规计划完成情况，不受外界因素的干扰，突出监督评估工作的独立性和专业性；二是以个人名义签字，个人对评估意见负责，类似司法鉴定人员出具鉴定意见，便于操作也较为合理。特别是在一些行政机关业务骨干担任专业人员履职过程中，要求其以个人名义出具监督考察报告容易操作，如果是单位入库，要求该行政机关对监督考察评估意见负责，难免产生该行为是行政执法活动还是监督考察活动的争议，显然不合理，实践中也难以操作。

（二）专业人员来源

《选任管理办法》第一条规定，第三方监督评估机制专业人员主要包括律师、注册会计师、税务师、企业合规师、相关领域专家学者以及有关行业协会、商会、机构、社会团体的专业人员；

生态环境、税务、市场监督管理等政府工作部门中具有专业知识的人员可以被选任确定为第三方机制专业人员，或者可以受第三方机制管委会邀请或者受所在单位委派参加第三方组织及其相关工作，其选任管理具体事宜由第三方机制管委会与其所在单位协商确定；有关政府部门所属企事业单位中专业人员可以被选任确定为第三方机制专业人员，参加第三方组织及其相关工作。可见，《选任管理办法》并未限制专业人员的来源，原则上以满足监督考察工作实际需要为前提，选择合适的专业人员类型。值得注意的是，2021 年 3 月 18 日，人力资源和社会保障部会同国家市场监督管理总局、国家统计局将企业合规师纳入《中华人民共和国职业分类大典》，企业合规师正式成为一种新职业。在选取第三方机制专业人员时，可以予以关注。

《选任管理办法》对行政机关工作人员参与第三方监督评估工作的形式和人员性质规定得比较灵活，可以个案协商。这主要考虑到合规改革试点实践中，行政机关工作人员参与监督评估工作的复杂性，比如监督考察活动与行政执法活动的区别、考察意见的性质、履职经费保障等问题，最大程度上消除这类人员履职的障碍和顾虑，各地可以自行选择符合本地实际的方式开展工作。

（三）分类组建名录库

《选任管理办法》第五条规定，名录库应当分类组建，人员数量、组成结构和各专业领域名额分配可以由负责组建名录库的第三方机制管委会根据工作需要自行确定，并可以结合实际进行调整。分类组建专业人员名录库是第三方组织实现专业化、针对性的基础。县级层面第三方机制管委会在确定第三方机制专业人员名录库各类别人员数量、组成结构和各专业领域名额时，需要对当地一定时间段内涉企犯罪案件进行专题调研，在统计涉企犯罪案件件数、罪名分布、处理结果、合规风险点等数据的基础上，分析涉企犯罪原因、企业管理主要漏洞、可能需要的合规计划类型等，为确定第三方机制专业人员数量、组成结构和比例提供数据支撑，综合考虑本地区第三方监督评估中介机构专业人员数量、资质以及专家学者资源，确定名录库专业人员数量、结构。

以张家港市企业合规监管委员会组建第三方机制专业人员名录库过程为例，可以分为三步：

第一步，对2017—2020年涉企犯罪案件进行统计分析。239件涉企犯罪案件涉及企业203家、企业人员312人，涉案企业多为中小型民营企业，大型民营企业和高科技企业仅有9家，涉及行业主要集中于贸易、进出口、纺织、化纤、木料加工等。涉及的罪名有14个，主要集中在虚开增值税专用发票罪、涉安全生产类犯罪（包括重大责任事故罪、重大劳动安全事故罪）、贪腐类犯罪（包括职务侵占罪、挪用资金罪）、涉知识产权犯罪（包括假冒注册商标罪、销售假冒注册商标的商品罪）、污染环境罪，反映出企业主要涉罪风险是财务管理风险、安全生产管理风险、诚信管理风险、知识产权管理风险和环境保护风险。

第二步，在案件涉罪风险分析的基础上，初步确定了安全生产、税务管理、知识产权、环境保护四个重点合规领域。通过个人申请和组织推荐相结合的方式，从全市30余家行政部门、20余家律师事务所、10余家会计师事务所和税务师事务所分两批次选取了共计99名专业人员，包括61名行政机关业务骨干、24名律师、7名注册会计师、7名税务师，其中行政机关业务骨干来源为市应急管理局、生态环境局、市场监督管理局、税务局各5名，其他部门各1—3名。另外，还选任了4名合规领域的专家学者。

第三步，专业人员名录库按照分类与综合相结合的原则，对应合规有效性审查“1+4”的标准，即合规审查和安全生产、环境保护、财税管理、知产管理审查，律师和专家学者负责对企业合规管理体系整体的有效性进行审查，不进行专门分类，在抽取第三方组织时至少抽取1名律师。行政机关专业人员、会计师、税务师结合自身业务范围划分到4个专业化小组，满足上述四个重点领域合规监督考察工作需要。在个案抽取中，根据涉案企业合规计划类型抽取 1 名对应风险领域专业人员。考虑到涉税风险案件体量较大，税务机关专业人员、注册会计师、税务师均能满足需求，而且会计师、税务师专业程度比较高、资质认证比较成熟，在税务机关专业人员紧张时也能保证工作开展。

（四）选任条件

《选任管理办法》第六条规定了专业人员的选任条件：（1）拥护中国共产党的领导，拥护社会主义法治；（2）具有良好道德品行和职业操守；（3）持有本行业执业资格证书，从事本行业工作满三年；（4）工作业绩突出，近三年考核等次为称职以上；（5）熟悉企业运行管理或者具备相应专业知识；（6）近三年内未受过与执业行为有关的行政处罚或者行业惩戒；（7）无受过刑事处罚、被开除公职或者开除党籍等情形；（8）无其他不适宜履职的情形。除了条件（3）、（4）规定了明确要求外，其他的条件都比较原则，需要审核主体具体把握。实际操作中，可能遇到符合选任条件的人员比较多，如何进一步筛选的问题，我们认为可以就条件（5）规定的"熟悉企业运行管理或者具备相应专业知识"方面加以细分，具化条件，如需提供既往与企业合规管理相关的研究成果或开展企业管理工作的实践案例经验等，便于审核主体在资格审查时有参照的标准和依据，也可以让未被选任的人员信服。

（五）选任程序

《选任管理办法》第七条至第十二条规定了选任专业人员的程序，即第三方机制管委会一般应当按照制定计划、发布公告、本人申请、单位推荐、材料审核、考察了解、初定人选、公示监督、确定人选、颁发聘书等程序组织实施第三方机制专业人员选任工作，并就重点环节的具体操作作出详细规定，各地参照执行即可。在专业人员选任工作上，可以由司法行政机关牵头负责专业人员的选任，会计师、税务师的选任可以听取财政局、税务局等行政主管部门的意见。检察机关应当对选任的程序进行监督，可以在第三方机制管委会内部设置审核监督程序，比如要求审核材料向检察机关备案，检察机关指派专人进行审查，重点审查公示异议处理是否妥当，必要时可以采用抽查、访谈的方式核实人员选任是否于法有据。

二、第三方机制专业人员的日常管理

第三方机制专业人员的日常管理包括业务指导、履职培训、考核评价、奖惩机制、出库管理等内容。《选任管理办法》对上述内容都作了规定，提出了很多比较高的工作要求，虽然全国多个地方的第三方机制管委会按照该办法制定了符合本地实际的文件加以落实，但离实现专业人员日常管理的规范化、制度化还有很长的路要走。

（一）业务指导和培训

《选任管理办法》第十五条规定:“第三方机制管委会应当结合涉案企业合规第三方监督评估工作的情况，定期组织第三方机制专业人员进行业务培训、开展调研考察和座谈交流，总结推广经验做法。”企业合规试点探索过程中，各地第三方机制管委会都会组织选任的专业人员参加一些入门培训，比如邀请全国知名律师事务所合规团队专业律师或高校合规领域专家学者开展培训，组织到合规建设较早、建设情况较好的企业实地观摩等。这类培训大都是围绕国外合规案例或者国内大型企业、跨国公司合规建设案例的学习，针对性不强，缺乏系统性，无法满足中小企业合规建设实际需要。企业合规师成为新职业后，一些社会机构开始涌入合规师培训市场，良莠不齐，合规专业培训缺乏指导、标准和体系，需要加大投入，完善机制。针对上述问题，可以从以下几个方面加强指导培训。

第一，建立企业合规分级分类培训体系。安全生产领域有三级安全教育培训，是指新入厂职员、工人的厂级安全教育、车间级安全教育和岗位安全教育。三级安全教育是企业安全生产教育制度的基本要求。第三方机制专业人员的培训也可以采取三级培训方式，包括入库培训、分类专项培训以及第三方组织针对性培训。入库培训可以包含两大类，一类是合规基础技能培训，如培训合规基础知识、合规有效性审查操作技能。目前实践中开展的培训基本以这类培训为主，包括合规基础理论、合规管理价值、合规建设标准、合规考察评估的方法和流程。另一类是第三方监督考察技能培训。需要重点培训涉案企业合规监督考察的程序、方法、考察评估标准等内容。可以以文件解读的方式将《指导意见》及配套文件的内容，结合地方制定的具体实施方案进行培训，增强培训的操作性和实效性，便于专业人员快速掌握第三方监督评估工作技能。分类专项培训主要是指在专业人员分组的基础上，对照不同小组专业人员监督评估的专项合规管理体系组织专题培训，可以邀请各专项领域合规专家、行政机关相关职能部门具有专门知识的人等进行授课，如安全生产合规培训、大数据保护合规培训、反商业贿赂合规培训等。第三方组织针对性培训是指专业人员经随机抽取成为某一家涉案企业合规第三方组织成员后，由办案人员就涉案企业基本情况、主要涉罪风险、可能存在的合规薄弱环节进行指导培训，帮助第三方组织合理确定涉案企业合规计划类型、合规整改方向和重点。

第二，开展调研考察和座谈交流。第三方监督评估工作专业性强，同时基础薄弱，新问题层出不穷，需要边实践边调研。一方面，可以组织专业人员到合规体系打造完善的企业考察学习，加强学习的深度。另一方面，及时汇总监督考察工作中的疑难问题，以组织专题讨论会、召开专家论证会等形式，探讨疑难问题的解决方法和途径，可以与其他先行先试地区座谈交流，吸收借鉴好的经验做法。

第三，组织培训考试。入库培训和分类专项培训后可以组织考试，通过考试的方式帮助专业人员巩固合规知识和专业技能，同时为之后开展培训的方式方法、培训内容调整完善提供参考。此外，按照《选任管理办法》第十九条的规定，培训考试的成绩可以作为对专业人员考核的重要参考。

第四，规范培育企业合规师。企业合规管理是对企业法律、财务、审计、进出口、劳动环境等多方面进行合规管控，具有较强的综合性、独立性和技术性。目前人社部委托中国贸促会商事法律中心正在制定相关标准。待标准规范出台后，要尽快推动有关部门培育企业合规师，选取有资质的培训机构，规范培训市场。

（二）考核评价

《选任管理办法》第十六条规定："第三方机制管委会可以通过定期考核、一案一评、随机抽查、巡回检查等方式，对第三方机制专业人员进行考核评价。考核结果作为对第三方机制专业人员奖励激励、续任或者调整出库的重要依据。"实践中，对第三方机制专业人员的考核评价工作可以与培训、监督工作相结合，在监督中考核，在考核中监督。第三方机制管委会可以制定专业人员考核积分明细，设置考核积分正向和反向指标，如参加培训次数、培训考试成绩、监督考察实质化程度、检察机关飞行检查[①]情况、巡回检查小组监督情况等，每项设定分值，确定合理的考核期间和奖惩分数区间，计算考核分数，以量化的方式规范考核工作。出现《选任管理办法》第二十一条规定的四种情形，考核评价直接评定为不合格，不进行当年度考核积分。四种情形包括：（1）无正当理由，不参加履职工作或不接受分配工作任务；（2）履职中出现重大失误，造成不良影响；（3）履职中行为不当，造成不良影响；（4）其他造成不良影响或损害第三方组织形象、公信力的情形。该条款未明确考核不合格的后续处理方式，仅是在第十二条中规定考核评价结果两次确定为不合格的，第三方机制管委会应当及时将其调整出库。实践中，地方第三方机制管委会可以依法就后续处理作出规定，如一定时间内不被启用、暂扣履职报酬等。

---

① 飞行检查，简称"飞检"，是跟踪检查的一种形式，指事先不通知被检查部门实施的现场检查。

（三）建立名录库禁入名单

《选任管理办法》第二十三条规定："第三方机制管委会应当建立健全第三方机制专业人员名录库禁入名单制度。对于依照本办法第二十二条规定被调整出库的第三方机制专业人员，应当列入名录库禁入名单。"此外，设定正常退出机制，规范专业人员在特定情况下的调整，允许其自愿申请退出。

（四）搭建智能管理平台

专业人员日常管理工作需要动态调整，冗杂耗时，业务培训、考核评价、出库管理等工作之间都有很大的关联性，需要信息畅通，人力毕竟有限，可以发挥科技网络的优势，实现系统性、规范化的管理。具体而言，开发一站式的智能管理系统，设置人性化的界面和数据导入路径，在资质审核、入库管理、随机抽取、培训考试、考核评价、出库管理以及禁入名单等方面都可以全面覆盖、互通互联、全程留痕，为科学公正开展第三方监督评估工作提供技术支撑。

附件：

4. 张家港市企业合规监管委员会张家港市企业合规第三方监督评估机制专业人员选任管理办法（试行）

附件 4

张家港市企业合规监管委员会
张家港市企业合规第三方监督评估机制专业人员
选任管理办法（试行）

为服务保障企业依法有效开展合规建设，规范第三方监督评估机制专业人员选任、管理和履职工作，根据最高检等九部门《关于建立涉案企业合规第三方监督评估机制的指导意见（试行）》（以下简称《指导意见》)、《涉案企业合规第三方监督评估机制专业人员选任管理办法（试行）》等规定，结合本市工作实际，制定本办法。

第一条【制度定义】 企业合规第三方监督评估机制（以下简称第三方机制）专业人员是指由企业合规监管委员会选任确定，作为第三方监督评估组织（以下简称第三方组织）组成人员参与涉案企业合规整改和事前合规分级评定中第三方监督评估工作的相关领域专业人员，主要包括律师、注册会计师、税务师、企业合规师、相关领域专家学者以及有关行业协会、商会、机构、社会团体的专业人员。

生态环境、税务、市场监督管理等政府工作部门中具有专业知识的人员或所属企事业单位中的专业人员可以被选任确定为第三方机制专业人员，或者可以受企业合规监管委员会邀请或者受所在单位委派参加第三方组织及其相关工作。

第二条【基本原则】 第三方机制专业人员的选任、管理和履职应当坚持依法公正、平等自愿、科学高效的原则，严格遵守企业合规监管委员会的有关保密要求并接受监督。

第三条【选任工作】 企业合规监管委员会负责选任专业人员组建第三方机制专业人员名录库（以下简称名录库），由市工商联具体负责，确定名录库人员数量、组成结构和各专业领域名额分配，并可以结合实际进行调整。

名录库以个人作为入库主体，不得以单位、团体作为入库主体。

第四条【选任条件】 第三方机制专业人员应当拥有较好的政治素质和道德品质，具备履行第三方监督评估工作的专业知识、业务能力和时间精力，其所在单位或者所属有关组织同意其参与第三方监督评估工作。

第三方机制专业人员一般应当具备下列条件：

（一）拥护中国共产党的领导，拥护我国社会主义法治；

（二）具有良好道德品行和职业操守；

（三）持有本行业执业资格证书，从事本行业工作满三年；

（四）工作业绩突出，近三年考核等次为称职以上；

（五）熟悉企业运行管理或者具备相应专业知识；

（六）近三年内未受过与执业行为有关的行政处罚或者行业惩戒；

（七）无受过刑事处罚、被开除党籍或者开除公职等情形；

（八）无其他不适宜履职的情形。

第五条【选任程序】 企业合规监管委员会按照制定计划、发布公告、本人申请、单位推荐、材料审核、考察了解、初定人选、公示监督、确定人选、颁发证书等程序组织实施第三方机制专业人员选任工作。

市工商联以企业合规监管委员会名义在官方网站或微信公众号上发布公告。公告应当载明选任名额、标准条件、报名方式、报名材料和选任工作程序等相关事项，公告期一般不少于二十个工作日。

市司法局负责材料审核、考察了解等工作，并在此基础上提出拟入库人选名单，提交企业合规监管委员会审核。

市工商联以企业合规监管委员会名义在官方网站或微信公众号上将拟入库人选名单及监督联系方式向社会公示，接受社会监督。公示期一般不少于七个工作日。

市检察院对于收到的举报材料、情况反映及时进行调查核实，视情提出处理意见，提交企业合规监管委员会审核。调查核实过程中可以根据情况与举报人、反映人沟通联系。

公示期满后无异议或者经审查异议不成立的，市工商联以企业合规监管委员会名义向入库人员颁发证书，并通知其所在单位或者所属有关组织，同步在官方网站或微信公众号上公布。

第六条【权利规定】 第三方机制专业人员享有以下权利：

（一）根据履职需要，可以查阅相关文件资料和考察对象案卷材料；

（二）不定期获得企业合规监管委员会合规试点工作相关的培

训和情况通报；

（三）优先受邀参加企业合规监管委员会成员单位相关公开活动；

（四）根据工作需要受邀参加外出考察学习。

第七条【义务规定】 第三方机制专业人员应当严格遵守法律和有关试点工作规定，按照规定的权限和程序，独立公正地履行职责，遵守以下义务：

（一）遵纪守法，勤勉尽责，客观中立；

（二）发现企业、企业人员曾隐匿的或者新出现的违法犯罪行为，应及时向办案的检察机关报告；

（三）对监管过程中知悉的国家秘密、商业秘密、案件情况及个人隐私，以及其他依照法律法规和有关规定不应当公开的案件信息予以保密；

（四）不得利用履职便利，索取、收受贿赂或者非法侵占涉案企业、个人的财物干扰企业正常生产经营活动或者实施收受财物等违反廉洁纪律的行为；

（五）不得利用履职便利，干扰涉案企业正常生产经营活动。

第八条【考核制度】 第三方机制专业人员应当接受企业合规监管委员会组织的定期考核，考核结果作为对第三方机制专业人员奖励激励、续任或者调整出库的重要依据。

第三方机制专业人员有下列情形之一的，考核评价结果应当确定为不合格，并视情作出相应后续处理：

（一）不参加第三方组织工作或者不接受企业合规监管委员会分配工作任务，且无正当理由的；

（二）在履行第三方监督评估职责中出现重大失误，造成不良影响的；

（三）在履行第三方监督评估职责中存在行为不当，涉案企业向企业合规监管委员会反映或者提出异议，造成不良影响的；

（四）其他造成不良影响或者损害第三方组织形象、公信力的情形。

第九条【回避制度】 第三方机制专业人员系律师、注册会计师等中介机构人员的，在履行合规监管职责期间不得违反规定接受可能有利益关系的业务；在履行合规监管业务结束后一年以内，上述人员及其所在中介机构不得接受涉案企业、个人或者其他有利益关系的单位、人员的业务。

违反回避制度的第三方机制专业人员，企业合规监管委员会应当及时将相关情况移送给有关主管机关，或其所在单位或者所属有关组织处理。

第十条【出库管理】 第三方机制专业人员存在违反有关义务规定的情况，可以谈话提醒、批评教育，或视情通报其所在单位或者所属有关组织，情节严重或者造成严重后果的可以将其调整出库。

第三方机制专业人员有下列情形之一的，由企业合规监管委员会调查核实后，及时调整出库，列入名录库禁入名单：

（一）在选任或者履职中弄虚作假，提供虚假材料或者情况的；

（二）受到刑事处罚、被开除党籍或者开除公职的；

（三）受到司法行政处罚或者行业惩戒，情节严重的；

（四）违反《指导意见》第十七条第二款第二项至第四项规定的；

（五）利用第三方机制专业人员身份发表与履职无关的言论或者从事与履职无关的活动，造成严重不良影响的；

（六）考核评价结果两次确定为不合格的；

（七）违反回避制度，情节严重的；

（八）实施严重违反社会公德、职业道德或者其他严重有损第三方机制专业人员形象、公信力行为的；

（九）其他不适宜继续履行第三方监督评估职责的情形。

第三方机制专业人员因客观原因不能履职、本人不愿继续履职或者发生影响履职重大事项的，应当及时向企业合规监管委员会报告并说明情况，主动辞任第三方机制专业人员。企业合规监管委员会应当及时进行审查并将其调整出库。

第十一条【履职保障】 第三方机制专业人员选任管理工作所需业务经费和第三方机制专业人员履职所需费用，列入本市财政年度经费预算。

第十二条【解释及施行】 本办法由企业合规监管委员会负责解释，自发布之日起施行。

（注：本办法自 2021 年 4 月 15 日发布施行，根据 2021 年 6 月 3 日《指导意见》，2021 年 11 月 22 日《〈指导意见〉实施细则》《选任管理办法》等规定进行修正）

第三节 合规考察必要性审查

一、必要性审查要点

合规考察必要性审查指检察机关对涉案企业有无适用第三方机制的必要及可能进行的调查评估，并决定是否启动合规监督考察的前置程序。《试点方案》指出，合规改革试点适用企业范围包括国企民企、内资外资、大中小微企业等各类市场主体，主要是指涉案企业以及与涉案企业相关联企业；案件类型则涉及《刑法》分则第三章和第六章 160 余个罪名。对上述涉案企业进行合规考察必要性审查，以筛选出有合规能力与合规价值的企业，不仅可以有效节约司法资源，更能凸显企业合规改革试点工作的意义与价值。

如本书第一章所述，检察机关推动企业合规有着重大意义和现实价值。在实践层面，检察机关需要依职权审查案件材料、对犯罪嫌疑人进行讯问并听取各方意见，办案人员对案件基本情况相对熟悉，且基于“无罪推定”的基本立场，能够秉持相对客观中立的态度对涉案企业是否有适用第三方机制必要性进行判断。因此，由检察机关作为合规考察必要性的审查主体有职权基础与现实可行性。

在合规考察必要性审查过程中，应着重关注以下四方面内容：

第一，案件办理基本情况。涉案企业适用第三方机制以其认罪认罚为前提。涉案企业认罪认罚实质暗含两点内容，一是案件事实清楚，证据确实、充分且具备一定可罚性；二是涉案企业及其负责人对检察机关指控的犯罪事实没有异议。此外，个人为进行违法犯罪活动而设立公司、公司设立后以实施犯罪为主要活动的，不应对相关企业适用第三方机制。

第二，企业生产经营态势。企业合规改革与“严管厚爱”相结合，以尊重社会主义市场经济发展规律为前提。故此，检察机关应对其初查认为可以适用第三方机制的涉案企业开展调查评估，着重了解涉案企业的行业情况、生产经营状况、社会贡献、刑事处罚后可能造成的社会影响等。

第三，企业合规的自愿性。合规整改是企业的整体工程，需要在企业管理层高度重视的基础上，自上而下、步调一致地进行合规建设。涉案企业只有在正常生产经营的基础上，承诺建立或者完善企业合规制度，自愿适用第三方机制，才能保证企业实质化开展合规建设，提高合规整改针对性与有效性。故此，合规意愿同样应当是合规考察必要性审查的重点。

第四，企业合规的可行性。审查企业合规的可行性主要是指企业完成合规计划的可能性。《〈指导意见〉实施细则》第二十七条规定：“第三方组织成立后，应当在负责办理案件的人民检察院的支持协助下，深入了解企业涉案情况，认真研判涉案企业在合规领域存在的薄弱环节和突出问题，合理确定涉案企业适用的合规计划类型，做好相关前期准备工作。”第二十八条规定：“第三方组织根据涉案企业情况和工作需要，应当要求涉案企业提交单项

或者多项合规计划，对于小微企业可以视情简化。”实践操作中，检察机关需要结合涉案企业涉罪风险就企业合规计划类型作出初步判断，结合可能的合规整改内容和要求，判断企业完成合规整改的可能性和可操作性。

二、合规考察的启动程序

检察机关对涉案企业的合规考察必要性审查贯穿合规考察启动的全过程，相应程序如下：

（一）权利告知

对符合企业合规改革试点基本条件的涉案企业，检察机关应向其送达《涉案企业合规监督考察权利义务告知书》（见第 64 页附件 5），明确告知其合规监督考察的程序、第三方机制适用条件及相关主体权利义务。

（二）调查评估

案件承办人应当对提出合规申请的涉案企业的行业情况、生产经营状况、刑事处罚后可能造成的社会影响等自行或委托相关机构进行调查评估（见第 68 页附件 6、第 69 页附件 7）。

（三）合规承诺

涉案企业同意启动合规监督考察程序并适用第三方机制的，应当向检察机关出具书面合规承诺（见第 71 页附件 8），明确表示其自愿接受合规监督考察。

（四）听取意见

检察机关在正式开展合规考察必要性审查前，还应当听取侦查机关，被害人及其法定代理人、诉讼代理人，涉案企业及其负责人、辩护人等相关人员的意见，并填写记录表（见第 72 页附件 9）。

（五）审查决定

在完成上述程序后，案件承办人应围绕企业生产经营状况、合规整改意愿、合规整改可能等撰写涉案企业合规审查报告（见第 73 页附件 10），按照相关要求报院领导及上级检察院审查批准。

（六）考察宣告

检察机关决定对涉案企业适用第三方机制的，应当制作涉案企业合规监督考察决定书（见第 73 页附件 11），并向涉案企业及相关人员宣告（见第 74 页附件 12），商请第三方机制管委会组建第三方组织，正式启动对涉案企业的监督评估工作。

三、典型案例

赵某某等人组织他人违章冒险作业案

【基本案情】

2021 年 3 月，张家港某金属公司实际经营人赵某某，明知高压线下禁止违章冒险施工作业，仍将该公司位于高压线下的钢结构翻新加高工程发包给吴某某的施工队，指使吴某某组织工人违章冒险作业，致使工人屠某某在施工时不慎触电死亡。事发后，赵某某主动向公安机关投案，对屠某某的近亲属作出补偿并取得谅解。2021 年 11 月，张家港市公安局以赵某某、吴某某涉嫌组织他人违章冒险作业罪移送张家港市检察院起诉。

【合规考察启动过程】

赵某某实际经营的某金属公司申请合规监督考察，办案检察官对该公司展开调查评估工作。办案检察官实地走访了案发现场及涉案企业生产车间，与赵某某等公司主要负责人座谈并查看公司安全生产台账及相关资料。经调查，该公司年销售额过亿元，年纳税额 600 万元以上，并与诸多国际知名厂商建立了长期合作关系；赵某某作为该公司实际控制人，对公司重大决策及贷款投资等事项有实质影响；案发后，该公司已针对导致事故发生的诸多风险点进行了初步整改。

根据调查结果，办案检察官认为该公司具备适用第三方机制条件，并向涉案企业送达《涉案企业合规监督考察权利义务告知书》。赵某某作出相应合规承诺。办案检察官就相关情况形成《办案影响评估报告》及相应请示材料，并层报江苏省人民检察院（以下简称省检察院）。

2022 年 1 月，省检察院批准对该公司适用第三方机制，办案检察官遂商请张家港市企业合规监管委员会组建第三方组织对该公司展开合规监督考察。

附件：

5. 张家港市人民检察院涉案企业合规监督考察权利义务告知书

6. 涉案企业调查评估报告

7. 涉案企业合规调查评估委托协议书

8. 合规承诺书

9. 张家港市人民检察院涉案企业合规案件听取意见表

10. 涉案企业启动合规监督考察的审查报告

11. 张家港市人民检察院涉案企业合规监督考察决定书

12. 张家港市人民检察院涉案企业合规监督考察决定宣布笔录

附件 5

张家港市人民检察院
涉案企业合规监督考察权利义务告知书

（回执）

_________________：

你（单位）涉嫌_____________一案，已由________________移送我院审查，根据最高人民检察院等九部门《关于建立涉案企业合规第三方监督评估机制的指导意见（试行）》以及张家港市人民检察院《关于开展企业合规改革试点工作的实施细则（试行）》等相关规定，现向你告知涉案企业自愿参与合规监督考察的权利和义务。

年　　月　　日

本人已收到《涉案企业合规监督考察权利义务告知书》，已阅读并理解相关事项、权利及义务。

被告知人（签名）：

年　　月　　日

张家港市人民检察院 涉案企业合规监督考察权利义务告知书

一、涉案企业合规从宽制度，是指检察机关在办理涉企犯罪案件时，对符合企业合规改革试点适用条件的，启动涉案企业合规第三方监督评估机制（以下简称第三方机制），交由企业合规监管委员会选任组成的第三方监督评估组织（以下简称第三方组织），对涉案企业的合规承诺进行调查、评估、监督和考察。考察结果作为检察机关依法处理案件的重要参考。

二、涉案企业、个人及其辩护人、诉讼代理人或者其他相关单位、人员可以向检察机关申请开展合规监督考察，充分说明理由和依据，并提交企业经营、纳税、员工情况及行政主管机关证明等有关材料。

三、涉案企业同意开展合规监督考察，应当出具书面合规承诺，内容包括且不限于：

（一）遵守法律法规，服从监督；

（二）主动承认犯罪事实，积极配合调查、追诉；

（三）取得被害人谅解，积极退赃、赔偿损失、消除影响等；

（四）制定有效的合规计划，主要围绕与企业涉嫌犯罪有密切联系的企业内部治理结构、规章制度、人员管理等方面存在的问题，制定可行的合规管理规范等；

（五）认真履行合规计划并配合第三方组织监督考察工作；

（六）其他必要内容。

四、检察机关对涉案企业决定开展合规监督考察的，涉案企业应当按照第三方组织要求提交合规计划。合规计划应包括以下方面：

（一）排查涉罪合规风险，采取针对性整改措施，完成制度纠错和管理修复；

（二）对同一类型犯罪预防确立整体的、全面的和长远的管理机制；

（三）对除涉罪风险外其他合规领域薄弱环节和突出问题建立合规管理体系；

（四）建立合规组织体系，明确合规管理组织架构、合规综合管理部门及各部门的合规责任；

（五）制定纲领性合规管理规范、合规政策、合规行为准则；

（六）建立合规预防体系、识别体系、应对体系等运行机制；

（七）明确合规计划承诺完成时限；

（八）其他有利于合规管理的相关制度、措施。

五、第三方组织根据案件具体情况和涉案企业承诺履行的期限，并向负责办理案件的检察机关征求意见后，合理确定合规考察期限，提交企业合规监管委员会审核。考察期可视情况延长或缩短。

六、涉案企业在监督考察期限内，应当遵守下列规定：

（一）遵守法律法规，服从监督；

（二）按照时限要求认真履行合规计划；

（三）定期书面报告合规计划执行情况，并配合第三方组织进行检查、评估；

（四）及时发现、制止企业、员工可能存在的违法犯罪行为。

涉案企业人员应当协助涉案企业遵守以上规定。

七、在合规考察期内，第三方组织可以定期或不定期对涉案企业合规计划履行情况进行监督和评估，可以要求涉案企业定期书面报告合规计划的执行情况，同时抄送检察机关。

八、企业合规考察期结束后，由检察机关委托第三方组织对涉案企业的合规计划完成情况进行全面检查、评估和考核，出具考察意见。

九、涉案企业及人员在考察期内履行完毕合规计划，没有违反监督考察要求，经考察期满并评估合格的，检察机关可以依法对其作出不批准逮捕、不起诉决定或者提出从宽处罚的量刑建议。

十、第三方组织发现涉案企业、个人存在下列情形之一的，应当中止合规监督考察程序，并向检察机关报告：

（一）尚未被办案机关掌握的犯罪事实或者新实施的犯罪行为需要追诉的；

（二）实施新的违法违规行为的；

（三）无正当理由拒绝履行或者变相不履行合规计划的；

（四）无正当理由拒不配合第三方组织合规考察的；

（五）实施其他严重违反合规计划的行为。

十一、涉案企业或其人员认为第三方组织成员存在行为不当或者涉嫌违法犯罪的，可以向企业合规监管委员会反映或者提出异议，或者向检察机关提出申诉、控告。

十二、检察机关在作出从宽处理决定后一定时期内，联合第三方组织、行政主管部门通过走访等方式对涉案企业合规整改情况进行跟踪监督，发现涉案企业存在下列情形之一的，决定是否撤销不起诉决定，提起公诉：

（一）实施新的犯罪；

（二）未有效运行合规管理体系；

（三）其他需要撤销不起诉决定的情形。

附件 6

涉案企业调查评估报告

本院于 ** 年 ** 月 ** 日，接到 **** 局以 ***** 号文书提请审查逮捕（起诉）犯罪嫌疑人 *** 涉嫌 ****** 一案的文书及案卷材料、证据。鉴于本案 **********，依据《江苏省检察机关关于涉民营企业案件办案影响评估的工作办法》等相关规定，对犯罪嫌疑人 *** 及其实际控制的企业开展合规监督考察调查评估，制作本报告。

一、基本事实

****

二、调查过程

*********（开展了哪些调查工作）

三、调查内容

（一）涉案企业情况

1. 经营态势。是否在正常经营，企业目前用工人数，近三年销售收入、纳税情况。

2. 产业性质。企业是否属于政府保护、支持的产业，是否属于三大攻坚战限制发展的企业，是否有重大发明专利、产品获奖、社会荣誉等情形。

3. 紧急事项。是否存在重大科技项目攻关、重大经营项目推进、大额贷款即将到期、公司面临上市等重大紧急情形。

4. 事后补救情况。是否存在承诺建立完善合规机制、堵塞公司运营的制度漏洞、挽回损失等情形。

5. 其他情况。

（二）涉案人员情况

1. 犯罪嫌疑人 *** 的基本情况。犯罪嫌疑人身份、职务；有无前科，是否属于累犯，是否处于缓刑考验期等；是否具有自首、坦白等从宽情节，是否愿意认罪认罚等。

2. 犯罪嫌疑人人身危险性。综合考虑犯罪嫌疑人犯罪情节、危害后果、主观故意、犯罪动机、犯罪后认罪悔罪等情况，准确认定其社会危险性。

3. 犯罪嫌疑人与企业之间的依存关系。犯罪嫌疑人必须亲历的相关事项、缺位可能造成的影响，有无合适的替代人选等。

（三）可能引发的风险

是否会引发媒体炒作、大量员工失业、涉案企业员工集体上访等。

（四）属地政府、行政管理部门、工商联等方面的意见

（五）其他需要说明的事项

四、评估意见

经合规必要性和可行性分析，认为涉案企业、个人符合/不符合张家港市人民检察院制定的《关于开展企业合规改革试点工作的实施细则（试行）》规定的适用条件，建议/不建议适用合规改革试点以及启动合规监督考察程序。

承办人：

年　　月　　日

附件 7

涉案企业合规调查评估委托协议书

甲方（检察机关）：

乙方（调查人员）：

因____（涉案企业、个人）涉嫌____（罪名）一案，在审查起诉阶段____（涉案企业、个人）自愿认罪认罚，本院经审查认为符合企业合规改革试点的适用条件，为进一步调查该涉案企业的行业情况、生产经营状况、刑事处罚后可能造成的社会影响等方面，

保护和促进企业守法合规经营和健康长远发展，根据张家港市人民检察院《关于开展企业合规改革试点工作的实施细则（试行）》等有关规定，本院委托你方围绕上述方面对涉案企业进行调查。

第一条　乙方需具备以下资质和条件：

（一）中华人民共和国公民，无行政处罚及刑事处罚记录；

（二）具备本协议所涉企业合规领域的学术优势或业务专长；

（三）具备履行调查评估工作的专业能力和经验，且能保证履行职责所需的精力和时间；

（四）与本协议所涉案件无利害关系。

第二条　乙方的工作职责：

对涉案企业的行业情况、生产经营状况、刑事处罚后可能造成的社会影响等方面进行调查，并向甲方出具调查报告。

第三条　乙方的权利：

（一）对本协议所涉合规案件，可获取相关文件资料和查阅案卷材料；

（二）完成合规调查工作，可根据工作量获得劳务报酬；

（三）优先受邀参加检务公开相关活动。

第四条　乙方应当严格遵守法律和甲方有关试点工作规定，按照规定的权限和程序，独立公正地履行调查职责，不得有下列行为：

（一）妨碍案件公正处理；

（二）泄露案件涉及的国家秘密、商业秘密、个人隐私；

（三）披露其他依照法律法规和有关规定不应当公开的案件信息；

（四）在未经甲方同意的情况下进行公开宣传；

（五）以调查为名，随意干扰涉案企业正常生产经营活动或者实施收受财物等违反廉洁纪律的行为；

（六）实施违反工作职责和损害涉案企业合法权益的其他行为。

乙方在履职中有上述行为之一的，视情节给予劝诫或解除委托协议，构成犯罪的，依法追究刑事责任。

第五条　乙方应当勤勉履行工作职责，如发现企业有违法违规或者不符合开展合规监督考察的情况，应及时向检察机关通报。

第六条　甲方的义务：

（一）依照协议约定及时向乙方支付劳务报酬；

（二）根据工作需要向乙方提供履职所需的文件材料，沟通协调乙方进入涉案企业开展工作。

第七条　本协议一式两份，甲、乙两方各持一份。

甲方：	乙方：
联系人：	联系人：
联系单位：	联系单位：
联系方式：	联系方式：
年　月　日	年　月　日

附件 8

合规承诺书

__________（涉案企业、个人）在__________案中自愿认罪认罚，积极自查、整改生产经营过程中不规范事宜，自愿接受检察机关的合规监督考察，并承诺在今后的生产经营活动中做到以下几点：

一、遵守法律法规，积极配合司法机关的调查和追诉，服从检察机关及企业合规监管委员会组建的第三方监督评估组织（以下简称第三方组织）的监督；

二、按照检察机关要求按时提交企业经营、纳税、员工情况说明以及行政主管机关证明等有关材料，以及检察机关认为有必要提交的其他证明材料；

三、积极采取退赃、赔偿损失、缴纳相关行政性罚款等措施，弥补受损的法益和社会关系；

四、及时发现、制止企业、员工可能存在的违法犯罪行为，依法合规经营；

五、制定有效的合规计划，主要围绕与企业涉嫌犯罪有密切联系的企业内部治理结构、规章制度、人员管理等方面存在的问题，制定可行的合规管理规范等；

六、认真履行合规计划并配合第三方组织监督考察；

七、如在考察期内违反法律法规规定或承诺书事项，自愿承担相应法律后果。

此致

________人民检察院

承诺人：

年　　月　　日

附件 9

张家港市人民检察院
涉案企业合规案件听取意见表

犯罪嫌疑人		案由	
涉案企业			
被害人 / 相关人员		联系方式	
所在单位			
听取时间		听取方式	
被害人 / 相关人员意见			
承办人：			
备注			

附件 10

涉案企业启动合规监督考察的审查报告

一、监督考察企业基本情况

阐述涉案企业基本情况。

二、经审查认定的犯罪事实及证据评析

审查认定的事实及证据。

三、涉案企业合规必要性审查

经实地考察企业合规建设情况，走访 ***，与涉案企业负责人座谈等方式，审查了……。

四、相关人员意见情况

听取被害人、行政主管部门等相关人员意见情况。

五、启动合规监督考察的理由

经评估，*** 公司符合企业合规改革试点适用条件，具体理由如下：

六、审查意见

建议对 *** 公司启动合规监督考察。

承办人：

年　　月　　日

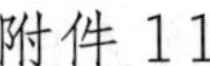

附件 11

张家港市人民检察院
涉案企业合规监督考察决定书

张检四部刑合规〔　　〕号

涉案企业基本情况。（写明名称、住所地等）

涉案人基本情况。[写明姓名、性别、出生年月日、公民身份号码、民族、文化程度、职业或工作单位及职务（国家机关工作人员利用职权实施的犯罪，应当写明犯罪期间在何单位任何职）和户籍地、住址（写居住地，如果户籍所在地与暂住地不一致的，应当写明户籍所在地和暂住地），是否受过刑事处罚，采取强制措施的种类、时间、决定机关等]

本案由×××（监察/侦查机关名称）调查/侦查终结，以涉案企业（个人）×××涉嫌××罪，于×年×月×日向本院移送审查起诉。

经本院依法审查查明：

（概括叙写案件事实，其重点内容是有关涉案企业、个人符合涉案企业合规从宽制度适用条件的具体理由的事实）

本院认为：（涉案企业符合涉案企业合规从宽制度适用条件的理由），依据最高人民检察院等九部门《关于建立涉案企业合规第三方监督评估机制的指导意见（试行）》以及张家港市人民检察院《关于开展企业合规改革试点工作的实施细则（试行）》的规定，决定对×××企业启动合规监督考察程序并适用第三方监督评估机制。

张家港市人民检察院

年　　月　　日

附件12

张家港市人民检察院
涉案企业合规监督考察决定宣布笔录

涉案企业（个人）：________________

案由：__________________

时间：____年____月____日____时____分至____时____分

地点：________________________________

宣读人：__________　　　　记录人：__________

其他在场人员：________________________

宣读人：根据张家港市人民检察院《关于开展企业合规改革试点工作的实施细则（试行）》的规定及你单位 / 你所涉犯罪事实，经我院调查评估，现决定对你单位（你所在单位）启动涉案企业合规监督考察程序并适用第三方监督评估机制。你单位 / 你有什么意见吗？

____

____

涉案企业（个人）签章 / 签名：　　　　宣读人签名：

其他在场人员签名：　　　　　　　　　记录人签名：

第四节　第三方机制的运行

一、第三方组织的成立

第三方组织作为监督评估的实施主体，其产生及履职均应遵循严格的流程。张家港市检察院牵头企业合规监管委员会制定了《涉案企业合规有效性审查工作办法（试行）》（见第 88 页附件 13）、《涉案企业合规有效性审查参考指标体系》（见第 97 页附件 14）、《合规有效性审查工作流程》（见第 120 页附件 15）等，规范第三方组织的运行。按照《〈指导意见〉实施细则》的规定，检察机关决定启动合规监督考察的，可以向第三方机制管委会发出商请函（见第 121 页附件 16），商请启动第三方机制。在第三方机制管委会决定对涉案企业适用第三方机制后，应及时成立第三方组织对涉案企业开展监督评估工作（见第 122 页附件 17、18）。

成立第三方组织应当遵循以下三个原则：

一是针对性原则。第三方组织作为涉案企业的“主治医师”，应能做到对企业的“病灶”准确判断，精准把脉、对症下药，故此第三方组织成员应从与涉案企业罪名、生产领域相关的领域专业人员中抽取。例如，针对环境污染类罪名相关的涉案企业，第三方组织应至少包括 1 名环境保护领域专业人员。针对性并不意味着律师或合规师的缺位，第三方组织应同时配备至少 1 名合规师或律师，对涉案企业合规制度进行有效性审查。

二是随机性原则。要保证监督评估的公平公正，需要从源头阻断舞弊发生的可能性。随机抽取可以通过信息管理系统来实现，最大程度降低人为因素的干扰。如张家港市检察院研发了第三方监督评估智能管理平台，实现分类随机抽取，保证涉案企业合规第三方机制公平、公正、良性运行。将专业人员分类导入系统，系统可根据企业合规监管进度动态显示专业人员工作状态，并可进行导入、查询、添加、更新和删除等操作。

三是公开性原则。第三方组织成员在履行第三方监督评估职责期间不得违反规定接受可能有利益关系的业务，特别是中介组织成员与涉案企业可能存在业务往来，甚至可能是涉案企业的独立董事或股东。有上述情形的专业人员应当回避，第三方机制管委会重新抽取相应人员。此外，第三方组织成员虽都具备相应的专业能力，但由于涉企案件复杂多样，企业规模大小不一，难免有成员对部分企业的监督评估工作不能胜任。故此，对第三方组织抽取情况进行公示，接受社会各界的监督，听取意见建议，对保障第三方组织客观公正的履职至关重要。

根据《指导意见》，第三方组织组成人员名单在公示后，应当报送负责办理案件的检察机关备案，检察机关或涉案企业、个人、其他相关单位、人员对选任的第三方组织组成人员提出异议的，第三方机制管委会应当调查核实并视情况作出调整。最终人员确定后，第三方组织成员应与第三方机制管委会签订服务合同，以明确双方权利义务及劳务关系，同时第三方组织人员应签具保证书，以保证客观、中立、公正履职。

以张家港市企业合规第三方监督评估智能抽取平台为例，介绍专业人员分类随机抽取的实现路径。《〈指导意见〉实施细则》第二十一条规定："第三方机制管委会收到人民检察院商请后，应当综合考虑案件涉嫌罪名、复杂程度以及涉案企业类型、规模、经营范围、主营业务等因素，从专业人员名录库中分类随机抽取人员组成第三方组织。"第二十三条规定："第三方组织一般由 3 至 7 名专业人员组成，针对小微企业的第三方组织也可以由 2 名专业人员组成。"为此，智能抽取平台设计了四项功能：

第一，科学随机抽取功能。在抽取规则的设计上，初步设置两大参数：一个是企业规模，根据合规调查评估阶段掌握的企业营业收入、从业人员、资产总额等录入数据，按照国家权威部门企业规模划分标准智能运算，自动获取企业规模等数据；另一个是合规风险领域，根据案件中暴露出的企业涉罪风险，结合企业合规承诺整改内容，确定安全生产、环境保护、税务管理、知识产权管理一个或多个领域合规整改方向。平台再根据企业规模和合规风险领域自动确定第三方组织人员结构，分类随机匹配专业人员。平台设置一般规则和特别规则，第三方组织一般由 2 名至 7 名专业人员组成。一般规则是根据风险领域个数匹配对应名录库专业人员，人员数量一般在 4 人以下，小微企业一般为 2 人；特别规则的配置条件是企业规模、税务风险，企业规模为大中型的，可以选用专家学者；在勾选税务风险的情况下，结合企业规模，也可选择会计师。平台设置了详细、具体的匹配规则，确保每一个涉案企业第三方组织成员抽取结果有理有据，专业人员组成尽可能科学、合理。

第二，公平公正保障功能。智能化抽取还体现在对企业合规监管状态、专业人员工作状态的动态调整，以及专业人员某个时间段被分配次数的配置等方面，避免出现第三方组织专业人员被抽取机会不均等、工作量不均衡的问题。此外，专业人员抽取要考虑利益冲突的问题，抽取的专业人员不得与涉案企业及企业负责人、董事或者其他管理人员存在利益关系或者其他可能影响公正履职的事项。平台还设置登录权限、角色分配、抽取人填录、全程留痕等规则，如因专业人员回避、人工变更等特殊情况需要重新抽取的，则要填录详细原因，最大限度降低人为干预的可能性。根据第三方机制的运行需求，系统可以拓展风险领域、多层级人才库，实现专业化抽取、跨区域抽取。

第三，结果同步公示功能。平台随机抽取组建第三方组织后，可自动导出公示人员名单和公示模板，通过工商联、检察院等所属微信公众号进行公示。同时，平台具有公示意见后台数据管理功能，可对社会公众提交的意见进行提示、查询、回复等操作，实现闭环管理。平台运行 1 年多，结合办案已抽取第三方组织专业人员 9 次，并向社会公示，未有不同意见反馈。

第四，统计分析决策功能。平台还设置了统计功能，实现对被监管企业规模、风险领域、监管情况等数据的统计，以及对专业人员需求量、监管频次、监管效果等数据的统计，可分类形成季报、年报，既能为专业人员的更新、调整、考核等提供依据，还能为本地区企业合规整体建设提供决策参考。

比如，张家港市检察院办理的睢某某销售假冒注册商标的商品案件，根据检察机关调查评估报告反映的企业基本情况，抽取人在智能管理平台录入企业信息，系统识别出该企业规模为小型企业，根据企业涉嫌的罪名及曾因税务问题被行政处罚的违法事实，确定企业合规领域为知识产权管理、税务管理，勾选会计师，生成抽取结果，第三方组织由 4 名专业人员组成，包括 1 名律师、1 名会计师、2 名行政机关业务骨干，并进行公示。

二、第三方机制的运行

第三方组织成立后，对涉案企业的监督考察正式开始。第三方组织自成立至解散应依次完成以下几项工作：

（一）要求涉案企业提交合规计划

实践操作中，检察机关可以在商请第三方机制管委会组建第三方组织时，将涉案企业调查评估报告作为附件移送，便于第三方组织及时掌握涉案企业基本情况、合规风险；第三方组织成立后可以与办案检察官及时座谈交流作进一步详细了解，并听取检察官的意见建议；第三方组织可以实地走访企业，与企业负责人交流，了解企业合规风险自查情况。针对涉案企业涉罪风险点，兼顾其他合规风险，结合企业合规承诺确定合规计划类型。比如，污染环境罪的涉案企业合规计划类型应当是环境保护专项合规计划，若企业还有较明显的财税风险，应当在合规计划中增加财税合规管理的内容。在张家港市 L 公司污染环境案件中，调查评估时发现企业还存在安全生产合规风险、税务管理风险，一并纳入合规整改范围。涉案企业合规计划应区分不同的企业规模。对大中型企业，应提交专项或多项合规计划，其他小微企业可以根据案件反映的合规风险问题提交专项合规计划。

需要注意的是，应当对企业提交合规计划的期限作出规定，避免久拖不决，影响合规监督考察工作的开展。《〈指导意见〉实施细则》未对涉案企业提交合规计划的时限作出规定，建议可以规定："涉案企业一般应当在第三方组织提出要求之日起 15 日内完成合规计划，对于涉案企业合规风险较为重大复杂的，可以视情延长至 1 个月。"

（二）审查涉案企业合规计划

《〈指导意见〉实施细则》第二十九条规定："第三方组织应当对涉案企业合规计划的可行性、有效性与全面性进行审查，重点审查以下内容：（一）涉案企业完成合规计划的可能性以及合规计划本身的可操作性；（二）合规计划对涉案企业预防治理涉嫌的犯罪行为或者类似违法犯罪行为的实效性；（三）合规计划是否覆盖涉案企业在合规领域的薄弱环节和明显漏洞；（四）其他根据涉案企业实际情况需要重点审查的内容。第三方组织应当就合规计划向负责办理案件的人民检察院征求意见，综合审查情况一并向涉案企业提出修改完善的意见。”《〈指导意见〉实施细则》规定的合规计划审查重点比较原则，主要把握可操作性、实效性和全面性，实践中可能还需要进一步细化。

审查合规计划的可操作性，需要重点关注涉案企业合规计划中列明的完成进度安排、合规经费投入以及合规资源配置等是否符合合规建设需求。审查合规计划的实效性，需要重点关注合规整改的针对性措施是否有效。涉案企业进行整改，首先要进行“制度纠错”和“管理修复”，针对自身发生犯罪的制度原因，提出堵塞制度漏洞的方案，阻断企业犯罪发生的因果联系。针对性措施是否有效，要以是否排除涉罪风险因素、避免再次犯罪为标准。陈瑞华教授提炼了制度纠错和管理修复的六大要素：（1）对公司治理结构的改造；（2）撤销或改造存在隐患的业务、产品、经营方式、商业模式；（3）对企业经营管理模式的改造；（4）对财务管理机制的改造；（5）改变对员工、第三方和被并购企业放任自流的管理模式；（6）打破企业封闭和集权的管理模式，引入外部独立的专业机构。① 审查合规计划的全面性，并不是要求合规计划面面俱到，“大而全”的合规计划一直被理论界诟病，按照《指导意见》及《〈指导意见〉实施细则》的精神，合规计划除了涉罪风险整改外，需要针对其他合规领域薄弱环节和突出问题进行整改。其他合规领域的整改同样也要求具有针对性。

比如，张家港市L公司污染环境案中，L公司制定的合规计划主要有以下几个方面内容：一是找准合规风险点。对公司结构、经营规模、业务和产品线的运营管理模式，以及政府监管和所在行业所面临的合规风险等因素进行全面排查和体检；聚焦安全生产、生态环境两大领域，梳理行政、刑事两个领域合规风险点。二是改造生产经营模式。打造合规监管常态化工作模式，开展制度构建、风

---

① 参见陈瑞华：《企业有效合规整改的基本思路》，载《政法论坛》2022年第1期。

险识别、合规审查、风险应对、责任追究、考核评价、合规培训等合规管理机制建设，定期全面梳理经营管理中存在的合规风险并进行评估。三是建立合规风险识别、应对机制。严格规范合规建设台账，做好安全日报、生态环境月报、财务月报等动态检查记录，针对疫情、工伤等紧急情况做出应急预案。对关键岗位负责人建立月度考核制度，每年拿出50万元作为考核奖励金，对员工合规行为进行激励，对员工违规行为进行惩戒。四是打造企业合规文化。制定《合规法律指引手册》《合规宣传册》，做到公司员工人手一册；设立“合规为先”合规文化墙；定期开展合规培训，把合规理念传递到每一名员工。在对外签订合同中声明合规承诺，将合规要求作为与第三方合作伙伴签订合同的附件使用。

关于审查合规计划的流程，《〈指导意见〉实施细则》第二十九条第二款规定：“第三方组织应当就合规计划向负责办理案件的人民检察院征求意见，综合审查情况一并向涉案企业提出修改完善的意见。”第三十条规定：“第三方组织根据案件具体情况和涉案企业承诺履行的期限，并向负责办理案件的人民检察院征求意见后，合理确定合规考察期限。”因此，在审查合规计划的同时需要同步审查合规计划完成时限是否合理，并据此确定合规考察期限并告知涉案企业（见第123页附件19、20）。梳理上述内容，我们可以设定审查合规计划的一般流程，包括企业涉罪风险排查、合规计划可行性、有效性和全面性分析、合规考察期限确定、听取检察机关意见、提出合规计划修改意见、提交第三方机制管委会审核。可以制作《涉案企业合规计划审查表》（见第124页附件21），由第三方组织以表格的形式进行填录。此外，各地第三方机制管委会可以就第三方组织审查合规计划的时限作出规定。

关于合规考察期限，应当规定可以视情调整。一方面，由于实践中企业合规计划执行可能出现多种多样的问题，有些问题在最初制定合规计划时可能是难以预料的，或者说容易忽视的。在合规计划执行期间，随着合规整改的深化，第三方组织也可能发现遗漏的风险点或者新的合规风险点需要进行整改。另一方面，合规监督考察工作也不排除提前完成的可能。因此，建议合规考察期间第三方组织可以对合规考察期限调整提出建议，合规考察期限可以根据企业合规整改情况延长或缩短。如第三方组织认为涉案企业合规计划履行尚未完成且有继续履行的可能，在听取办理案件的检察机关、涉案企业等相关人员意见的基础上，可以视情提出延长合规考察期限的建议，提交第三方机制管委会审核（见第 125 页附件 22，第 126 页附件 23、24）。

为了增强合规计划审查的专业性，除了在验收评估环节召开专家听证会外，可以在合规计划审查环节即组织专家听证。具体来说，第三方组织初步完成合规计划审查后，检察机关可以组织召开专家听证会，邀请合规领域的专家学者、涉罪风险领域知名专家等，对企业合规计划、第三方组织审查意见进行论证，进一步修改完善合规计划内容。特别是在一些大中型企业合规计划审查中，合规计划的专业性、复杂性普遍较高，组织专家听证会可以有效解决审查中的难点、重点问题，为合规计划执行环节的监督考察工作打牢基础。

（三）监督合规计划的执行

监督合规计划执行是促进涉案企业实质化整改的关键环节，需要实质监管，避免走形式、走流程。《〈指导意见〉实施细则》第三十一条规定："在合规考察期内，第三方组织可以定期或者不定期对涉案企业合规计划履行情况进行监督和评估，可以要求涉案企业定期书面报告合规计划的执行情况，同时抄送负责办理案件的人民检察院。第三方组织发现涉案企业执行合规计划存在明显偏差或错误的，应当及时进行指导、提出纠正意见，并报告负责办理案件的人民检察院。"根据上述条款的规定，第三方组织可以采取主动和被动相结合的方式开展监督考察工作。第三方组织可以自主决定采用实地走访、检查业务原始资料、问卷调查等方式主动监督，也可以要求企业一定时间内提交书面报告。监督考察期限不满6个月的，可以要求企业每月提交书面报告；超过6个月的，可以要求企业每2个月提交书面报告。

监督合规计划执行初期，第三方组织可以结合企业制定的合规计划编制考察评估方案，便于有计划地开展监督考察工作。考察评估方案可以包括以下内容：一是确定成员分工，第三方组织成员可以根据考察工作需要，单独或共同开展工作；二是需要企业提交的展示企业经营活动情况的相关凭证、原始数据等；三是监督考察需要采取的措施、方法以及准备工作；四是监督考察工作台账记录方式；五是需要涉案企业或者检察机关办案人员提供的工作便利条件等。监督考察工作应当全程留痕，采用工作日志、台账记录等方式记录（见第127页附件25），并向负责办理案件的检察机关备案。

关于监督考察的方法，《〈指导意见〉实施细则》第三十五条规定："监督、评估方法应当紧密联系企业涉嫌犯罪有关情况，包括但不限于以下方法：（一）观察、访谈、文本审阅、问卷调查、知识测试；（二）对涉案企业的相关业务与管理事项，结合业务发生频率、重要性及合规风险高低进行抽样检查；（三）对涉案企业的相关业务处理流程，结合相关原始文件、业务处理踪迹、操作管理流程等进行穿透式检查；（四）对涉案企业的相关系统及数据，结合交易数据、业务凭证、工作记录以及权限、参数设置等进行比对检查。"这些都是第三方组织实际工作中可能用到的监督考察的方法、途径，需要注意工作留痕，通过对比分析得出专业意见，发现企业合规建设存在问题或疏漏的地方及时提出修改完善的意见，引导企业向好的整改方向发展。

比如，张家港市某科技公司虚开增值税专用发票案中，第三方组织针对合规计划提出修改完善的三条意见，一是进行财务专项审计，审核企业财务管理情况；二是建立库存台账制度；三是完善采购、销售制度。此外，结合财务专项审计再对具体的合规计划作出适当修改、完善。按照合规计划要求以及时间进度安排，该公司负责人顾某某作出合规承诺，对企业财税合规风险进行自查；制定了《合规纲领》《财务合规管理制度》《员工合规手册》等合规制度；完成财务专项审计，并将《财务合规管理制度》等上墙。合规考察期限届满前，第三方组织审核企业提交的定期书面报告、现场检查台账记录、财务账套等，结合财务审计报告，发现该公司记载的一笔30多万元暂估款存在税务风险，提出进一步整改的建议。考虑到企业无法在考察期完成合规整改但具备完成整改的可能性，从帮助挽救企业的角度，在征求涉案企业和办案检察机关意见的基础上，第三方组织向企业合规监管委员会提出延长考察期限2个月的建议。经慎重研究，企业合规监管委员会同意延长考察期限2个月。张家港市某科技公司按照第三方组织监管要求，更换专业财务人员负责公司财务记账工作，规范公司现金流使用，采取恰当措施消除涉税风险。考察期限届满，第三方组织经现场验收，出具了通过验收的评估意见。

关于坐班式监管的问题。国外刑事监管人制度中司法机关会派驻经验丰富的检察官担任涉案企业合规监督员，由其直接领导企业开展整改工作。美国司法部于2008年公布的《在与企业签订推迟起诉协议和不起诉协议中选择和任用监管人备忘录》（《Morford备忘录》）和《Grindler备忘录》中规定，监管人的主要职责应当是基于协议条款来评估和监察企业的合规情况，包括在大多数情况下评估公司的内部控制、企业道德以及合规制度等，监管人只有在那些特定案件中某些事实和情形下才得以适用。监管人应当向政府和企业同时作出书面的监管报告。[①] 国外监管人坐班式监管方式有利于监管人全面掌握企业合规整改情况，监管的实质化程度比较高。我国的第三方机制中的第三方组织不等同

① 参见韩旸、王嘉铭：《从第三方监管人的视角谈企业合规不起诉制度构建》，载微信公众号“金杜研究院”，2021年4月21日，https://mp.weixin.qq.com/s/LicxWloFjD0UIhuaMn2JQw。

于国外的刑事监管人，第三方组织不直接参与或者领导企业进行合规整改，那么我国的第三方机制是否有必要采用坐班式监管以保证合规监管的质效，以应对“形式合规”的质疑？我们认为，我国的第三方组织的职责毕竟不等同于国外的刑事监管人，国外坐班式监管一般都是在一些大型企业、跨国公司中适用，需要企业支付高昂的监管费用。我国适用第三方机制的条件与国外不同，涉案企业普遍是中小企业，这类企业无力承担高昂的监管费用。因此，可以考虑采取坐班和抽查相结合的方式。常规动态跟踪、提供指导，关键环节重点把关、解决问题。

（四）验收评估

《指导意见》第十三条规定：“第三方组织在合规考察期届满后，应当对涉案企业的合规计划完成情况进行全面检查、评估和考核，并制作合规考察书面报告，报送负责选任第三方组织的第三方机制管委会和负责办理案件的人民检察院。”实践操作中，制作合规考察报告前，第三方组织可以组织现场验收，并制作会议记录（见第 127 页附件 26）。第三方组织成员按照各自专业领域，分别对企业的合规承诺以及合规计划确定的一项或多项合规内容完成情况进行现场验收。现场验收会可以由第三方机制管委会工作人员或第三方组织负责人主持，邀请检察机关办案人员、巡回检查小组成员参加，进行现场监督。现场验收一般包括以下环节：（1）企业相关人员介绍合规计划内容及执行情况；（2）第三方组织对企业相关人员发问，并查阅相关证明资料；（3）第三方组织进行实地验收；（4）巡回检查小组对合规监督考察工作提出意见、建议，可向企业相关人员或第三方组织成员发问或调查核实。需要注意的是，办案检察官可以参加会议监督合规验收评估的过程，但不得对合规验收通过与否发表意见。

（五）出具监督考察报告

现场验收后，第三方组织结合企业提交的合规计划，对照合规有效性审查标准就合规计划完成情况进行独立评议，出具评估意见并制作监督考察报告（见第 128 页附件 27）。《〈指导意见〉实施细则》第三十三条规定："合规考察书面报告一般应当包括以下内容:（一）涉案企业履行合规承诺、落实合规计划情况;（二）第三方组织开展了解、监督、评估和考核情况;（三）第三方组织监督评估的程序、方法和依据;（四）监督评估结论及意见建议;（五）其他需要说明的问题。"第三十四条规定:"合规考察书面报告应当由第三方组织全体组成人员签名或者盖章后，报送负责选任第三方组织的第三方机制管委会、负责办理案件的人民检察院等单位。第三方组织组成人员对合规考察书面报告有不同意见的，应当在报告中说明其不同意见及理由。"关于监督考察报告的形成，《〈指导意见〉实施细则》进行了比较详细的规定，解决了实践中报告签名的问题，明确了存在不同意见的处理。

另外，可以就监督考察报告出具的时限作出规定。考察期限届满后 5 日内，第三方组织应当制作监督考察报告，报送企业合规监管委员会和负责办理案件的检察机关审核。此外，根据具体工作开展的需要，合规监督考察期间，第三方组织可以制作阶段性合规考察书面报告提交第三方机制管委会，便于第三方机制管委会及时掌握情况，作出处理决定，如重大阶段性验收成果、建议延长、缩短合规考察期限、中止监督考察等。

（六）监督评估结果运用

《指导意见》第十四条规定:"人民检察院在办理涉企犯罪案件过程中，应当将第三方组织合规考察书面报告、涉案企业合规计划、定期书面报告等合规材料，作为依法作出批准或者不批准逮捕、起诉或者不起诉以及是否变更强制措施等决定，提出量刑建议或者检察建议、检察意见的重要参考。……人民检察院对涉案企业作出不起诉决定，认为需要给予行政处罚、处分或者没收其违法所得的，应当结合合规材料，依法向有关主管机关提出检察意见。"检察机关对合规考察书面报告进行实质性审查判断，合规考察书面报告作为检察机关作出处理判断的重要参考。除了审查监管人、机构的资格、资质外，还应看过程是否规范、方法是否科学、结论是否科学合理等，类似鉴定意见的审查判断。这对办案人员提出了更高的司法要求，检察官可以借助“外脑”对考察报告进行审查，并咨询专家、学者，听取意见。必要时通过公开审查的方式进行，组织专家会诊，增强合规考察评估的透明度和公信力。

企业合规监管委员会及检察机关认为第三方组织已经完成监督评估工作的，由企业合规监管委员会宣告第三方组织解散（见第 129 页附件 28）。

附件：

13. 张家港市企业合规监管委员会涉案企业合规有效性审查工作办法（试行）

14. 张家港市企业合规监管委员会涉案企业合规有效性审查参考指标体系

15. 张家港市企业合规监管委员会合规有效性审查工作流程

16. 张家港市人民检察院启动涉案企业第三方监督评估机制商请函

17. 张家港市企业合规监管委员会关于商请启动涉案企业第三方监督评估机制的回复

18. 张家港市企业合规监管委员会关于成立涉案企业第三方监督评估组织的决定

19. 张家港市企业合规监管委员会合规监督考察期限审批表

20. 张家港市企业合规监管委员会合规监督考察期限通知书

21. 涉案企业合规计划审查表

22. 张家港市企业合规监管委员会关于涉案企业延长/缩短合规监督考察期限的审查报告

23. 张家港市企业合规监管委员会延长/缩短合规监督考察期限审批表

24. 张家港市企业合规监管委员会延长/缩短合规监督考察期限通知书

25. 合规监督考察记录表

26. 涉案企业合规验收现场会会议记录

27. 涉案企业合规监督考察报告

28. 张家港市企业合规监管委员会关于解散涉案企业第三方监督评估组织的决定

附件13

张家港市企业合规监管委员会 涉案企业合规有效性审查工作办法（试行）

为规范涉案企业合规第三方监督评估工作，明确合规有效性审查的标准和程序，根据最高检等九部门《关于建立涉案企业第三方监督评估机制的指导意见（试行）》《〈关于建立涉案企业合规第三方监督评估机制的指导意见（试行）〉实施细则》等规定，结合本市工作实际，制定本办法。

第一章　总则

第一条【制度定义】 合规有效性审查是指第三方监督评估组织（以下简称第三方组织）对涉案企业合规计划进行审查并确定合规考察期限，在合规考察期内对涉案企业的合规计划完成情况进行全面检查、评估和考核，并制作合规考察书面报告的工作制度。

第二条【基本原则】 合规有效性审查应遵循独立、客观、公正、专业的原则，要求第三方组织独立履行评估职责，不受司法行政机关、其他人员的干涉，严格依照法律法规等规定对企业和员工行为进行专业评价和处理。

第三条【审查标准】 合规有效性审查的标准采用多元化区分方法，大型企业合规审查标准应当接近央企标准，具备本办法规定的合规有效性审查的全部要素；对于中小微企业，可以适度放低标准，但应当具备合规计划、预防体系、识别体系、应对体系中的核心要素。

第二章 合规整改有效性审查

第四条【合规计划审查】 审查企业制定书面合规计划的可行性、有效性与全面性，应当以全面合规为目标，专项合规为重点。重点审查合规计划是否具备以下要素：

（一）排查涉罪合规风险，采取针对性整改措施，完成制度纠错和管理修复；

（二）对同一类型犯罪预防确立整体的、全面的和长远的管理机制；

（三）除涉罪风险外其他合规领域薄弱环节和突出问题建立合规管理体系；

（四）建立合规组织体系，如合规管理组织架构、成立合规综合管理部门、各部门的合规责任；

（五）制定纲领性合规管理规范、合规政策、合规行为准则；

（六）建立合规预防体系、识别体系、应对体系等运行机制；

（七）明确合规计划承诺完成时限；

（八）其他有利于合规管理的相关制度、措施。

第五条【合规组织体系审查】 审查企业是否搭建完善的合规管理架构，协调管理职能和资源配置，强化各部门合规职责及其组织领导。重点审查合规组织体系是否具备以下要素：

（一）合规管理组织架构设置合理、明确；

（二）主要负责人是企业合规体系建设的第一责任人；

（三）管理层对合规的公开承诺、董事会对合规管理体系建设的监督，公司章程加入合规内容；

（四）合规综合管理部门的设置以及职责、履职的独立性；

（五）其他部门的合规职责情况。

第六条【合规管理规范审查】 合规管理规范是指企业合规管理的纲领性文件，包括合规管理组织体系、合规管理的重点领域、环节、人员以及合规管理制度、运行机制的总和。

合规管理规范的审查重点是：

（一）是否制定了合规管理办法制度文件，且具有可读性、易获得性、权威性、内容完整性；

（二）是否制定专项的合规管理制度、指引、流程；

（三）是否建立合规管理台账制度。

第七条【合规政策审查】 合规政策是指企业合规管理制度的表现形式或内容组成，包括合规管理制度全部文件，作为企业向外部人员证明完成合规建设的依据。

合规政策的审查重点是：

（一）是否有关于企业合规管理制度的政策、流程的对外文件；

（二）有无将合规政策作为与第三方合作伙伴签订合同的附件使用。

第八条【合规行为准则审查】 合规行为准则是指督促企业员工依法依规履行职责的合规说明书，为员工提供合规行为指引。包括但不限于合规理念、目标、内涵、适用范围、合规刑事标准、违规的应对方式和后果等。

合规行为准则的审查重点是：

（一）企业是否结合不同岗位风险点制定针对性、可操作的员工行为准则，明确员工责任；

（二）企业有无向所有员工发放合规手册并进行有效合规培训。

第三章　合规运行机制有效性审查

第九条【合规预防体系】 企业建立的发现、收集、确认、整理合规风险的制度，对合规风险产生原因、潜在后果等进行分析、归纳，并融入常态化管理体系，包括合规风险评估制度、尽职调查制度、合规培训制度、合规文化建设制度。

第十条【合规风险评估制度】 企业制定的定期对风险分析、

合规管理情况进行评估的制度。

重点审查：企业是否定期进行风险点分析，及时调整合规管理措施；合规管理制度和操作流程是否健全，是否与外部法律、法规和准则相一致，是否能够根据外部法律、法规和准则的变化及时修订、完善。

第十一条【尽职调查制度】 企业对一些重点项目、发展方向进行调查，排除风险隐患的制度。

重点审查：企业重大项目是否已进行合规审查，是否对第三方合作伙伴的资质和声誉有所了解，对第三方的关系是否进行了持续监控。

第十二条【合规培训制度】 企业定期组织员工学习与其工作岗位和职责相关的规定、风险及具体操作规程的制度。

重点审查：企业是否在实践中向员工传达了合规政策和程序，员工是否理解了这些政策和程序，可以涵盖培训内容、培训形式、培训效果等方面的内容。

第十三条【合规文化建设制度】 企业将合规文化纳入日常文化建设必要内容的制度。

重点审查：企业线上线下合规文化布置情况，合规专员是否定期发布合规通报，企业高层是否对合规文化充分宣传和认同。

第十四条【合规识别体系】 企业对经营活动中出现的合规风险隐患或已发生的违规问题，确定一定的途径和步骤进行识别的体系，包括合规报告制度、合规巡视制度、合规奖励和惩戒制度。

第十五条【合规报告制度】 企业员工通过匿名或秘密报告的方式，报告他人违反企业行为准则的制度。

重点审查：企业有无二十四小时举报电话，在处理员工举报时是否创造了不惧报复的工作氛围，是否规定了提交报告的适当程序以及保护举报者的措施。

第十六条【合规巡视制度】 企业定期派员巡视，查看有无违法违规风险并进行整改的制度。

重点审查：企业巡视的人员和范围、巡视检查方式、资源和结果追踪等。

第十七条【合规奖惩制度】 企业对员工的合规行为进行激励以及对违规行为进行惩戒的制度。

重点审查：企业人力资源管理的程序，制度执行是否公平，以及是否有奖惩机制，是否向员工传达了奖惩的价值导向。

第十八条【合规应对体系】 企业建立的针对违规事件配合行政、司法机关调查的应对措施，并进行合规整改的体系，包括不当行为调查制度、不当行为纠正制度、行政监管应对制度。

第十九条【不当行为调查制度】 企业内部存在违法犯罪行为时，及时展开彻底的调查制度。

重点审查：企业组织调查的人员和范围、调查响应方式等。

第二十条【不当行为纠正制度】 企业对违法犯罪行为发生的原因进行分析，并及时采取适当的纠正措施的制度。

重点审查：企业采取的惩戒措施、补救措施和问责机制，包括对以前合规计划中发现的不当行为进行的纪律处分，并对合规计划修订的情况。

第二十一条【行政监管应对制度】 企业或企业人员的违法犯罪行为被行政监管部门立案调查后，企业及时形成整改方案和专项合规计划，并与行政主管部门进行有效沟通的制度。

重点审查：企业有无制定行政监管应对方案，与行政主管部门的沟通、协商机制等。

第四章　合规管理重点有效性审查

第二十二条【合规管理重点领域】 企业围绕与企业涉嫌犯罪有密切联系的风险点，确定合规的重点领域、环节和人员，制定可行的合规管理规范，弥补企业制度建设和监督管理漏洞，防止再次发生相同或类似的违法犯罪。

重点审查：安全生产、环境保护、纳税信用、知产管理等某一个或多个领域重点业务的识别、合规指引、流程和风险防控措施的执行情况。

第二十三条【合规管理重点环节】 合规管理重点环节包括重要文件制定、重大经营决策、生产经营等其他需要重点关注的环节。

重点审查：制度制定环节、决策环节、生产运营环节和其他重点关注的环节合规管理指引、流程和风险防控措施的执行情况。

第二十四条【合规管理重点人员】 合规管理重点人员包括管理人员、重要风险岗位人员、境外工作人员等其他需要重点关注的人员，如商业合作伙伴、利益相关方等。

重点审查：有无人员管控措施、针对性培训方案、考核奖惩规定。

第五章 合规管理保障有效性审查

第二十五条【领导重视度审查】 合规管理体系的构建，以及合规管理体系有效运行需要领导发挥关键作用，各个部门支持合规工作。

重点审查：领导积极参与合规管理工作、参与讲课的台账资料。合规管理工作有无纳入企业对部门、员工考核评价体系中。

第二十六条【合规专项预算审查】 企业加强合规管理，需要投入人力、物力，需要设立合规专项资金。

重点审查：合规专项资金预算批准情况，预算的充足性。

第六章 有效性审查的程序

第二十七条【成立第三方组织】 企业合规监管委员会综合考虑案件涉嫌罪名、复杂程度以及涉案企业类型、规模、经营范围、主营业务等因素，通过第三方监督评估智能管理平台从第三方机制专业人员名录库分类随机抽取 2—7 名专业人员组成第三方组织，并向社会公示。

公示期限为五个工作日，通过“工商联微信公众号”公示信息专栏进行公示。

第三方组织名单应当报送检察机关备案。检察机关或者涉案企业、个人、其他相关单位、人员对选任的第三方组织人员提出异议的，企业合规监管委员会应当调查核实并视情况做出调整。

公示期满后无异议、经审查异议不成立或者经调整重新公示后，由企业合规监管委员会宣告第三方组织成立。

企业合规监管委员会应当根据工作需要，指派专门人员负责与第三方组织及检察机关、涉案企业沟通联络，协调处理第三方机制运行有关事宜，指定第三方组织牵头负责人。第三方组织负责人也可由组成人员民主推举产生，报企业合规监管委员会审定。

第三方组织存续期间，其组成人员一般不得变更。确需变更的，企业合规监管委员会应当依照相关规定处理。

第二十八条【要求提交合规计划】 第三方组织在检察机关的支持协助下，深入了解企业涉案情况，认真研判涉案企业在合规领域存在的薄弱环节和突出问题，合理确定涉案企业适用的合规计划类型，做好相关前期准备工作。

涉案企业一般应当在第三方组织提出要求之日起十五日内提交合规计划，对于涉案企业合规风险较为重大复杂的，可以视情延长至一个月。

涉案企业合规计划应区分不同的企业规模。对规模以上企业，应提交专项或多项合规计划，其他中小企业可以根据案件反映的合规风险问题提交专项合规计划。

第二十九条【审查合规计划】 第三方组织应当对涉案企业合规计划的可行性、有效性与全面性进行审查，并在七日内完成审查，出具对合规计划的审查意见。

第三方组织应当就合规计划向负责办理案件的检察机关征求意见，综合审查情况一并向涉案企业提出修改完善的意见。

涉案企业应在七日内按照第三方组织修改意见完善合规计划并提交给第三方组织，同时抄送检察机关。

第三十条【确定合规考察期限】 第三方组织在审查合规计划的同时，根据案件具体情况和涉案企业承诺履行的期限，并向负责办理案件的检察机关征求意见后，合理确定合规考察期限，提交企业合规监管委员会审核。

合规考察期间，第三方组织可以视情提出延长或缩短合规考察期限的建议，提交企业合规监管委员会审核。

合规考察期限届满，第三方组织认为涉案企业合规计划履行尚未完成且有继续履行的可能，在听取检察机关、涉案企业等相关人员意见的基础上，可以提出延长合规考察期限的建议，提交企业合规监管委员会审核。

第三十一条【监督合规计划执行】 第三方组织可以定期或者不定期对涉案企业合规计划履行情况进行检查和评估，可以要求涉案企业定期书面报告合规计划的执行情况，同时抄送负责办理案件的检察机关。

第三方组织发现涉案企业执行合规计划存在明显偏差、错误或有其他需要修改完善的情况，应当及时进行指导、提出纠正意见，并向检察机关报告。

第三方组织开展监督考察工作可以编制审查方案，确定成员分工、考察方法、步骤等。第三方组织成员可以根据考察工作需要，单独或共同开展工作。

监督考察工作应当全程留痕，采用工作日志、履职台账等方式记录，并向检察机关报备。

第三十二条【监督考察方法】 第三方组织根据考察评估的需要，可以采用访谈、问卷调查、文本审阅、专题讨论、实地查验、抽样检测、对比检查等多种方法对企业合规有效性进行考察、评估。

第三十三条【验收评估工作】 考察期限届满前，第三方组织成员按照各自专业领域分别对企业的合规承诺以及合规计划完成情况进行现场验收，组织现场验收会。

现场验收后，第三方组织对照企业提交的合规计划，参考合规有效性审查专项指标体系就合规计划完成情况进行独立评议，出具评估意见。

第三十四条【考察中止事项】 第三方组织发现涉案企业或其

人员尚未被办案机关掌握的犯罪事实或者新实施的犯罪行为，应当中止监督考察，并向检察机关报告。

第三十五条【制作考察报告】 考察期限届满后五日内，第三方组织应当根据考察、评估情况制作合规监督考察书面报告，第三方组织全体成员签名或盖章后，报送企业合规监管委员会、检察机关等单位。

合规监督考察期间，第三方组织根据监督考察具体情况，可以制作阶段性合规考察书面报告，报告重大阶段性验收成果、建议延长、缩短合规考察期限、中止监督考察等事项。

合规考察书面报告一般应当包括：

（一）涉案企业履行合规承诺、落实合规计划情况；

（二）第三方组织开展了解、监督、评估和考核情况；

（三）第三方组织监督评估的程序、方法和依据；

（四）监督评估结论及意见建议；

（五）其他需要说明的问题。

第三方组织成员对合规考察书面报告有不同意见的，应当在报告中说明其不同意见及理由。

第三十六条【跟踪监督】 检察机关作出从宽处理决定后跟踪监督期间，第三方组织配合检察机关、行政主管部门做好跟踪监督工作，重点对合规管理体系运行情况进行考察，巩固合规成效。

第三十七条【解散第三方组织】 企业合规监管委员会及检察机关认为第三方组织已经完成监督评估工作的，由企业合规监管委员会宣告第三方组织解散。

第七章　附则

第三十八条【解释及施行】 本办法由企业合规监管委员会负责解释，自发布之日起施行。

（注：本办法自2021年4月15日发布施行，根据2021年6月3日《指导意见》，2021年11月22日《〈指导意见〉实施细则》《选任管理办法》等规定进行修正）

附件 14

张家港市企业合规监管委员会
涉案企业合规有效性审查参考指标体系

一、合规有效性审查步骤

序号	评估内容	证明材料列举	关注点
1	合规计划的可行性、有效性、全面性	1. 合规计划； 2. 合规计划的可行性、有效性、全面性分析材料	1. 涉案企业完成合规计划的可能性以及合规计划本身的可操作性； 2. 合规计划对涉案企业预防治理涉嫌犯罪行为或类似违法犯罪行为的实效性； 3. 合规计划是否覆盖涉案企业在合规领域的薄弱环节和明显漏洞
2	合规计划的完成程度	1. 涉案企业提交的定期书面报告； 2. 第三方组织针对合规计划执行情况提出的意见、建议； 3. 监督考察报告	1. 合规计划承诺的合规整改事项、措施是否按期完成，是否定期完成书面报告； 2. 第三方组织对企业合规计划执行情况的认可度； 3. 合规验收评估结果
3	合规整改的针对性	1. 公司调整治理结构的文件、章程； 2. 存在隐患业务、产品、经营方式、商业模式整改措施； 3. 对企业经营管理模式整改措施； 4. 修改完善的专项管理制度	1. 有针对性的制度纠错和管理修复； 2. 对存在缺陷的治理结构、业务管理、财务管理、人事管理、商业模式作出撤销和改造的措施
4	建立涉罪同类风险专项合规管理体系	1. 涉罪风险领域重点环节、重点岗位、重点人员管理； 2. 专项合规管理体系参考指标验收情况	为同一类型犯罪的预防确立整体的、全面的和长远的管理机制

续表

序号	评估内容	证明材料列举	关注点
5	以全面合规为目标制定的合规整改措施、合规管理体系	1. 企业负面行为清单、风险排查报告； 2. 企业整体合规管理体系运行情况报告	1. 除涉罪风险外其他合规领域薄弱环节和突出问题建立合规管理体系； 2. 主要针对大中型企业，小微企业仅需具备合规管理体系的核心要素

二、合规有效性审查参考指标

本参考指标设置安全生产、环境保护、纳税信用和知产保护四个领域的合规有效性审查参考指标，参照张家港市应急管理局制定的《张家港市工业企业“创蓝行动”》，江苏省发改委、市场监督管理局《江苏省企事业环保信用评价办法》（苏环规〔2019〕5 号），国家税务总局《纳税信用管理办法（试行）》等法律法规、行业标准等进行制定。第三方组织可根据企业具体情况进行适当调整。

注意事项：企业开展安全生产、环境保护等多项合规的情况下，可建立统一的合规管理体系，但要将开展的专项合规要素在统一的合规管理体系中体现。

（一）安全生产专项合规指标体系

指标类别	一级指标	二级指标	三级指标
合规管理	有效的合规管理制度	书面合规计划	1. 书面合规计划包含以下要素： （一）建立合规组织体系，如合规管理组织架构、成立合规综合管理部门、各部门的合规责任； （二）制定纲领性合规管理规范、合规政策、合规行为准则； （三）梳理合规风险，针对重点领域制定管理制度； （四）明确合规计划承诺完成时限； （五）建立合规预防体系、识别体系、应对体系等运行机制； （六）其他有利于合规管理的相关制度、措施

续表

<table>
<tr><th>指标类别</th><th>一级指标</th><th>二级指标</th><th colspan="2">三级指标</th></tr>
<tr><td rowspan="7">合规管理</td><td rowspan="6">有效的合规管理制度</td><td>合规管理组织体系</td><td colspan="2">2. 合规管理组织体系审查重点：
（一）合规管理组织架构设置是否合理、明确；
（二）企业主要负责人是否是企业合规体系建设的第一责任人；
（三）管理层对合规的公开承诺、董事会对合规管理体系建设的监督，公司章程有无加入合规内容；
（四）合规综合管理部门的设置以及职能职责、履职的独立性；
（五）其他部门的合规职能职责</td></tr>
<tr><td>合规管理规范</td><td colspan="2">3. 合规管理规范包含以下要素：
（一）是否制定了合规管理办法制度文件，且覆盖面广、内容完整；
（二）是否制定专项的合规管理制度、指引、流程；
（三）是否建立合规管理台账制度</td></tr>
<tr><td rowspan="2">合规政策</td><td colspan="2">4. 合规政策是企业全部的合规管理制度，包括专项合规计划的全部内容，可以是企业税务、环保、安全生产、知识产权等任一方面</td></tr>
<tr><td colspan="2">5. 企业将合规政策作为与第三方合作伙伴签订合同的附件使用，要求对方遵循相关合规政策</td></tr>
<tr><td rowspan="2">合规行为准则</td><td colspan="2">6. 结合不同岗位风险点制定针对性、可操作的员工行为准则，明确员工责任</td></tr>
<tr><td colspan="2">7. 企业向所有员工提供合规手册并进行有效合规培训</td></tr>
<tr><td>有效的合规运行机制</td><td>合规预防体系</td><td>8. 合规风险评估制度</td><td>（一）已制定合规风险识别评估制度、流程；
（二）根据业务所在国的相关法律和监管环境变化，定期识别梳理法律、合规义务；
（三）已经开展过合规风险识别评估的具体工作：采取何种方法识别、分析及应对相关风险；收集分析了哪些相关信息或指标以对合规风险进行评估；
（四）确定合规重点管控领域；
（五）对于影响较大的风险建立风险预警机制</td></tr>
</table>

续表

指标类别	一级指标	二级指标	三级指标	
合规管理	有效的合规运行机制	合规预防体系	9. 尽职调查制度	(一)公司合规审查制度、流程; (二)合规审查的范围(如投资并购、合作伙伴尽职调查); (三)合规审查开展情况; (四)合规尽职调查范围涵盖重点合规风险管控领域; (五)合规尽职调查开展的情况
			10. 合规培训制度	(一)历年合规培训计划、培训记录; (二)有针对性的合规培训(董事会成员、业务部门、专题、新员工入职); (三)合规培训的人数与覆盖率; (四)培训的效果(考核); (五)业务领导讲授专业领域的合规案例; (六)将以往的合规事件及处分纳入培训内容; (七)开展针对高风险部门人员 / 关键岗位(如海外人员)的专门合规培训; (八)供应商的合规培训情况,公司定期制定合规培训方案、开展了合规培训
			11. 合规文化建设制度	(一)公司的合规价值观、愿景与使命; (二)新入职是否签署员工行为规范承诺书; (三)推动行业合规; (四)合规宣传活动策划; (五)公司网站投放、开展合规报道等宣传活动
		合规识别体系	12. 合规报告制度	(一)举报与调查制度; (二)合规举报的途径,24 小时匿名举报渠道; (三)调查的流程、打击报复零容忍

续表

指标类别	一级指标	二级指标	三级指标	
合规管理	有效的合规运行机制	合规识别体系	13. 合规巡视制度	（一）合规管理部门对潜在合规风险定期巡查、结果汇报； （二）深入分析内控风险中的合规性目标是否管控到位； （三）建立健全应对业务实质性风险的保障措施
			14. 合规奖惩制度	（一）公司合规考核制度与计划； （二）对各部门、所属企业负责人的年度合规考核评价； （三）对员工合规职责履行情况的评价； （四）干部选用、晋升对合规的审查； （五）奖金与合规挂钩； （六）对防范重大合规风险或挽回重大损失给予集体或个人表彰和奖励； （七）对落实合规管理工作不力或因重大合规风险造成损失的人员问责
		合规应对体系	15. 不当行为调查制度	（一）不当行为及时调查； （二）组织调查的人员和范围、调查处置方式等
			16. 不当行为纠正制度	（一）采取的惩戒措施、补救措施和问责机制，包括对以前合规计划中发现的不当行为进行的纪律处分，并对合规计划修订的情况； （二）提交董事会年度合规报告
			17. 行政监管应对制度	（一）协调配合，及时应对重大风险； （二）制定行政监管应对方案，与行政主管部门的沟通、协商机制
	合规管理保障		18. 领导发挥关键作用	领导积极参与合规管理工作；参与讲课
			19. 合规专项预算	（一）预算批准情况； （二）基于风险和有效合规管理而批准的合规预算； （三）预算的充足性：预算数与人员编制

续表

指标类别	一级指标	二级指标	三级指标
安全生产	第一责任人责任落实情况	第一责任人责任到位	20. 企业主要负责人每季度组织开展安全生产检查
		安全管理机构和人员配备	21. 企业按要求设置安全管理机构或者足额配备安全管理人员
		安全生产经费投入	22. 企业制定年度安全生产费用提取使用计划
			23. 企业有每季度安全投入使用记录，4 份以上记录
		安全生产标准化建设	24. 企业开展安全生产标准化建设，三级
			企业开展安全生产标准化建设，小微
	落实全员岗位责任情况	建立健全全员安全生产责任制	25. 企业建立全员安全生产责任制，3 份以上责任书
		安全生产教育培训	26. 企业主要负责人培训合格证书在有效期内
			27. 企业安全管理人员培训合格证书在有效期内
			28. 企业定期对员工进行安全生产教育培训，4 次以上
		责任制考核奖惩	29. 企业每年组织全员安全生产责任制落实情况考核
	落实安全防控责任情况	安全风险辨识管控	30. 企业开展风险辨识和分级管控，并落实安全风险报告制度
		事故隐患排查治理	31. 企业定期组织开展事故隐患排查治理，并对隐患逐条落实整改，一月一次
		危险源安全管理	32. 企业对具有较大或以上危险因素的生产经营场所和有关设施设备，应建立运行、巡检、维修、保养的专项安全管理制度，一季度一次
		危险作业安全管理	33. 企业对员工三违（违章作业、违章指挥、违反劳动纪律）现象的奖惩措施并严格执行
			34. 企业制定登高、有限空间、动火等危险作业的安全管理制度，并执行作业审批
		消防安全管理	35. 企业建筑防火不存在以下任一违规现象： a）在消防道内堆放杂物堵塞消防通道或违规利用消防通道从事生产、储存等功能； b）车间应急疏散通道堵塞，安全出口没有设置应急照明和疏散指示； c）企业私自进行违章搭建； d）企业使用泡沫夹芯板搭建

续表

指标类别	一级指标	二级指标	三级指标
安全生产	落实基础管理责任情况	特种设备管理	36. 企业对所有特种设备和安全附件进行定期检测或校验
		职工安全防护管理	37. 企业按要求发放安全防护用品
		外包等业务安全管理	38. 企业制定外包项目管理制度并做好外包项目审核
	落实应急处置责任情况	应急救援能力建设	39. 企业按要求制定本单位的应急救援预案，配备必要的应急救援器材、设施、药品
			40. 企业按要求定期组织员工开展应急救援知识培训和应急演练
	其他测评项	工伤发生情况	41. 企业本年度工伤保险费率缴存等级基准费率的80%
		法定检测情况	42. 建筑、设备等的防雷设施每年至少检测一次
		现状评价情况	43. 使用危险化学品企业每三年开展现状评价或专家定期检查
		奖励表彰情况	44. 企业安全生产工作获得监管部门的推广或奖励
		执行“三同时”制度	45. 近一年内投入生产的新建项目是否有“三同时”报告
考察期间，企业生产经营活动中如有下列情形之一，合规有效性评估一票否决			
安全生产			1. 再次发生亡人生产安全责任事故
			2. 有重大隐患且未整改完成
			3. 被列入“安全生产黑名单企业”
			4. 受到安全生产监督管理部门的行政处罚
			5. 危险化学品重大危险源未进行每三年一次评价并备案
			6. 企业本年度工伤保险费率缴存等级为行业基准费率的120%
			7. 使用危险化学品企业未每三年开展现状评价或专家定期检查

（二）环境保护专项合规指标体系

指标类别	一级指标	二级指标	三级指标
合规管理	有效的合规管理制度	书面合规计划	1. 书面合规计划包含以下要素： （一）建立合规组织体系，如合规管理组织架构、成立合规综合管理部门、各部门的合规责任； （二）制定纲领性合规管理规范、合规政策、合规行为准则； （三）梳理合规风险，针对重点领域制定管理制度； （四）明确合规计划承诺完成时限； （五）建立合规预防体系、识别体系、应对体系等运行机制； （六）其他有利于合规管理的相关制度、措施
		合规管理组织体系	2. 合规管理组织体系审查重点： （一）合规管理组织架构设置是否合理、明确； （二）企业主要负责人是否是企业合规体系建设的第一责任人； （三）管理层对合规的公开承诺、董事会对合规管理体系建设的监督，公司章程有无加入合规内容； （四）合规综合管理部门的设置以及职能职责、履职的独立性； （五）其他部门的合规职能职责
		合规管理规范	3. 合规管理规范包含以下要素： （一）是否制定了合规管理办法制度文件，且覆盖面广、内容完整； （二）是否制定专项的合规管理制度、指引、流程； （三）是否建立合规管理台账制度
		合规政策	4. 合规政策是企业全部的合规管理制度，包括专项合规计划的全部内容，可以是企业税务、环保、安全生产、知识产权等任一方面
			5. 企业将合规政策作为与第三方合作伙伴签订合同的附件使用，要求对方遵循相关合规政策
		合规行为准则	6. 结合不同岗位风险点制定针对性、可操作的员工行为准则，明确员工责任
			7. 企业向所有员工提供合规手册并进行有效合规培训

续表

指标类别	一级指标	二级指标	三级指标	
合规管理	有效的合规运行机制	合规预防体系	8. 合规风险评估制度	（一）已制定合规风险识别评估制度、流程； （二）根据业务所在国的相关法律和监管环境变化，定期识别梳理法律、合规义务； （三）已经开展过合规风险识别评估的具体工作：采取何种方法识别、分析及应对相关风险；收集分析了哪些相关信息或指标以对合规风险进行评估； （四）确定合规重点管控领域； （五）对于影响较大的风险建立风险预警机制
			9. 尽职调查制度	（一）公司合规审查制度、流程； （二）合规审查的范围（如投资并购、合作伙伴尽职调查）； （三）合规审查开展情况； （四）合规尽职调查范围涵盖重点合规风险管控领域； （五）合规尽职调查开展的情况
			10. 合规培训制度	（一）历年合规培训计划、培训记录； （二）有针对性的合规培训（董事会成员、业务部门、专题、新员工入职）； （三）过去一年合规培训的人数与覆盖率； （四）培训的效果（考核）； （五）业务领导讲授专业领域的合规案例； （六）将以往的合规事件及处分纳入培训内容； （七）开展针对高风险部门人员 / 关键岗位（如海外人员）的专门合规培训； （八）供应商的合规培训情况，公司定期制定合规培训方案、开展了合规培训
			11. 合规文化建设制度	（一）公司的合规价值观、愿景与使命； （二）新入职是否签署员工行为规范承诺书； （三）推动行业合规； （四）合规宣传活动策划； （五）公司网站投放、开展合规报道等宣传活动
		合规识别体系	12. 合规报告制度	（一）举报与调查制度； （二）合规举报的途径，24 小时匿名举报渠道； （三）调查的流程、打击报复零容忍

续表

指标类别	一级指标	二级指标	三级指标	
合规管理	有效的合规运行机制	合规识别体系	13. 合规巡视制度	（一）合规管理部门对潜在合规风险定期巡查、结果汇报； （二）深入分析内控风险中的合规性目标是否管控到位； （三）建立健全应对业务实质性风险的保障措施
			14. 合规奖惩制度	（一）公司合规考核制度与计划； （二）对各部门、所属企业负责人的年度合规考核评价； （三）对员工合规职责履行情况的评价； （四）干部选用、晋升对合规的审查； （五）奖金与合规挂钩； （六）对防范重大合规风险或挽回重大损失给予集体或个人表彰和奖励； （七）对落实合规管理工作不力或因重大合规风险造成损失的人员问责
		合规应对体系	15. 不当行为调查制度	（一）不当行为及时调查； （二）组织调查的人员和范围、调查处置方式等
			16. 不当行为纠正制度	（一）采取的惩戒措施、补救措施和问责机制，包括对以前合规计划中发现的不当行为进行的纪律处分，并对合规计划修订的情况； （二）提交董事会年度合规报告
			17. 行政监管应对制度	（一）协调配合，及时应对重大风险； （二）制定行政监管应对方案，与行政主管部门的沟通、协商机制
	合规管理保障		18. 领导发挥关键作用	领导积极参与合规管理工作；参与讲课
			19. 合规专项预算	（一）预算批准情况； （二）基于风险和有效合规管理而批准的合规预算； （三）预算的充足性：预算数与人员编制

续表

指标类别	一级指标	二级指标	三级指标
环境保护	建设项目合规管理	企业建设项目环保手续合规管理	20. 企业建设项目应依法履行环评手续及“三同时”
			21. 环评文件及环评批复应齐全
			22. 企业现场情况应与环评文件内容保持一致
			23. 环评批复 5 年后项目才开工建设的，应重新报批环评
	环保验收合规管理	环保竣工验收	24. 项目投运后进行环保竣工验收，环保竣工验收手续完备
	废水处理合规管理	废水处置合规管理	25. 废水处理设施运维台账齐全
			26. 环境风险单元具备防渗漏、防腐蚀、防淋溶、防流失措施
			27. 实行雨污分流，并且具有清净废水系统以及雨水排水系统风险防控措施
			28. 生活污水的污染防治控制，对生活用水、新鲜水消耗实行定额考核管理
			29. 具有清净废水系统的总排口监视及关闭设施
			30. 具有生产废水处理系统风险防控措施，事故废水收集措施齐全
			31. 设置应急事故水池并确保事故排水收集设施在事故状态下能顺利收集泄漏物与消防水，事故水池能保持足够的缓冲容量
	废气处理合规管理	废气处理设施检查	32. 废气处理设施运行记录齐全
			33. 按照规定设置采样孔及采样平台
			34. 在禁止设置新建排气筒的区域内新建排气筒
			35. 料场、货物的扬尘与生产过程中的粉尘按要求采取了防治颗粒物污染的措施或设备
	固废、危废合规管理	源头分类管理	36. 危险废物与一般废物分开，工业废物与办公、生活废物分开，固态、液态、泥态、置于容器中的气态废物分开，可利用的与不可利用的废物分开，有热值的与没有热值的废物分开，性质不相容的废物分开，利用与处置方法不同的分开
			37. 按照废弃物分类，设置临时放置点、废物箱，并分别设置明显标识

续表

指标类别	一级指标	二级指标	三级指标
环境保护	固废、危废合规管理	一般固体废物的处理	38. 一般固体废弃物的处理优先考虑资源的再利用
			39. 在生产、办公和生活过程中产生的固体废弃物，可回收利用和一般固体废弃物由各单位自行委托当地环卫部门处置，危险固体废弃物由管理处办公室委托专业的单位统一进行处置
			40. 固体废弃物的处理情况记录在《固体废弃物清单》中
		危废污染防治责任	41. 建立危废管理制度、危废管理图表、岗位责任制度、安全操作规程
		标识制度管理	42. 危险废物的容器与包装物必须粘贴危险废物标签
			43. 收集、贮存、运输、利用、处置危险废物的设施、场所，必须设置危险废物识别标志
		管理计划	44. 危险废物管理计划报当地县级以上环保部门备案
			45. 管理计划内容有重大改变的，应当及时申报
		危废标识规范化管理	46. 危险废物贮存间门口需张贴标准规范的危险废物标识与危废信息板，屋内张贴企业《危险废物管理制度》。危险废物贮存间内禁止存放除危险废物及应急工具以外的其他物品
			47. 危险废物贮存间需按照“双人双锁”制度管理，即两把钥匙分别由两个危废处置负责人管理，不得一人管理
			48. 不同种类危险废物应有明显的过道划分，墙上张贴危废名称，液态危废需将盛装容器放至防泄漏托盘内并在容器上粘贴危险废物标签，固态危废包装需完好无破损并系挂危险废物标签，并按要求填写
			49. 建立台账并悬挂于危废间内，转入及转出（处置、自利用）需要填写危废种类、数量、时间及负责人员姓名
			50. 危险情况与安全措施必须分别遵照《危险废物贮存污染控制标准》危险用语与安全用语填写
	噪声污染合规管理	噪声源运行控制	51. 岗位操作人员要按时巡检，发现设备运转异常时，及时上报并查出原因，若确系设备带病运行，要立即报告机动工程部、生产运行部，进行修复

续表

指标类别	一级指标	二级指标	三级指标
环境保护	噪声污染合规管理	噪声源运行控制	52. 各种设备应按制度定期润滑，尤其是高噪声源设备的润滑，使设备正常运转，降低噪声
			53. 工艺设备检修时，高噪声源设备要同步检修，做到油路、汽路畅通，油标醒目，油量充足，保证设备的长周期平稳运行
			54. 产生噪声源的单位，必须保证防治噪声污染设施的正常运转。改造、拆除或闲置噪声污染防治设施的必须报请主管部门批准
		噪声治理与防护	55. 质量安全环保部门每年年初根据上级公司的目标及本单位的需要，针对生产区域高强度噪声源制定综合治理目标、指标
			56. 新装置要选购制造精度高、噪声低的设备，防止噪声污染
			57. 认真执行“三同时”原则，在改建、扩建、新建装置的同时，对噪声超标部位必须落实噪声防治设施，避免新的噪声污染
		个人防护	58. 员工在高噪声岗位现场作业要戴耳塞、护耳罩等防护用品，加强个人防护
		监督检查	59. 企业应对本单位噪声情况进行日常监督、检查
			60. 环保站按监测计划负责进行厂界环境噪声及生产区域高强度噪声源的监测，做好记录及统计上报工作
考察期间，企业生产经营活动中如有下列情形之一，合规有效性评估一票否决			
环境保护			1. 再次受到环境生态部门的行政处罚
			2. 被提起环境保护公益诉讼且未履行环境修复责任
			3. 再次发生重、特大环境污染事故
			4. 未落实地方生态环境主管部门规范性工作要求

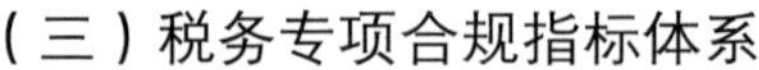

（三）税务专项合规指标体系

指标类别	一级指标	二级指标	三级指标
合规管理	有效的合规管理制度	书面合规计划	1. 书面合规计划包含以下要素： （一）建立合规组织体系，如合规管理组织架构、成立合规综合管理部门、各部门的合规责任； （二）制定纲领性合规管理规范、合规政策、合规行为准则； （三）梳理合规风险，针对重点领域制定管理制度； （四）明确合规计划承诺完成时限； （五）建立合规预防体系、识别体系、应对体系等运行机制； （六）其他有利于合规管理的相关制度、措施
		合规管理组织体系	2. 合规管理组织体系审查重点： （一）合规管理组织架构设置是否合理、明确； （二）企业主要负责人是企业合规体系建设的第一责任人； （三）管理层对合规的公开承诺、董事会对合规管理体系建设的监督，公司章程有无加入合规内容； （四）合规综合管理部门的设置以及职能职责、履职的独立性； （五）其他部门的合规职能职责
		合规管理规范	3. 合规管理规范包含以下要素： （一）是否制定了合规管理办法制度文件，且覆盖面广、内容完整； （二）是否制定专项的合规管理制度、指引、流程； （三）是否建立合规管理台账制度
		合规政策	4. 合规政策是企业全部的合规管理制度，包括专项合规计划的全部内容，可以是企业税务、环保、安全生产、知识产权等某一方面
			5. 企业将合规政策作为与第三方合作伙伴签订合同的附件使用，要求对方遵循相关合规政策
		合规行为准则	6. 结合不同岗位风险点制定针对性、可操作的员工行为准则，明确员工责任
			7. 企业向所有员工提供合规手册并进行有效合规培训

续表

指标类别	一级指标	二级指标		三级指标
合规管理	有效的合规运行机制	合规预防体系	8. 合规风险评估制度	（一）已制定合规风险识别评估制度、流程； （二）根据业务所在国的相关法律和监管环境变化，定期识别梳理法律、合规义务； （三）已经开展过合规风险识别评估的具体工作：采取何种方法识别、分析及应对相关风险；收集分析了哪些相关信息或指标以对合规风险进行评估； （四）确定合规重点管控领域； （五）对于影响较大的风险建立风险预警机制
			9. 尽职调查制度	（一）公司合规审查制度、流程； （二）合规审查的范围（如投资并购、合作伙伴尽职调查）； （三）合规审查开展情况； （四）合规尽职调查范围涵盖重点合规风险管控领域； （五）合规尽职调查开展的情况
			10. 合规培训制度	（一）历年合规培训计划、培训记录； （二）有针对性的合规培训（董事会成员、业务部门、专题、新员工入职）； （三）过去一年合规培训的人数与覆盖率； （四）培训的效果（考核）； （五）业务领导讲授专业领域的合规案例； （六）将以往的合规事件及处分纳入培训内容； （七）开展针对高风险部门人员 / 关键岗位（如海外人员）的专门合规培训； （八）供应商的合规培训情况，公司定期制定合规培训方案、开展了合规培训
			11. 合规文化建设制度	（一）公司的合规价值观、愿景与使命； （二）新入职是否签署员工行为规范承诺书； （三）推动行业合规； （四）合规宣传活动策划； （五）公司网站投放、开展合规报道等宣传活动
		合规识别体系	12. 合规报告制度	（一）举报与调查制度； （二）合规举报的途径，24 小时匿名举报渠道； （三）调查的流程、打击报复零容忍

续表

指标类别	一级指标	二级指标	三级指标	
合规管理	有效的合规运行机制	合规识别体系	13. 合规巡视制度	（一）合规管理部门对潜在合规风险定期巡查、结果汇报； （二）深入分析内控风险中的合规性目标是否管控到位； （三）建立健全应对业务实质性风险的保障措施
			14. 合规奖惩制度	（一）公司合规考核制度与计划； （二）对各部门、所属企业负责人的年度合规考核评价； （三）对员工合规职责履行情况的评价； （四）干部选用、晋升对合规的审查； （五）奖金与合规挂钩； （六）对防范重大合规风险或挽回重大损失给予集体或个人表彰和奖励； （七）对落实合规管理工作不力或因重大合规风险造成损失的人员问责
		合规应对体系	15. 不当行为调查制度	（一）不当行为及时调查； （二）组织调查的人员和范围、调查响应方式等
			16. 不当行为纠正制度	（一）采取的惩戒措施、补救措施和问责机制，包括对以前合规计划中发现的不当行为进行的纪律处分，并对合规计划修订的情况； （二）提交董事会年度合规报告
			17. 行政监管应对制度	（一）协调配合，及时应对重大风险； （二）制定行政监管应对方案，与行政主管部门的沟通、协商机制
	合规管理保障	—	18. 领导发挥关键作用	领导积极参与合规管理工作；参与讲课
			19. 合规专项预算	（一）预算批准情况； （二）基于风险和有效合规管理而批准的合规预算； （三）预算的充足性：预算数与人员编制

续表

<table>
<tr><th>指标类别</th><th>一级指标</th><th>二级指标</th><th>三级指标</th></tr>
<tr><td rowspan="15">纳税信用</td><td rowspan="13">涉税申报信息</td><td rowspan="5">按照规定申报纳税</td><td>20. 按规定期限纳税申报</td></tr>
<tr><td>21. 按规定期限代扣代缴</td></tr>
<tr><td>22. 按规定期限填报财务报表</td></tr>
<tr><td>23. 评价年度内未出现非正常原因增值税或营业税连续 3 个月或累计 6 个月零申报、负申报的</td></tr>
<tr><td>24. 自纳税人向税务机关办理纳税申报之日起满 3 年的</td></tr>
<tr><td>增值税抄报税</td><td>25. 增值税一般纳税人按期抄报税</td></tr>
<tr><td rowspan="4">出口退（免）税申报与审核</td><td>26. 按规定设置、使用和保管有关出口货物退（免）税账簿、凭证、资料的；按规定装订、存放和保管备案单证的</td></tr>
<tr><td>27. 按规定报送出口退税申报资料的</td></tr>
<tr><td>28. 在规定期限内办理出口退（免）税资格认定的</td></tr>
<tr><td>29. 从事进料加工业务的生产企业，按规定期限办理进料加工登记、申报、核销手续的</td></tr>
<tr><td rowspan="3">按规定报送相关涉税资料</td><td>30. 按规定时限报送财务会计制度或财务处理办法；使用计算机记账，在使用前将会计电算化系统的会计核算软件、使用说明书及有关资料报送主管税务机关备案的；纳税人与其关联企业之间的业务往来向税务机关提供有关价格、费用标准信息；按规定提供其他涉税资料的</td></tr>
<tr><td>31. 在规定时限内向主管税务机关报告开立（变更）账号的</td></tr>
<tr><td>32. 提供真实涉税资料，如实反映涉税资料的</td></tr>
<tr><td rowspan="2">税（费）款缴纳信息</td><td>未欠缴税（费）款</td><td>33. 按规定期限缴纳已申报或批准延期申报的应纳税（费）款</td></tr>
<tr><td>未欠缴税款金额</td><td>34. 至评定期末，已办理纳税申报后纳税人在税款缴纳期限内缴纳税款</td></tr>
</table>

续表

指标类别	一级指标	二级指标	三级指标
纳税信用	税（费）款缴纳信息	按规定履行代扣代缴义务	35. 已代扣代收税款，按规定解缴的
			36. 履行扣缴义务
		未被核定征收	37. 日常管理中未被税务机关依职权核定计算税款的
	发票与税控器具信息	发票开具、取得、保管、缴销、报告	38. 使用电子器具开具发票，按照规定保存、报送开具发票数据的
			39. 按规定开具发票；纸质发票加盖发票专用章；按规定保管纸质发票按照规定缴销发票；按规定向税务机关报告发票使用情况的；按规定跨境或跨使用区域携带、邮寄、运输或者存放纸质空白发票
		税控器具安装、使用、保管	40. 按照税务机关的要求安装、使用税控装置的；按规定申请办理增值税税控系统变更发行的
			41. 按规定保管税控专用设备
	登记与账簿信息	税务登记	42. 按规定期限办理税务登记或扣缴税款登记或变更税务登记的；按规定开具或核销外出经营管理证明的
			43. 法律规定对纳税人进行强制认定，纳税人在规定时限内办理税务认定的（如增值税一般纳税人认定等）
		账簿与凭证	44. 按照规定设置账簿、记账凭证以及其他纳税资料的；按照规定保管账簿、记账凭证以及其他纳税资料的
			45. 按照国家统一的会计制度规定设置账簿，并根据合法、有效凭证核算，向税务机关提供准确税务资料的
企业生产经营活动中如有下列情形之一，合规有效性评估一票否决			
纳税信用			1. 增值税优惠申报材料虚假；消费税优惠申报材料虚假；营业税优惠申报材料虚假；企业所得税优惠申报材料虚假；车船使用税优惠申报材料虚假；印花税优惠申报材料虚假；契税优惠申报材料虚假；土地增值税优惠申报材料虚假；城市维护建设税优惠申报材料虚假；资源税优惠申报材料虚假；耕地占用税优惠申报材料虚假；土地使用税优惠申报材料虚假；房产税优惠申报材料虚假

续表

指标类别	一级指标	二级指标	三级指标
纳税信用			2. 虚开增值税专用发票或非善意接收虚开增值税专用发票的；非法代开发票的；私自印制、伪造、变造发票，非法制造发票防伪专用品，伪造发票监制章的；转借、转让、介绍他人转让发票、发票监制章和发票防伪专用品的；知道或者应当知道是私自印制、伪造、变造、非法取得或者废止的发票而受让、开具、存放、携带、邮寄、运输的；违反增值税专用发票管理规定或者违反发票管理规定，导致其他单位或者个人未缴、少缴或者骗取税款的
			3. 有非正常户记录的纳税人；非正常户直接责任人员注册登记或负责经营的其他纳税户；D 级纳税人的直接责任人员注册登记或负责经营的其他纳税户
			4. 在规定期限内未补交或足额补缴税款、滞纳金和罚款
			5. 存在逃避缴纳税款、逃避追缴欠税、骗取出口退税、虚开增值税专用发票等行为，构成犯罪的；骗取国家出口退税款，被停止出口退（免）税资格未到期的；以暴力、威胁方法拒不缴纳税款或者拒绝、阻挠税务机关依法实施税务稽查执法行为的
			6. 存在偷税行为，未构成犯罪，但偷税（逃避缴纳税款）金额 10 万元以上且占当年各税种应纳税总额 10% 以上，已缴纳税款、滞纳金和罚款的
			7. 存在逃避追缴欠税、骗取出口退税、虚开增值税专用发票等税收违法行为，未构成犯罪，已缴纳税款、滞纳金和罚款

（四）知识产权专项合规指标体系

指标类别	一级指标	二级指标	三级指标
合规管理	有效的合规管理制度	书面合规计划	1. 书面合规计划包含以下要素： （一）建立合规组织体系，如合规管理组织架构、成立合规综合管理部门、各部门的合规责任； （二）制定纲领性合规管理规范、合规政策、合规行为准则； （三）梳理合规风险，针对重点领域制定管理制度； （四）明确合规计划承诺完成时限； （五）建立合规预防体系、识别体系、应对体系等运行机制； （六）其他有利于合规管理的相关制度、措施

续表

<table>
<tr><th>指标类别</th><th>一级指标</th><th>二级指标</th><th colspan="2">三级指标</th></tr>
<tr><td rowspan="8">合规管理</td><td rowspan="6">有效的合规管理制度</td><td>合规管理组织体系</td><td colspan="2">2. 合规管理组织体系审查重点：
（一）合规管理组织架构设置是否合理、明确；
（二）企业主要负责人是否是企业合规体系建设的第一责任人；
（三）管理层对合规的公开承诺、董事会对合规管理体系建设的监督，公司章程有无加入合规内容；
（四）合规综合管理部门的设置以及职能职责、履职的独立性；
（五）其他部门的合规职能职责</td></tr>
<tr><td>合规管理规范</td><td colspan="2">3. 合规管理规范包含以下要素：
（一）是否制定了合规管理办法制度文件，且覆盖面广、内容完整；
（二）是否制定专项的合规管理制度、指引、流程；
（三）是否建立合规管理台账制度</td></tr>
<tr><td rowspan="2">合规政策</td><td colspan="2">4. 合规政策是企业全部的合规管理制度，包括专项合规计划的全部内容，可以是企业税务、环保、安全生产、知识产权等任一方面</td></tr>
<tr><td colspan="2">5. 企业将合规政策作为与第三方合作伙伴签订合同的附件使用，要求对方遵循相关合规政策</td></tr>
<tr><td rowspan="2">合规行为准则</td><td colspan="2">6. 结合不同岗位风险点制定针对性、可操作的员工行为准则，明确员工责任</td></tr>
<tr><td colspan="2">7. 企业向所有员工提供合规手册并进行有效合规培训</td></tr>
<tr><td rowspan="2">有效的合规运行机制</td><td rowspan="2">合规预防体系</td><td>8. 合规风险评估制度</td><td>（一）已制定合规风险识别评估制度、流程；
（二）根据业务所在国的相关法律和监管环境变化，定期识别梳理法律、合规义务；
（三）已经开展过合规风险识别评估的具体工作：采取何种方法识别、分析及应对相关风险；收集分析了哪些相关信息或指标以对合规风险进行评估；
（四）确定合规重点管控领域；
（五）对于影响较大的风险建立风险预警机制</td></tr>
<tr><td>9. 尽职调查制度</td><td>（一）公司合规审查制度、流程；
（二）合规审查的范围（如投资并购、合作伙伴尽职调查）；
（三）合规审查开展情况；
（四）合规尽职调查范围涵盖重点合规风险管控领域；
（五）合规尽职调查开展的情况</td></tr>
</table>

续表

指标类别	一级指标	二级指标	三级指标	
合规管理	有效的合规运行机制	合规预防体系	10. 合规培训制度	（一）历年合规培训计划、培训记录； （二）有针对性的合规培训（董事会成员、业务部门、专题、新员工入职）； （三）过去一年合规培训的人数与覆盖率； （四）培训的效果（考核）； （五）业务领导讲授专业领域的合规案例； （六）将以往的合规事件及处分纳入培训内容； （七）开展针对高风险部门人员 / 关键岗位（如海外人员）的专门合规培训； （八）供应商的合规培训情况，公司定期制定合规培训方案、开展了合规培训
			11. 合规文化建设制度	（一）公司的合规价值观、愿景与使命； （二）新入职是否签署员工行为规范承诺书； （三）推动行业合规； （四）合规宣传活动策划； （五）公司网站投放、开展合规报道等宣传活动
		合规识别体系	12. 合规报告制度	（一）举报与调查制度； （二）合规举报的途径，24 小时匿名举报渠道； （三）调查的流程、打击报复零容忍
			13. 合规巡视制度	（一）合规管理部门对潜在合规风险定期巡查、结果汇报； （二）深入分析内控风险中的合规性目标是否管控到位； （三）建立健全应对业务实质性风险的保障措施
			14. 合规奖惩制度	（一）公司合规考核制度与计划； （二）对各部门、所属企业负责人的年度合规考核评价； （三）对员工合规职责履行情况的评价； （四）干部选用、晋升对合规的审查； （五）奖金与合规挂钩； （六）对防范重大合规风险或挽回重大损失给予集体或个人表彰和奖励； （七）对落实合规管理工作不力或因重大合规风险造成损失的人员问责

续表

<table>
<tr><th>指标类别</th><th>一级指标</th><th>二级指标</th><th colspan="2">三级指标</th></tr>
<tr><td rowspan="5">合规管理</td><td rowspan="3">有效的合规运行机制</td><td rowspan="5">合规应对体系</td><td>15. 不当行为调查制度</td><td>（一）不当行为及时调查；
（二）组织调查的人员和范围、调查处置方式等</td></tr>
<tr><td>16. 不当行为纠正制度</td><td>（一）采取的惩戒措施、补救措施和问责机制，包括对以前合规计划中发现的不当行为进行的纪律处分，并对合规计划修订的情况；
（二）提交董事会年度合规报告</td></tr>
<tr><td>17. 行政监管应对制度</td><td>（一）协调配合，及时应对重大风险；
（二）制定行政监管应对方案，与行政主管部门的沟通、协商机制</td></tr>
<tr><td rowspan="2">合规管理保障</td><td>18. 领导发挥关键作用</td><td>领导积极参与合规管理工作；参与讲课</td></tr>
<tr><td>19. 合规专项预算</td><td>（一）预算批准情况；
（二）基于风险和有效合规管理而批准的合规预算；
（三）预算的充足性：预算数与人员编制</td></tr>
<tr><td rowspan="8">知产保护</td><td rowspan="4">合同管理</td><td rowspan="4">合同涉知识产权事项管理</td><td colspan="2">20. 对合同中有关知识产权条款进行审查，并形成记录</td></tr>
<tr><td colspan="2">21. 对检索与分析、预警、申请、诉讼、侵权调查与鉴定、管理咨询等知识产权对外委外业务应签订书面合同，并约定知识产权权属、保密等内容</td></tr>
<tr><td colspan="2">22. 在进行委托开发或合作开发时，应签订书面合同，约定知识产权权属、许可及利益分配、后续改进的权属和使用等</td></tr>
<tr><td colspan="2">23. 承担涉及国家重大专项等政府支持项目时，应了解项目相关的知识产权管理规定，并按照要求进行管理</td></tr>
<tr><td rowspan="4">保密管理</td><td rowspan="4">知识产权保密管理</td><td colspan="2">24. 明确涉密人员，设定保密等级和接触权限</td></tr>
<tr><td colspan="2">25. 明确可能造成知识产权流失的设备，规定使用目的、人员和方式</td></tr>
<tr><td colspan="2">26. 明确涉密信息，规定保密等级、期限和传递、保存及销毁的要求</td></tr>
<tr><td colspan="2">27. 明确涉密区域，规定客户及参访人员活动范围等</td></tr>
</table>

续表

指标类别	一级指标	二级指标	三级指标
知产保护	立项管理	立项阶段的知识产权管理	28. 分析该项目所涉及的知识产权信息，包括各关键技术的专利数量、地域分布和专利权人信息
			29. 通过知识产权分析及市场调研相结合，明确该产品潜在的合作伙伴和竞争对手
			30. 进行知识产权风险评估，并将评估结果、防范预案作为项目立项与整体预算的依据
			31. 按规定保管税控专用设备
	开发管理	研究开发阶段的知识产权管理	32. 对知识产权信息、相关文献及其他公开信息进行检索，对项目的技术发展状况、知识产权状况和竞争对手状况等进行分析
			33. 在检索分析的基础上，制定知识产权规划
			34. 跟踪与监控研究开发活动中的知识产权，适时调整研究开发策略和内容，避免或降低知识产权侵权风险
			35. 督促研究人员及时报告研究开发成果
			36. 及时对研究开发成果进行评估和确认，明确保护方式和权益归属，适时形成知识产权
			37. 保留研究开发活动中形成的记录，并实施有效的管理
	采购管理	采购阶段的知识产权管理	38. 在采购涉及知识产权的产品过程中，收集相关知识产权信息，以避免采购知识产权侵权产品，必要时应要求供方提供知识产权权属证明
			39. 做好供方信息、进货渠道、进价策略等信息资料的管理和保密工作
			40. 在采购合同中明确知识产权权属、许可使用范围、侵权责任承担等
	生产管理	生产阶段的知识产权管理	41. 及时评估、确认生产过程中涉及产品与工艺方法的技术改进与创新，明确保护方式，适时形成知识产权
			42. 在委托加工、来料加工、贴牌生产等对外协作的过程中，应在生产合同中明确知识产权权属、许可使用范围、侵权责任承担等
			43. 保留生产活动中形成的记录，并实施有效的管理

续表

指标类别	一级指标	二级指标	三级指标
知产保护	销售管理	销售和售后阶段的知识产权管理	44. 产品销售前，对产品所涉及的知识产权状况进行全面审查和分析，制定知识产权保护和风险规避方案
			45. 在产品宣传、销售、会展等商业活动前制定知识产权保护或风险规避方案
			46. 建立产品销售市场监控程序，采取保护措施，及时跟踪和调查相关知识产权被侵权情况，建立和保持相关记录
			47. 产品升级或市场环境发生变化时，及时进行跟踪调查，调整知识产权保护和风险规避方案，适时形成新的知识产权
考察期间，企业生产经营活动中如有下列情形之一，合规有效性评估一票否决			
知产保护			1. 存在未经注册商标所有人许可，在同一种商品上使用与其注册商标相同商标的情况
			2. 存在销售明知是假冒注册商标的商品的情况
			3. 存在伪造、擅自制造、销售他人注册商标标识的情况
			4. 存在假冒他人专利的情况
			5. 存在未经著作权人许可，复制发行其文字作品、音乐、电影、电视、录像作品、计算机软件及其他作品的情况
			6. 存在以盗窃、利诱、胁迫或其他不正当手段获取权利人商业秘密的情况

附件 15

张家港市企业合规监管委员会合规有效性审查工作流程

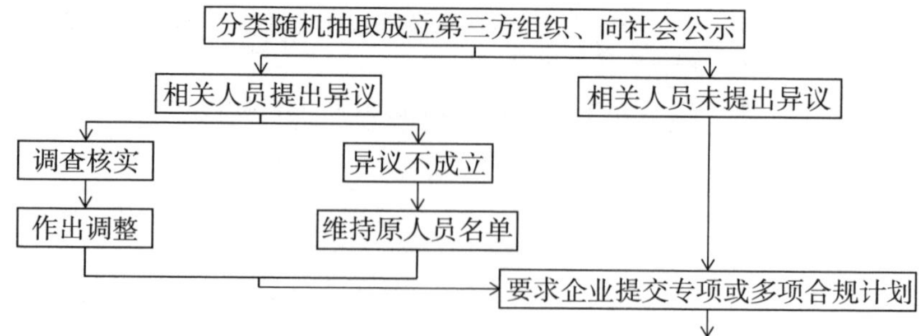

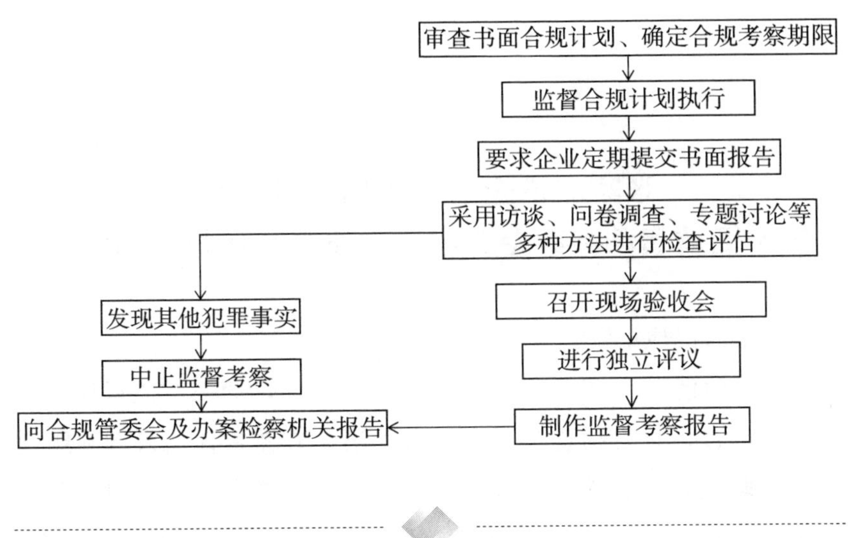

附件 16

张家港市人民检察院
启动涉案企业第三方监督评估机制商请函

张家港市企业合规监管委员会：

因____________________（涉案企业、个人）涉嫌________________________一案，在审查起诉阶段____________________（涉案企业、个人）自愿认罪认罚，积极自查、整改生产经营过程中不规范事宜，自愿接受本院的合规监督考察，符合企业合规改革试点适用条件。根据最高人民检察院等九部门《关于建立涉案企业合规第三方监督评估机制的指导意见（试行）》以及张家港市人民检察院《关于开展企业合规改革试点工作的实施细则（试行）》等有关规定，现商请贵委员会启动第三方监督评估机制，组建第三方监督评估组织及巡回检查小组。

张家港市人民检察院

年　　月　　日

附：涉案企业 *** 调查评估报告

附件 17

张家港市企业合规监管委员会
关于商请启动涉案企业第三方监督评估机制的回复

张家港市人民检察院：

你院商请对___________（涉案企业）启动第三方监督评估机制。经审查，我委同意对该企业启动第三方监督评估机制并组建第三方监督评估组织。考虑___________等因素，拟组建__名专业人员组成的第三方监督评估组织，_________（人员结构说明）及__名成员组成的巡回检查小组。我委将在3日内通过第三方监督评估组织智能管理平台分类随机抽取产生人员名单。

张家港市企业合规监管委员会

年　　月　　日

附件 18

张家港市企业合规监管委员会
关于成立涉案企业第三方监督评估组织的决定

根据最高人民检察院等九部门《关于建立涉案企业合规第三方监督评估机制的指导意见（试行）》以及张家港市人民检察院《关于开展企业合规改革试点工作的实施细则（试行）》等有关规定，张家港市企业合规监管委员会于 ** 年 ** 月 ** 日决定对涉案企业 *** 启动第三方监督评估机制，并通过第三方监督评估智能管理平台随机抽取产生涉案企业 *** 第三方监督评估组织成员名单，经公示，现宣告成立。

张家港市企业合规监管委员会

年　　月　　日

附：涉案企业 *** 第三方监督评估组织成员名单（略）

附件 19

张家港市企业合规监管委员会
合规监督考察期限审批表

<table>
<tr><td>涉案企业</td><td></td><td>案由</td><td></td></tr>
<tr><td>涉案企业承诺履行期限</td><td colspan="3"></td></tr>
<tr><td>办理案件检察机关意见</td><td colspan="3"></td></tr>
<tr><td colspan="4">根据最高人民检察院等九部门《关于建立涉案企业合规第三方监督评估机制的指导意见（试行）》以及张家港市人民检察院《关于开展企业合规改革试点工作的实施细则（试行）》的规定，综合考虑案件情况和涉案企业承诺履行的期限，并向负责办理案件的检察机关征求意见，建议合规监督考察期限为＿＿＿＿，自＿＿年＿＿月＿＿日至＿＿年＿＿月＿＿日。
请批示。
第三方监督评估组织负责人：</td></tr>
<tr><td>企业合规监管委员会意见</td><td colspan="3">盖章：　　　年　　月　　日</td></tr>
</table>

附件 20

张家港市企业合规监管委员会
合规监督考察期限通知书

（涉案企业）：

根据最高人民检察院等九部门《关于建立涉案企业合规第三方监督评估机制的指导意见（试行）》以及张家港市人民检察院

《关于开展企业合规改革试点工作的实施细则（试行）》等规定，根据案件具体情况和你公司承诺履行的期限，确定你公司合规监督考察期限__个月，自____年____月____日至____年____月____日。

年　　月　　日

此决定已于____年____月____日向我宣布。

涉案企业：______________________________

宣告人：______________________________

附件 21

涉案企业合规计划审查表

第三方组织成员		审查时间	
企业名称		企业类型	
审查方式：□举行会谈　□查阅资料　□实地调研 □问卷调查　□听取意见　□其他____________			
企业涉罪等风险情况			
合规计划的可行性分析			
合规计划的有效性和全面性			
合规考察期限确定			
检察机关意见			
修改完善的意见、建议			
企业合规监管委员会意见			

可另附页。

附件 22

张家港市企业合规监管委员会
关于涉案企业延长 / 缩短合规监督考察期限的审查报告

一、涉案企业基本信息

阐述企业基本情况。

二、涉案企业合规计划执行情况

经实地考察企业合规建设情况，走访 ***，与涉案企业负责人座谈等方式，审查了……。

三、合规第三方监督评估组织意见

说明延长 / 缩短考察期限的理由。

四、听取办案单位意见

延长 / 缩短合规考察期限应当听取办案检察机关意见，并做好记录。

五、审查意见

经审查，认为……，同意延长 / 缩短考察期限 * 月。

张家港市企业合规监管委员会

年　　月　　日

附件 23

张家港市企业合规监管委员会
延长 / 缩短合规监督考察期限审批表

<table>
<tr><td>涉案企业</td><td></td><td>案由</td><td></td></tr>
<tr><td>考察期起止时间</td><td colspan="3"></td></tr>
<tr><td colspan="4">因考察期限届满，涉案企业合规整改尚未完成 / 提前完成，根据最高人民检察院等九部门《关于建立涉案企业合规第三方监督评估机制的指导意见（试行）》以及张家港市人民检察院《关于开展企业合规改革试点工作的实施细则（试行）》的规定，建议延长 / 缩短考察期＿＿＿＿＿＿＿＿，现考察期为自＿＿年＿＿月＿＿日至＿＿年＿＿月＿＿日。
请批示。

第三方监督评估组织负责人：</td></tr>
<tr><td>企业合规监管委员会意见</td><td colspan="3">
盖章：　　　　年　　月　　日</td></tr>
</table>

附件 24

张家港市企业合规监管委员会
延长 / 缩短合规监督考察期限通知书

（涉案企业）：

因考察期限届满，你公司合规整改尚未完成 / 提前完成，根据最高人民检察院等九部门《关于建立涉案企业合规第三方监督评估机制的指导意见（试行）》以及张家港市人民检察院《关于开展企业合规改革试点工作的实施细则（试行）》的规定，决定延长 / 缩短考察期限＿＿＿＿＿＿＿＿＿＿，自＿＿年＿＿月＿＿日至＿＿年＿＿月＿＿日。

年　　月　　日

此决定已于____年____月____日向我宣布。

涉案企业：______________________________

宣告人：________________________________

附件 25

合规监督考察记录表

考察人员		考察时间	
企业名称		企业类型	
考察形式：□举行会谈　□查阅资料　□实地调研 □问卷调查　□听取意见　□其他______________			
考察目的			
考察内容			
意见建议			

可另附页。

附件 26

涉案企业合规验收现场会会议记录

案由：____

涉案企业：____

涉案人：____

时间：____

地点：____

主持人：

记录人：

参加人：

内容：第三方监督评估组织对涉案企业合规计划执行的有效性、全面性进行现场验收。

一、主持人宣布验收工作纪律及评估要求；

该合规验收会议经由第三方监督评估组织决定于……召开，邀请检察机关、巡回检查小组现场监督。

二、下面进行验收评估的第一项议程：企业相关人员介绍合规计划内容及执行情况。

三、进行验收评估的第二项议程：第三方监督评估组织对企业相关人员发问。

四、进行验收评估的第三项议程：第三方监督评估组织开展验收评估需要的程序、方法，如查看现场、台账、问卷调查等。

五、巡回检查小组对合规监督考察工作提出意见、建议，可向企业相关人员或第三方监督评估组织成员发问或调查核实。

现场评估结束，第三方监督评估组织独立进行评议，制作监督考察报告，巡回检查小组填录巡回检查记录表。

参会人签字：

附件 27

涉案企业合规监督考察报告

一、涉案企业基本信息

（本部分包含企业名称和法定代表人等工商登记信息，以及用工、纳税、行业地位等企业经营发展情况等内容）

二、涉案企业履行合规承诺及制定、执行合规计划情况

（本部分包含企业向本院出具的合规承诺和自行制定的合规计

划及执行情况）

三、第三方组织开展了解、监督、评估和考核情况

（本部分包含第三方监督评估组织监督考察企业合规建设的具体情况）

四、第三方组织监督评估的程序、方法和依据

（本部分包含第三方监督评估的程序、方法和依据）

五、监督评估结论及意见建议

（本部分包含考察期限届满，第三方监督评估组织对涉案企业的合规计划完成情况进行全面检查、评估和考核，并做出是否通过合规验收的意见）

六、其他需要补充说明的情况

（是否存在考察中止情形，第三方监督评估组织发现涉案企业或其人员尚未被办案机关掌握的犯罪事实或者新实施的犯罪行为，应当中止监督考察，并向负责办理案件的检察机关报告）

（第三方监督评估组织工作台账等作为附件附后）

附件 28

张家港市企业合规监管委员会关于解散涉案企业第三方监督评估组织的决定

根据最高人民检察院等九部门印发的《关于建立涉案企业合规第三方监督评估机制的指导意见（试行）》以及张家港市人民检察院《关于开展企业合规改革试点工作的实施细则（试行）》等有关规定，张家港市企业合规监管委员会于 ** 年 ** 月 ** 日决定对涉案企业 *** 启动第三方监督评估机制，并于 ** 年 ** 月 ** 日决定成立涉案企业 *** 第三方监督评估组织，经审查，该组织已完成监督评估工作，现宣告解散。

张家港市企业合规监管委员会

年　　月　　日

第五节　支持与保障

一、组织保障

（一）上级检察院把关

除《试点方案》、九部门规范性文件等上级一系列规定外，省检察院、苏州市人民检察院还建立了相关合规制度。张家港市检察院在开展企业合规改革试点过程中，严格落实请示报告制度，对每一个企业犯罪案件，均先开展办案影响评估和合规条件审查，拟启动合规考察监督程序的，详细层报至江苏省人民检察院，经批准后才开展合规程序，确保案件的选取更加精准。

（二）党委政府推动

张家港市检察院以服务保障地方发展大局为出发点，主动向党委政府报告，争取支持。按照上级精神，结合自身对企业合规改革试点的认识，向张家港市委市政府重点阐明推进涉案企业合规改革试点的重要意义和价值。市委市政府高度重视，专门研究出台规范性文件，统筹全市力量开展相关试点，将企业合规探索纳入全市重点项目。职能部门层面，市工商联积极参与企业合规改革试点，有力推动事前合规探索，受邀在全国工商联“德胜门大讲堂”交流经验，与张家港市检察院建立沟通联系机制获评全国工商联、最高检典型事例；市司法局牵头应急管理、市场监管等 14 家行政机关开展行政合规建设，做法得到司法部肯定推广；各行政主管部门主动参与合规参考指标体系建设。

（三）第三方机制管委会协调

《〈指导意见〉实施细则》第二十七条第二款规定：“第三方机制管委会可以根据工作需要，指派专门人员负责与选任组成的第三方组织及负责办理案件的人民检察院、涉案企业联络沟通，协调处理第三方机制启动和运行有关事宜。”指派专门人员负责沟通协调工作非常重要，是第三方组织能够正常履职的基础。合规监督考察全过程都需要专人负责第三方组织与第三方机制管委会、办案检察机关、涉案企业各方沟通协调。具体而言：一是加强第三方组织与办案检察官沟通，确定涉案企业适用的合规计划类型，听取意见；二是加强第三方组织与涉案企业沟通，处理提交合规计划的事宜；三是为第三方组织开展调查核实工作提供便利；四是定期了解监督考察工作进度并向第三方机制管委会报告；五是组织召开现场验收会，协助第三方组织完成现场验收。专门人员可以从第三方机制管委会成员单位工作人员中指派，可以是工商联或者司法局工作人员，但不宜是办理案件的检察机关工作人员，以免影响第三方组织的独立性。

二、业务保障

《企业合规体系评价指引》是美国司法部对于企业合规体系予以评价的重要文件。2017 年，美国司法部首次发布了关于如何评估企业合规项目的指导意见，供检察官评估企业合规体系及流程时使用，并在此后多次更新该文件。2020 年 6 月，美国司法部刑事司公布《企业合规体系评价指引》更新版，更强调对企业合规体系之持续性、有效性和实时性的关注，同时更重视该合规体系是否能在企业日常经营中时刻发挥作用。合规监督考察的标准已经成为困扰各地检察机关改革实践的一大难题。2022 年 4 月 19 日，《审查办法》进一步明晰了第三方组织进行合规评估的方法、程序。2022 年 5 月 23 日，《中小企业合规管理体系有效性评价》团体标准经中国中小企业协会批准正式发布，最高检检察理论研究所也参与了该标准的制定。该标准对中小企业合规管理体系的评价方法、评价流程、评价指标等提供了全面、细致的规范，值得参考。

（一）合规监督考察的原则

结合张家港市的实践经验，我们认为合规监督考察应遵循以

下原则：

合规整改与企业风险相适应原则。合规监督考察应着重审查企业构建的合规管理体系能否消除并预防企业实际生产经营过程中所涉及的风险点，特别是导致企业违法犯罪的风险点能否通过合规整改真正消弭。

全面合规与专项合规相区别原则。合规整改的企业规模、行业、风险领域不同，其合规整改的能力与需求亦有所不同，因此，并不一定追求涉案企业全面合规。对于大型企业，应当要求其深入排查企业存在的风险点，建立全面的合规管理体系，但可以分步实施；对于中小微企业，则可以要求其在完成基本合规制度构建的基础上，对其涉案及相关风险点开展专项合规建设。

过程审查与结果审查相结合原则。在合规监督考察过程中，不应只看重企业合规制度是否完善、合规台账是否齐全，同时也应关注企业合规管理体系的实际运行情况，考察其是否起到相应效果。必要时，第三方组织可进驻企业，开展“坐班式”监督考察。

（二）合规验收的基本标准

企业合规指标体系应立足于涉案企业完成合规建设的目标，即主要围绕与企业犯罪有密切联系的企业管理问题而确立的相关整改标准。可以从刑事合规出发，以行政合规为落脚点，以行业合规为有益补充，完成较为全面的合规整改。参考指标体系规定审查项目、三级指标体系以及审查的证明材料、要点等内容。在指标项目的设计上，分析近三年来涉企犯罪案件刑事风险点，形成“一票否决”的负面清单，学习借鉴陈瑞华教授提出的合规计划的三个文件（合规章程、合规政策、员工手册）、三个流程（合规预防体系、合规识别体系、合规应对体系）[①] 以及北京新世纪

---

① 参见陈瑞华：《律师如何开展合规业务》，载《中国律师》2020 年第 8 期。

跨国公司研究所设计的企业合规管理体系审查指标[1]作为合规审查标准，收集各行政机关现行的各项评价指标作为专项合规标准，在缺乏行政评价体系的情况下，辅之以行业合规标准。

（三）参考指标的运用规则

涉案企业存在的风险领域不同，对应的参考指标不同。同时，涉案企业生产经营的规模不同，合规达标要求也不同。大型企业合规审查标准应当接近央企标准，具备参考指标明确的全部要素；对于中小微企业，可以适度放低标准，但应当具备合规管理体系的核心要素。对于具有多个合规风险领域的企业，无论规模大小，需建立完整的合规管理体系，并且要将开展的专项合规要素在完整的合规管理体系中体现。比如，张家港市检察院针对张家港市中小民营企业合规需求，确定了以“1+4”为核心内容的合规有效性审查办法和参考指标体系，“1”是指对企业合规管理的审查，“4”是指安全生产、环境保护、财税管理、知产管理等四个分类指标体系，合规管理审查嵌入上述四个指标体系中。

（四）个性化考察指标体系

第三方组织不仅要对企业的合规计划落实情况进行监督，还要对照参考指标对合规计划本身是否完整、是否具有操作性进行初评，此时就可以结合企业实际情况对参考指标进行调整完善。因此，第三方组织对企业合规计划进行审查时，应当同步制定合规整改指标体系。根据企业合规计划确定的合规整改内容，综合考量企业的公司结构、经营规模、业务和产品线的运营管理模式等因素，对照参考指标体系进行初评，形成符合企业实际的合规整改指标体系。在合规监督考察期间，根据合规计划的调整以及企业合规建设情况，第三方组织可以在征求涉案企业、检察机关

---

① 参见郭凌晨、丁继华、王志乐主编:《合规：企业合规管理体系有效性评估》，企业管理出版社 2021 年版，第 45-46 页。

意见的基础上，对指标体系进行微调。

（五）监督考察评估的步骤

第三方组织应当制定有效性审查方案，就考察评估的方法、步骤等程序、内容进行明确。第一步，在涉罪风险排查的基础上，对照指标体系对涉案企业涉罪领域整改的针对性和有效性作出评价。第二步，对照专项合规指标体系，对同一类犯罪建立起的专项合规管理体系进行评估。第三步，以全面合规为目标，对其他领域可能存在的合规风险整改情况进行评估，将合规管理体系嵌入企业经营管理的各个重点领域、重点环节、重点岗位，对企业合规管理体系整体的有效性进行评估。

三、经费保障

第三方监督评估成本费用谁支付、给多少、怎么管，是关系监督评估科学合理、公平公正的关键因素，也是企业合规改革试点需要重点解决的关键问题。《选任管理办法》第二十七条规定："第三方机制专业人员选任管理工作所需业务经费和第三方机制专业人员履职所需费用，试点地方可以结合本地实际，探索多种经费保障模式。"张家港市检察院在试点过程中，对第三方监督评估成本费用进行测算后，协调当地财政部门设立专项资金、列入年度财政预算，并由当地工商联负责账户管理、薪酬发放、日常支出等具体工作。关于第三方机制专业人员的履职报酬，采取分类激励模式。对于选任的行政机关的业务骨干，严格遵守公职人员廉洁纪律要求，采取合规履职与公务员考核、评先评优等工作相结合模式。对于选任的社会中介机构专业人员，由企业合规监管委员会确定报酬总额，按照规定流程确定报酬方案、报酬比例和收取时间（见第 135 页附件 29、第 137 页附件 30、第 140 页附件 31、第 141 页附件 32）。

附件：

29. 张家港市企业合规监管委员会张家港市企业合规经费管理办法（试行）

30. 张家港市企业合规监管委员会关于确定第三方监督评估机制专业人员报酬的规定（试行）

31. 第三方监督评估组织履职报酬申请表

32. 第三方监督评估服务合同

附件 29

张家港市企业合规监管委员会 张家港市企业合规经费管理办法（试行）

第一章 总则

第一条 为规范我市企业合规工作经费的使用和管理，提高资金使用效益，根据《中华人民共和国会计法》《行政单位财务规则》《行政单位会计制度》等相关法律法规，结合张家港市委办公室、市政府办公室《关于推进企业合规建设工作的意见（试行）》，特制定本办法。

第二条 本办法所称合规专项资金，是指张家港市企业合规监管委员会在推动涉案企业合规和事前合规工作中，用于支付第三方监督评估机制（以下简称第三方机制）专业人员、巡回检查小组成员履职费用、管理费用，以及与合规相关研究、宣传等基础保障费用的资金。

合规专项资金包括涉案企业合规资金、事前合规资金、第三方机制专业人员保障资金、巡回检查小组保障资金、其他合规资金等。

第三条 企业合规监管委员会依法负责专项资金的立项和审批，并对专项资金进行具体管理和监督。

第四条 市财政局根据我市企业合规推进方案，结合合规工作资金需求和本地财政情况，将合规专项资金列入年度财政预算，并负责宏观管理和监督。

第二章　专项资金开支范围

第五条　涉案企业合规资金是指用于支付第三方机制专业人员对涉案企业的合规承诺进行调查、评估、监督和考察费用的资金，具体包括：

（一）合规计划审查费：对涉案企业合规计划的可行性、有效性、全面性进行审查，提出修改完善意见建议、确定合规考察期限支出的费用；

（二）监督考察费：对涉案企业合规计划完成情况进行定期或者不定期检查和监督支出的费用；

（三）验收评估费：对涉案企业合规计划完成情况进行全面检查、评估和考核支出的费用。

第六条　事前合规资金是指用于支付第三方机制专业人员对试点企业合规建设情况验收评估费用的资金。

第七条　第三方机制专业人员保障资金是指用于支付第三方机制专业人员选任和日常管理工作中相关费用的资金。

第八条　巡回检查小组保障资金是指用于支付巡回检查小组对第三方监督评估组织进行监督工作中相关费用的资金。

第九条　其他合规资金是指用于支付专家咨询、培训授课、学习考察等合规研究费用以及宣传推广、信息平台搭建等其他基础保障费用的资金。具体包括：

（一）劳务费：是指企业合规推进过程中支付给聘请的合规专家学者的咨询费、差旅费等费用；

（二）材料费：是指企业合规分级评定中购置奖牌、印发宣传资料等辅助材料的费用；

（三）会议费：是指为了深化企业合规建设开展学术研讨、咨询等研究活动发生的会议费用；

（四）其他费用：有利于推进全市合规工作的合理费用，应当在申请预算时单独列示，单独核定，专款专用。

第三章 财务管理

第十条 市工商联负责依法据实编制项目预算和决算，并按照项目预算、计划书和相关管理制度使用资金，市检察院负责对资金使用的合法性、合理性、真实性进行监督。

第十一条 合规专项资金确需调整的，由市工商联根据推进企业合规实际需要提出申请，报企业合规监管委员会审批，接受市财政局的监督。

第十二条 市工商联按年度编制合规专项资金收支报告，全面反映资金年度收支情况、资金管理情况等。年度收支报告于下一年度3月1日前报送企业合规监管委员会。

第十三条 对于预算执行过程中，不按规定管理和使用资金，不按时报送年度收支报告、不按时编报决算，不按规定进行会计核算，截留、挪用、侵占专项资金的单位或个人，按照相关法律规定处理。涉嫌犯罪的，移送监察委处理。

第四章 附则

第十四条 本办法由张家港市企业合规监管委员会负责解释，自发布之日起施行。

（注：本办法自2021年6月10日发布施行，根据2021年6月3日《指导意见》、2021年11月22日《〈指导意见〉实施细则》《选任管理办法》等规定进行修正）

附件30

张家港市企业合规监管委员会
关于确定第三方监督评估机制专业人员报酬的规定
（试行）

第一条 为推进企业合规试点工作、保障第三方监督评估机制（以下简称第三方机制）运行，规范企业合规监管委员会确定第三方机制专业人员报酬工作，根据最高检等九部门《关于建立涉案企业合规第三方监管评估机制的指导意见（试行）》以及张家港市企业合规监管委员会《张家港市企业合规经费管理办法（试行）》等规定，制定本规定。

第二条　企业合规监管委员会从第三方机制专业人员名录库分类随机抽取专业人员组成第三方监督评估组织（以下简称第三方组织），履行对涉案企业进行合规监督考察、事前合规分级评定等工作。第三方机制专业人员有权获得相应报酬。

市司法局具体负责第三方机制专业人员报酬确定等事项。

第三条　企业合规监管委员会应根据国家统计局印发《统计上大中小微型企业划分办法（2017）》（国统字〔2017〕213 号）划分的企业规模，确定涉案企业合规监督考察中第三方组织的报酬总额。

第三方组织履职的报酬总额分段确定为：

（一）小微型企业不超过 3 万元；

（二）中型企业不超过 4 万元；

（三）大型企业不超过 5 万元。

第三方组织进行事前合规分级评定的报酬总额不超过 1.1 万元，考虑企业规模确定具体数额。

第四条　企业合规监管委员会认为有必要的，可以参照上述数额在 30% 的浮动范围内调整报酬总额。

第五条　企业合规监管委员会可以根据第三方组织履职的实际情况，确定第三方组织成员分期或者一次性收取报酬。

第六条　第三方组织应当在企业合规监管委员会确定的报酬总额范围内，综合考虑监督考察工作量、各成员履职分工，经协商确定各成员的报酬分配比例，初步确定报酬方案，提交企业合规监管委员会。报酬方案应当包括报酬比例和收取时间。

第七条　企业合规监管委员会根据第三方组织提交的报酬方

案，确定或者调整报酬方案，自确定报酬方案之日起三日内书面通知第三方组织。

第八条 企业合规监管委员会确定第三方组织报酬方案后，可以根据企业和第三方组织履行职责的实际情况进行调整。

第九条 企业合规监管委员会确定或者调整第三方组织报酬方案时，应当考虑以下因素：

（一）合规计划监督考察、评估的复杂性；

（二）第三方组织成员的勤勉程度；

（三）第三方组织成员作出的实际贡献；

（四）第三方组织成员承担的风险和责任；

（五）其他影响第三方组织成员报酬的情况。

第十条 第三方机制专业人员收取报酬，应当由第三方组织向企业合规监管委员会提出书面申请。

司法局对第三方组织的申请审查确认后，向工商联申请资金，工商联根据申请表及相关证明材料进行支付。

第三方组织收取报酬除需提供申请表外，还需提供第三方组织成立相关文书、监督考察报告、第三方监督评估服务合同、第三方组织成员的身份证、银行卡信息等材料。

第十一条 第三方机制专业人员的报酬由工商联从合规专项资金中支出。

第十二条 本规定由企业合规监管委员会负责解释，自发布之日起施行。

（注：本办法自 2021 年 6 月 10 日发布施行）

附件 31

第三方监督评估组织履职报酬申请表

成员 1		职务	
成员 2		职务	
成员 3		职务	
合规计划类型	纳税信用（ ） 安全生产（ ） 知识产权（ ） 环境保护（ ）	企业规模	大型企业（ ） 中型企业（ ） 小微企业（ ）
申请总金额			
考察期间	年 月 日—— 年 月 日	考察评估对象	
报酬分配比例	成员 1： 成员 2： 成员 3：		
履职过程	（包括某月某日到达何处，会晤何人、职务事项等）		
履职内容	（包括出差所做具体事项、结论等详细信息）		
附页	共 页 （证明经费申报的其他材料，附在此表后）		
申请人签名	成员 1： 成员 2： 成员 3：	日期	
司法局意见	签名： 年 月 日		
工商联意见	签名： 年 月 日		
报检察院备案情况	签名： 年 月 日		

附件 32

第三方监督评估服务合同

甲方：张家港市企业合规监管委员会

乙方 1：*** 事务所

乙方 2：*** 事务所

依据《中华人民共和国民法典》及最高检等九部门《关于建立涉案企业合规第三方监督评估机制的指导意见（试行）》等规定，结合企业合规监管工作的具体情况，经双方协商一致，双方达成如下协议。

一、合同内容

因开展涉案企业合规第三方监督评估工作需要，乙方分别指派 ** 律师、** 会计师作为涉案企业 *** 第三方监督评估组织专业人员，对该公司制定的合规计划进行审核、对合规计划执行进行考察、开展合规有效性验收评估等工作。

二、服务时间

***

三、甲方的责任

1. 为乙方指派的专业人员开展工作提供必要的便利条件；

2. 为乙方指派的专业人员对涉案企业开展监督考察，与企业或相关单位和人员进行必要的沟通、协调。

四、乙方的责任

乙方指派的专业人员按照甲方的要求开展如下工作，及时报告监督考察工作进展情况：

1. 审核涉案企业合规计划，对合规计划制定主体、制定过程、计划内容等进行全面审查，提出意见建议；

2. 对合规计划的执行进行跟踪监督，并根据合规计划执行情况提出调整建议；

3. 在合规考察期届满后，对企业的合规计划完成情况进行全面检查、调查、评估和考核，制作合规考察书面报告。

五、成果验收

1. 乙方指派的专业人员在收到涉案企业提交的合规计划一周内，提出修改意见并以书面形式提交甲方；

2. 乙方指派的专业人员在监督考察期间应当制作工作记录台账，并以书面形式提交甲方；

3. 乙方指派的专业人员在完成合规验收后一周内制作《考察报告》并提交甲方。

六、合同报酬

1. 服务费共计：人民币 ***（小写：￥*** 元）。

甲方在收到乙方指派的专业人员提交的《考察报告》后，一次性进行支付。

2. 酬金支付方式

账户名称：________________________________

开户行：__________________________________

账号：____________________________________

七、特别约定

1. 乙方指派的专业人员对监管过程中知悉的国家秘密、商业秘密、案件情况、个人隐私及其他依照法律法规和有关规定不应当公开的信息予以保密。

2. 乙方指派的专业人员不得利用履职便利干扰企业正常生产经营活动或者实施收受财物等违反廉洁纪律的行为。

3. 乙方指派的专业人员在履行监督评估职责期间不得与涉案企业及关联企业、个人发生利害关系；在合同关系结束后一年内，不得接受与上述企业、个人相关的业务。

八、违约责任

1. 甲方如未按合同约定向乙方支付服务费，应向乙方支付延迟付款部分的违约金，该违约金以延迟部分服务费金额为基数，按每日万分之四的标准计算。

2. 由于乙方原因未按照合同约定的进度提交有关成果，则应按服务费总额为基数，按延迟时间每日以万分之四计收违约金，从服务费余款中扣除。

3. 乙方违反本合同其他条款之约定应承担相应责任；如因乙方的违约行为或者其他行为损害了涉案企业合法权益的，应赔偿涉案企业经济损失。

九、合同终止及解除

1. 服务期满或乙方完成全部的服务事项，本合同自然终止；

2. 经甲、乙双方协商一致，可以提前终止合同；

3. 乙方无正当理由不得提前解除本合同，如未经协商一致擅自解除或以自己的行为实际解除的，乙方需返还全部服务费用。如因身体健康等原因需提前终止合同的，需提前一个月以书面形式通知甲方。

十、因履行本合同发生的纠纷，甲乙双方应协商解决，协商不成的，可向张家港市人民法院提起诉讼。

十一、以上合同一式二份，甲、乙双方各执一份，双方签字或盖章后生效。

甲方（企业合规监管委员会）：　　　　乙方 1：

签字（章）：　　　　　　　　　　　　签字（章）：

　　　　　　　　　　　　　　　　　　乙方 2：

　　　　　　　　　　　　　　　　　　签字（章）：

签订日期：　年　月　日　　　　　　签订日期：　年　月　日

第六节　多重监督

一、人大监督

为深化落实《指导意见》、张家港市《关于推进企业合规建设工作的意见（试行）》，张家港市检察院积极向市人大常委会报告开展企业合规改革试点工作的整体情况，主动提请人大对相关工作进行监督。2022年3月22日，张家港市十五届人大常委会第二次会议审议通过了《关于推进全市企业合规建设工作的决定》（以下简称《决定》，见第146页附件33）、《张家港市企业合规建设工作实施办法》（以下简称《办法》，见第148页附件34），在全国范围内率先将企业合规建设工作纳入人大常态化监督范畴。

《决定》明确工作制度和监督制约机制。《办法》规定市企业合规监管委员会应建立工作报告和联席会议两种基本制度，明确时间要求和重点内容，同时明确市人大常委会可对企业合规建设工作依法监督，以推动工作、督促履职。

二、巡回检查小组监督

根据《指导意见》相关要求，张家港市企业合规监管委员会制定《巡回检查工作办法（试行）》（见第152页附件35），建立巡回检查机制，加强对第三方监督评估工作的外部监督。

明确选任方式，组建巡回成员库。规定巡回检查的成员选任、培训、考核、管理以及组织实施等具体工作流程。目前，张家港市检察院经审核，选任人大代表、政协委员以及退休的法官、检察官、行政机关人员14人，作为第一批入库成员。

明确运行规则，规范巡回流程。规定对第三方监督评估工作进行监督的流程包括程序启动、智能抽取组建巡回检查小组、准备工作、监督方法和要求以及处理结果等。建议规定随机抽取成立第三方组织的同时成立巡回检查小组（见第156页附件36）。巡回检查的次数可以结合企业合规建设的复杂程度、监督考察的期限等情况综合确定，一般不少于2次。巡回检查的时间可以根据企业合规整改的进度确定。如张家港某贸易公司通过合规促进“挂案”清理案例中，巡回检查小组完成检查2次，全程参与合规验收。

明确巡回方式，强化监督刚性。规定巡回检查小组可以通过调阅、复制合规材料，查看第三方组织工作台账，实地走访企业、座谈、问卷等方式对第三方组织的工作进行监督。巡回检查工作中发现第三方组织成员存在违反义务性规定的问题，应当记录在案，并向企业合规监管委员会报告（见第157页附件37、第158页附件38）。企业合规监管委员会进行调查核实后，根据巡回检查发现问题的严重程度，采取口头纠正、更换成员、免除资格、追究责任等方式作出处理。

三、检察机关监督

在企业合规改革试点工作中，检察机关应以“监管者”的地位，对合规监督考察的全流程起到指导、监督的作用。《指导意见》也明确了检察机关的监督职责。

严格把关资质。在启动合规监督考察时，检察机关应当对第三方组织专业人员的资质进行审核把关。一方面，注意审查专业能力，保证第三方组织人员专业能力突出、机构管理规范、执业信誉良好；另一方面，对利益回避事由进行审查，保证监管考察的客观公正性，与企业有利害关系的人员应及时排除在外。

设置程序保障。保障企业的控告权利，在对企业适用合规监督考察时，检察机关应向涉案企业送达权利义务告知书，告知涉案企业、人员，如第三方组织成员有违法或者不当行为的，可以向检察机关控告、举报。要求第三方组织人员签署保证书，第三方组织成员保证自己在履职过程中遵守保密要求，公正客观执法，不得乱收费、干扰企业正常经营等，否则将承担相应后果。此外，将对第三方组织的廉洁监督作为检察机关飞行检查的必要内容，通过填写问卷、座谈等方式进行检查。加强指导监督。对第三方组织成员行为不当、违反职业操守的，及时向有关主管机关、协会等提出惩戒建议；对涉嫌违纪违法的，及时向纪委监委、公安机关移交线索。

附件：

33. 张家港市人民代表大会常务委员会关于推进全市企业合规建设工作的决定

34. 张家港市人民代表大会常务委员会张家港市企业合规建设工作实施办法

35. 张家港市企业合规监管委员会巡回检查工作办法（试行）

36. 张家港市企业合规监管委员会关于成立涉案企业巡回检查小组的决定

37. 巡回检查工作记录表

38. 巡回检查问卷调查表

附件 33

张家港市人民代表大会常务委员会关于推进全市企业合规建设工作的决定

（2022 年 3 月 22 日市十五届人大常委会第二次会议通过）

为深入贯彻习近平法治思想和党中央重大决策部署，扎实落实最高人民检察院、司法部、财政部等九部门《关于建立涉案企业合规第三方监督评估机制的指导意见（试行）》、《苏州市优化营商环境条例》、张家港市《关于推进企业合规建设工作的意见（试行）》，提高全市企业合规建设工作质效，助力法治化营商环境建设，服务保障经济社会高质量发展，市十五届人大常委会第二次会议决定：

市企业合规监管委员会应当坚持严格依法、政府支持、企业自愿、积极稳妥的原则，立足我市实际，严格落实第三方监督评估机制，探索完善企业合规建设相关制度，统筹协调推进全市企业合规建设工作，着力优化法治化营商环境，促进企业依法健康发展。市企业合规监管委员会成员单位应当发挥对企指导、监督的主体作用，加强与市企业合规监管委员会的沟通与协调，健全完善合规宣传、人员遴选、标准制定、分级评定、政策激励等工作制度，共同推进企业合规工作发展。

市人民检察院应当认真履行检察监督职能，牵头推进企业合规改革试点工作，进一步落实各项改革试点任务，依法用好第三方监督评估结果，探索督促涉案企业合规管理“张家港路径”。

监察机关、审判机关、侦查机关、行政执法机关等在办理涉企案件时，应对通过合规考察的企业，在适用强制措施及量刑、行政处罚等方面予以正面评价和从宽考量。

全市各企业应高度重视合规工作，主动接受市企业合规监管委员会及其成员单位的指导，积极开展合规建设，建立行之有效的合规体系，防范法律风险，持续健康发展。

企业合规建设工作应当自觉接受党委领导和人大监督，强化工作报告制度和联席会议制度，保护各类市场主体，维护国家利益和社会公共利益，助力推进全市社会治理体系和治理能力现代化，为书写港城现代化建设新答卷作出积极贡献。

附件34

张家港市人民代表大会常务委员会
张家港市企业合规建设工作实施办法

（2022年3月22日市十五届人大常委会第二次会议通过）

第一条　为深入贯彻习近平法治思想和党中央重大决策部署，落实最高人民检察院、司法部、财政部等九部门《关于建立涉案企业合规第三方监督评估机制的指导意见（试行）》（以下简称《指导意见》）和《苏州市优化营商环境条例》，提高全市企业合规建设工作质效，根据《中华人民共和国宪法》《中华人民共和国刑法》《中华人民共和国刑事诉讼法》等法律法规及有关文件规定，结合我市实际，制定本办法。

第二条　本办法所称企业合规建设，是指企业建立健全预防、发现、处理企业违法犯罪行为的内部控制机制，主要包括事后企业合规建设（以下简称事后合规建设）和事前企业合规建设（以下简称事前合规建设）两大类。事后合规建设，主要针对涉案企业，是指涉及刑事犯罪、公益诉讼、行政违法等案件的企业开展合规建设；事前合规建设，主要针对正常经营的非涉案企业，是指非涉案企业开展合规建设，包括国内法律风险、涉外法律风险等领域。

第三条　开展企业合规建设应坚持严格依法、政府支持、企业自愿、积极稳妥的原则。事后合规建设应严格落实最高人民检察院等九部门《指导意见》、我市《关于推进企业合规建设工作的意见（试行）》等规定要求，准确把握适用条件；事前合规建设原则上不设其他条件，鼓励正常经营的各类企业自主自愿开展相关工作。

第四条　推进企业合规建设，应充分发挥第三方监督评估机制（以下简称第三方机制）作用，完善业务培训、定期考核、巡回检查、奖励激励、调整替换、经费保障等措施，积极为第三方监督评估专业人员履职创造条件，提高对企业合规建设有效性考察评估的科学性、公正性。

第五条　企业合规第三方监督评估专业人员，是指作为独立的第三方，参与企业合规有效性审查、对企业合规进行分级评定等程序的个人或者专业机构，包括但不限于具备专业合规监管经验的行政机关骨干、律师、注册会计师、税务师（注册税务师）、企业合规师、相关领域专家学者以及有关行业协会、商会、机构、社会团体的专业人员。企业合规第三方监督评估专业人员，由市企业合规监管委员会选任确定，组成专业人员名录库。

第六条　市企业合规监管委员会应发挥牵头作用，深入开展涉案企业合规改革试点，积极探索非涉案企业、涉外法律风险等领域合规建设，认真做好第三方监督评估专业人员遴选、培训、管理，建立健全企业合规有效性审查、分级评定等制度机制，统筹推进全市企业合规建设工作。

第七条　市企业合规监管委员会成员单位应充分发挥各自职能优势，加强日常沟通协调，做到分工负责、相互配合。

（一）涉及全市企业合规建设总体安排、企业合规改革试点、涉刑事、公益诉讼案件企业事后合规建设、涉外法律风险合规试点等方面的工作由市检察院牵头负责；

（二）涉及第三方机制日常工作、非涉案企业事前合规建设、企业合规政策宣传服务、专项经费管理保障等方面的工作由市工商联牵头负责；

（三）涉及行政案件企业合规探索、行政合规指导清单、社区矫正阶段企业合规建设等方面的工作由市司法局牵头负责；

（四）市企业合规监管委员会其他成员单位应明确专人负责，结合各自职能积极做好宣传引导、专业人员遴选、合规考察标准制定、指导清单拟制、分级评定、政策激励等相关配合工作。

第八条　市检察院办理涉企案件时，应审查是否符合相关条件，听取涉案企业、人员的意见以及监委、公安等部门建议，对符合相关条件、决定开展企业合规建设的，应向市企业合规监管委员会发函商请启动第三方机制。

第九条　市企业合规监管委员会收到商请函后，应在10个工作日内，根据相关要求从专业人员名录库中随机抽取组建对应案件的第三方监督评估组织（以下简称第三方组织），并完成对外公示、向市检察院备案等工作。市检察院发现组成人员明显不适当情形的，应及时提出意见建议，市企业合规监管委员会应及时调查核实并视情作出调整。

第十条　第三方组织专业人员确定后，市企业合规监管委员会应及时安排开展相关工作，督促履行职责、义务；市检察院应围绕企业合规领域、监督考察期限、监督考察方式等，加强与第三方组织的沟通协调，推动涉案企业实质化整改、合规建设真实有效。

第十一条　涉案企业开展合规建设，应作出书面合规建设承诺，深入排查生产经营过程中的法律风险，制定专项合规计划并落实执行；应积极配合第三方组织监督评估，定期通报合规建设进展情况，提交相关资料，开放必要场所，为科学、公正考察提供便利。

第十二条　非涉案企业主动承诺开展企业合规建设的，可直接向市企业合规监管委员会递交试点申请，或经相关管理服务行政机关转交，由市企业合规监管委员会统一汇总反馈、给予指导帮助，并列入全市事前合规建设推进计划。

第十三条　非涉案企业合规建设完成后，可向市企业合规监管委员会递交验收申请，并提供相关证明材料。市企业合规监管委员会应参照涉案企业第三方机制相关做法，抽取组建第三方组织对企业合规建设过程进行评估验收。

第十四条　非涉案企业合规建设评估验收完成后，市企业合规监管委员会根据市《企业合规分级评定办法（试行）》，对企业合规建设情况进行综合评定，给予优质、良好、达标等不同等级评定并予以授牌。

第十五条　第三方组织完成监督评估后应作出合规考察书面报告，市企业合规监管委员会应及时审查。

（一）属于事后合规建设的，考察结果作为市检察院作出批准或者不批准逮捕、起诉或者不起诉以及是否变更强制措施等决定，提出量刑建议或者检察建议、检察意见的重要参考；对通过考察的依法给予正面评价、从宽考量。

（二）属于事前合规建设的，考察结果作为市企业合规监管委员会开展分级评定的主要依据，对达标以上企业，成员单位应予以正面评价，落实相关政策激励清单。

第十六条　监察、公安等部门办理涉企案件时，认为涉案企业符合企业合规改革试点以及第三方机制适用条件，可邀请市检察院提前介入案件，听取相关意见建议，参照本办法第八、第九、第十、第十五条规定开展相关探索，对通过企业合规考察的，在社会危险性方面予以正面评价，依法采取非羁押性的强制措施等。

法院审理涉企案件时，对通过企业合规考察的，结合市检察院量刑建议，在定罪量刑、缓刑适用等方面依法予以从宽考量。

第十七条　行政执法部门办理涉企行政违法案件时，认为涉案的企业符合企业合规改革试点以及第三方机制适用精神的，可参照涉刑事案件事后合规建设相关做法，探索对通过合规考察的在行政处罚上依法予以从宽考量。

第十八条　市企业合规监管委员会应建立工作报告制度，定期向市人大常委会报告工作推进、部门履职、问题困难等方面情况；建立联席会议制度，研究重点问题、协调具体事项、制定专项措施，以联席会议形式推动有效履职尽责。

原则上工作报告每年一次、联席会议每半年召开一次，也可根据工作需要临时组织。

第十九条　市人大常委会依法对企业合规建设工作进行监督，可就人大代表提出意见、建议等交市企业合规监管委员会监督办理，办理情况应及时报告市人大常委会。

第二十条　本办法自公布之日起实施。

附件 35

张家港市企业合规监管委员会巡回检查工作办法（试行）

为深入贯彻落实最高检等九部门《关于建立涉案企业合规第三方监督评估机制的指导意见（试行）》，进一步加强对第三方监督评估组织（以下简称第三方组织）履职的外部监督，确保依法公正履行监管职能，结合我市实际，制定本办法。

第一章　总则

第一条【制度定义】 企业合规监管委员会对第三方组织的履职实行巡回检查，保障第三方监督评估机制（以下简称第三方机制）良性运行。

第二条【选任工作】 企业合规监管委员会负责巡回检查小组成员的选任、培训和考核等管理工作。

市检察院具体负责巡回检查小组成员库组建、巡回检查小组运行等事项。

第三条【组建成员库】 企业合规监管委员会应当组建巡回检查小组成员库，吸纳退休的法官、检察官、行政机关人员，人大代表、政协委员以及会计审计等相关领域的专家学者加入。

第二章　巡回检查小组成员库的建立

第四条【选任条件】 巡回检查小组成员应当具备以下条件：

（一）拥护中华人民共和国宪法；

（二）品行良好，公道正派；

（三）年满二十三周岁；

（四）身体健康；

（五）大专以上文化程度。

第五条【排除条件】 下列人员不得担任巡回检查小组成员：

（一）与涉案企业或第三方组织成员有实际利益冲突的；

（二）受过刑事处罚或者正在受到刑事追究的；

（三）因违纪违法被辞退或者开除公职的；

（四）具有人民法院被执行人失信记录或者人民检察院行贿犯罪档案记录的；

（五）有其他违纪违法行为，造成不良影响的。

第六条【公开选任】 选任巡回检查小组，应当以组织推荐和个人自荐相结合的方式进行，向社会公告名额、条件、选任程序、报名方式、报名时间、投诉举报方式等相关事项。

第七条【资格审查】 企业合规监管委员会应根据选任方案对报名材料进行审查，可采取实地走访、组织面谈等多种形式确定巡回检查小组成员库人选。

第八条【结果公示】 巡回检查小组成员库应当向社会公示，公示时间不少于五个工作日。对人选存在异议的，应当进行调查核实。

巡回检查小组成员库人选经过公示后，由企业合规监管委员会作出选任决定并向社会公布名单。

第九条【免除资格】 巡回检查小组成员在任期内出现本办法第五条及其他应当免职情形的，由企业合规监管委员会免除其资格。巡回检查小组成员不愿意继续履行职务或者由于健康原因不宜继续履行职务的，可以辞去职务。

巡回检查小组人员缺额或者人数难以满足工作需要的，可按照本办法的规定组织补选或增选。

第三章 巡回检查小组的运行

第十条【程序启动】 检察机关办理涉企犯罪案件，认为符合企业合规试点以及第三方机制的适用条件，商请企业合规监管委员会启动第三方机制并成立第三方组织的，可以同步商请成立巡回检查小组。

巡回检查小组履职期限与涉案企业监督考察期限一致。

第十一条【成立巡回小组】 企业合规监管委员会应当根据案件具体情况以及合规计划类型等，从企业合规巡回检查小组成员库中随机抽取人员组成巡回检查小组，并向社会公示。

巡回检查小组一般由2—3人组成，一次开展监督工作不得少于2人。

第十二条【工作职责】 巡回检查小组的工作职责包括：

（一）了解第三方组织按照有关规定对企业合规建设情况进行考察、评估的情况，重点是对涉案企业合规计划履行情况进行检查和评估的情况；

（二）了解涉案企业合规计划的完成情况；

（三）调查核实第三方组织是否存在违反义务性规定的情况。

第十三条【监督要求】 巡回检查小组可以开展不预先告知的现场抽查和跟踪监督。

巡回检查的次数可以结合涉案企业合规整改的复杂程度、监督考察的期限等情况综合确定，一般不少于2次。巡回检查的时间可以根据涉案企业合规计划的进度确定。

第十四条【准备工作】 开展巡回检查应当做好以下准备工作：

（一）确定工作目标和重点，拟定巡回检查工作的具体步骤；

（二）指定巡回检查小组负责人，确定分工和职责；

（三）进行巡回检查业务培训；

（四）商请涉案企业和第三方组织确定巡回检查工作联络人。

第十五条【监督方法】 巡回检查可以采取以下工作方法：

（一）调阅、复制有关合规材料、台账资料等；

（二）查阅第三方组织工作台账；

（三）实地查看企业合规建设情况；

（四）与企业相关人员座谈，询问第三方组织履职情况；

（五）开展问卷调查；

（六）需要采取的其他工作方法和措施。

第十六条【工作要求】 巡回检查应当制作检查记录，记载巡回检查工作情况。

巡回检查小组发现第三方组织履职不当的行为应当及时向企业合规监管委员会和检察机关报告。

第十七条【处理结果】 针对巡回检查发现的问题，企业合规监管委员会进行调查核实后，应当根据情况作出以下处理：

（一）发现轻微违规情况、履职不尽责、工作漏洞等问题，应当向第三方组织提出口头纠正意见，并记录在案；

（二）发现严重违反第三方机制专业人员义务性规定的，应当中止监督考察程序，调整、更换第三方组织成员，对严重违规、违法犯罪的按照有关规定作出处理。

发现第三方组织中的行政机关工作人员涉嫌职务犯罪线索的，应当依法移送监察委员会处理。

第十八条【责任追究】 巡回检查小组成员在工作中，对第三方组织中专业人员存在的严重违法、犯罪问题应当发现而未发现的，应当依据规定追究有关人员失职的责任。

第十九条【程序终止】 企业合规监管委员会宣告解散第三方组织后，巡回检查小组自动解散。

第四章 巡回检查小组履职保障

第二十条【接受监督】 巡回检查工作开展情况，应当以适当方式向社会公开，接受人民群众的监督。

第二十一条【业务保障】 优化巡回检查队伍结构，加强分类培训和专题培训，强化巡回检查人员的政治素质、业务素质和职业道德素质，提高巡回检查人员的履职能力和水平。

第二十二条【经费保障】 巡回检查小组开展工作所需经费与

物资设施由合规专项资金进行保障。

第五章　附则

第二十三条【解释及施行】本办法由企业合规监管委员会负责解释，自发布之日起施行。

附：巡回检查小组成员库名单

序号	姓名	工作职务	其他职务
1	朱田中	张家港保税区灿勤科技有限公司	市政协十二届委员
2	宋　虎	张家港天达工具有限公司	市政协十二届委员
3	曹立斌	江苏国泰新点软件股份有限公司	市政协十二届委员
4	支海波	张家港中天精密模塑有限公司	市人大十四届代表
5	马德明	退休法官	
6	黄伍保	退休法官	
7	华锡鸣	退休法官	
8	陈建芳	退休法官	
9	季雪忠	退休法官	
10	钱建军	退休检察人员	
11	周跃建	退休检察人员	
12	戴　跃	退休检察人员	
13	戴伟强	退休检察人员	
14	陶国良	退休检察人员	

（注：本办法自2021年6月10日发布施行，根据2021年6月3日《指导意见》，2021年11月22日九部门《〈指导意见〉实施细则》《选任管理办法》等规定进行修正）

附件36

张家港市企业合规监管委员会
关于成立涉案企业巡回检查小组的决定

根据最高人民检察院等九部门《关于建立涉案企业合规第三方监督评估机制的指导意见（试行）》以及张家港市人民检察院

《关于开展企业合规改革试点工作的实施细则（试行）》等有关规定，张家港市企业合规监管委员会于＊年＊月＊日决定对涉案企业＊＊＊启动第三方监督评估机制，并成立了涉案企业＊＊＊第三方监督评估组织，为加强对第三方监督评估组织履职监督，现决定成立涉案企业＊＊＊巡回检查小组，通过第三方监督评估智能管理平台随机抽取产生涉案企业＊＊＊巡回检查小组成员名单，经公示，现宣告成立。

张家港市企业合规监管委员会

年　　月　　日

附：涉案企业＊＊＊巡回检查小组成员名单（略）

附件 37

巡回检查工作记录表

<table>
<tr><td>检查人员</td><td></td><td>检查时间</td><td></td></tr>
<tr><td>企业名称</td><td></td><td>企业类型</td><td></td></tr>
<tr><td colspan="4">考察形式：□举行会谈　□查阅资料　□实地调研
□问卷调查　□听取意见　□其他________</td></tr>
<tr><td>检查目的</td><td colspan="3"></td></tr>
<tr><td>检查内容</td><td colspan="3"></td></tr>
<tr><td>意见建议</td><td colspan="3"></td></tr>
</table>

可另附页。

附件38

巡回检查问卷调查表

填表日期：　　年　　月　　日

填表人		联系方式	
案件名			
涉案企业			
违法违纪情形	第三方小组专业人员应当遵纪守法、勤勉尽责、客观中立，任何干扰独立公正的行为，都是违法犯罪。 如你遇到过以下情形，请打“√”。		
	1. 声称可以花钱摆平案件，可以控制案件处理结果		
	2. 向与案件无关人员泄露案情		
	3. 提前告诉你案件处理结果		
	4. 向你推荐合规律师		
	5. 索取、收受贿赂或非法侵占企业财物		
	6. 干扰企业正常生产经营活动		
	7. 其他可能影响独立公正履职的情形		
反馈意见			

监督电话：****，邮寄地址：****

第四章
侦查环节的合规裁量

第一节 合规 + 侦查协作

一、可行性分析

为贯彻落实中共中央《关于加强新时代检察机关法律监督工作的意见》和中共中央《关于加强新时代公安工作的意见》，最高检、公安部联合印发了《关于健全完善侦查监督与协作配合机制的意见》，要求人民检察院、公安机关在刑事诉讼过程中，应当坚持分工负责、互相配合、互相制约，以保证准确有效执行法律。检察机关启动涉案企业合规监督考察的难点在于监督考察实质化与办案期限有限之间存在矛盾，将企业合规监督考察工作前移至侦查环节，通过检察机关、侦查机关协同推进涉案企业合规监督考察，有利于解决改革难点问题。

二、实践探索

2022 年 1 月以来，张家港市检察院依托侦查监督与协作配合办公室，加强与公安机关的沟通会商，将“合规护企”工作向侦查阶段前移，与公安机关联合探索在侦查阶段启动涉案企业合规第三方监督评估工作，并建立合作机制（见第 163 页附件 39），明确侦查阶段开展涉案企业合规的适用范围、适用条件、工作原则、启动程序、案件移送、结果运用等关键环节，并以流程图方式清晰展示侦查阶段合规案件办理程序、职责分工、衔接机制、文书制作等重点内容，由检察机关、公安机关联合，指导具体工作开展，为侦查阶段涉案企业合规工作规范化开展提供了有力的制度依据和机制保障。

三、典型案例

张家港市某汽车零部件有限公司及陈某某等人污染环境案

【基本案情】

2019年至2021年期间，犯罪嫌疑人陈某某多次安排项某某、黄某某等人将张家港市某汽车零部件有限公司酸洗车间内的酸洗、磷化后的清洗废水，通过车间内雨水窨井偷排至车间外河道内，后被生态环境部门查获。

【监督考察过程】

张家港市检察院与张家港市公安局召开侦查监督与协作配合办公室第三次联席会议，张家港市公安局移送张家港市某汽车零部件有限公司、陈某某等人污染环境一案拟启动企业合规监督考察线索。检察机关经调查评估，认为符合在侦查阶段开展企业合规适用条件。侦查机关、检察机关共同商请企业合规监管委员会启动第三方机制，并组建第三方组织开展为期3个月的合规监督考察工作。监督考察期届满，该公司通过第三方组织验收。侦查机关将案件移送检察机关起诉时，将合规监督考察报告、涉案企业合规计划、定期书面报告等合规材料随案卷材料一并移送检察机关，并提出从宽处理建议。

附件：

39. 张家港市企业合规监管委员会关于侦查阶段开展涉案企业合规工作的意见（试行）

附件 39

张家港市企业合规监管委员会关于侦查阶段开展涉案企业合规工作的意见（试行）

为深入推进企业合规改革试点工作，构建诉侦衔接、多方合作工作格局，实现对企业犯罪的有效治理，根据《中华人民共和国刑事诉讼法》以及最高检、公安部《关于健全完善侦查监督与协作配合机制的意见》，最高检等九部门《关于建立涉案企业合规第三方监督评估机制的指导意见（试行）》等规定，结合我市工作实际，制定本意见。

第一条【适用范围】 侦查阶段涉案企业合规工作机制适用于侦查机关办理的公司、企业等市场主体在生产经营活动中涉及的经济犯罪、职务犯罪等案件，既包括公司、企业等实施的单位犯罪案件，也包括公司、企业实际控制人、经营管理人员、关键技术人员等实施的与生产经营活动密切相关的犯罪案件。

公司、企业范围包括各类市场主体，主要是指涉案企业以及与涉案企业相关联企业，包括但不限于国企民企、内资外资、大中小微企业。

第二条【适用条件】 同时符合以下条件且检察机关认为确有必要的，可以在侦查阶段开展企业合规：

（一）涉案企业、个人认罪认罚；

（二）涉案企业能够正常生产经营且主动申请开展合规；

（三）涉案企业、个人对已查明或确定的犯罪所得及行政性罚款、规费等已退赔（追缴）、缴纳到位；

（四）侦查机关对于涉案企业开展合规没有异议；

（五）侦查机关拟将案件移送审查起诉。

第三条【不适用情形】 涉案企业、人员具有下列情形之一

的，不适用本意见：

（一）个人为进行违法犯罪活动而设立公司、企业的；

（二）公司、企业设立后以实施犯罪为主要活动的；

（三）公司、企业人员盗用单位名义实施犯罪的；

（四）涉嫌危害国家安全犯罪、恐怖活动犯罪的；

（五）其他不适合开展合规的情形。

第四条【检察主导】 在侦查阶段开展企业合规，应坚持检察机关主导，对企业合规计划的制定、执行、监督、评估等活动实施全程监督。

第五条【引导调查】 检察机关依职权或者应邀请介入相关案件侦查时，可以引导侦查机关对企业概况、经营情况、合规风险等方面进行调查，并形成调查报告。

第六条【听取意见】 经调查评估认为符合在侦查阶段开展企业合规适用条件的，侦查机关应当听取涉案企业、个人及其辩护人、被害人及其法定代理人等相关人员的意见，并制作笔录附卷。

第七条【启动程序】 检察机关拟在侦查阶段启动企业合规的，应由检察长决定，并逐级层报省检察院同意。

第八条【第三方监督评估组织组建】 侦查机关、检察机关共同商请企业合规监管委员会启动第三方机制的，企业合规监管委员会根据案件具体情况以及涉案企业类型，从第三方监督评估组织人员名录库中分类随机抽取人员组成第三方监督评估组织，名单同步报送侦查机关、检察机关备案。

侦查机关、检察机关、涉案企业及个人等相关单位、人员对选任的第三方监督评估组织成员提出异议的，企业合规监管委员会应当调查核实并视情作出是否调整的决定。

第九条【监督考察期限】 第三方监督评估组织根据案件具体情况和涉案企业承诺履行的期限，确定合规考察期限。

企业合规考察期限一般不少于三个月、不超过二年，从确定合规考察期限之日起计算。

第十条【强制措施】 对涉案企业开展合规考察的，原则上不采取逮捕的强制措施，已经逮捕的应当及时开展羁押必要性审查，依法予以变更或者建议变更。

第十一条【财产处置】 对涉案企业开展合规考察的，在保证诉讼顺利进行、相关行政刑事处罚措施可以执行的条件下，对已查封、扣押、冻结的企业设备、资金和技术资料等，应当解除查封、扣押、冻结。

第十二条【案件移送】 涉案企业在侦查阶段开展企业合规的，侦查机关应当及时向检察机关提供阶段性的合规情况报告。侦查机关将案件移送检察机关审查起诉时，应当将合规监督考察报告、涉案企业合规计划、定期书面报告等合规材料随案卷材料一并移送检察机关。

第十三条【结果运用】 涉案企业及人员在考察期内履行完毕合规计划，没有违反监督考察要求，经考察期满并评估合格的，侦查机关应在依法对其作出不采取强制措施、采取非羁押强制措施、不提请逮捕、变更强制措施等决定后三日内向检察机关备案，检察机关进行监督。侦查机关向检察机关移送起诉时提出从宽处理建议的，检察机关应将合规整改情况作为检察决定的重要参考。

第十四条【联络员机制】 检察机关、侦查机关各设置联络员，在合规推进、会商督办、信息共享等方面协作配合。

第十五条【联席会议机制】 检察机关、侦查机关根据工作需要召开联席会议，针对涉企疑难复杂案件、挂案以及存在挂案隐患的案件等进行会商研究，推动涉企犯罪案件的高效办理。

涉案企业合规监督考察具体工作要求可参照张家港市人民检察院《关于开展企业合规改革试点工作的实施细则（试行）》。

本意见自发布之日起施行。

第二节　合规＋挂案清理

一、可行性分析

“挂案”是指一些处在刑事诉讼进程中，既不了结又不向前推进、久拖不决的案件。这种案件的存在，不仅有损法律的权威性，也会影响企业的正常经营活动。中共中央《关于加强新时代检察机关法律监督工作的意见》要求检察机关及时发现和纠正应当立案而不立案、不应当立案而立案、长期“挂案”等违法情形，坚决防止和纠正以刑事手段插手民事纠纷、经济纠纷。在“挂案”清理过程中，企业合规改革试点为一些取证困难、可撤可不撤等情形案件的及时清理提供了途径。

二、实践探索

针对一些涉企案件久拖不决的情况，2021 年 5 月，张家港市检察院启动对于公安机关立案后没有采取强制措施满两年、解除或撤销强制措施后满一年的“挂案”的逐案调卷审查工作，从中排查出 18 件涉企“挂案”，依法监督公安机关撤案 8 件，启动合规考察程序 1 件，其余案件全部引导侦查取证或者建议终止侦查，有效解除了企业或者其责任人员长期陷入刑事追诉状态的困扰，帮助涉案企业放下包袱，轻装前进。

在此基础上，张家港市检察院与张家港市公安局进一步建立了“挂案”清理长效机制：双方各自确立一名干警作为联络员，对尚未进入检察环节的涉企案件交换信息和意见；以介入侦查的方式，开展涉企案件个案会商；对于符合企业合规改革试点条件的案件，积极引导涉案企业开展合规建设，引入第三方组织进行监督评估，规范推进合规监督考察和“挂案”清理工作。

三、典型案例

张家港市S贸易公司及雎某某销售假冒注册商标的商品案

【基本案情】

2018年11月，张家港市市场监督管理局在对张家港S贸易公司（以下简称S公司）进行检查时，发现该公司疑似销售假冒某著名商标的轴承，并在其门店及仓库内查获标注该商标的各种型号轴承27829个，金额共计68万余元。2018年12月，张家港市市场监督管理局将该案移送至张家港市公安局。2019年2月，该商标所有人出具书面的鉴别报告，认为所查获的标有该商标的轴承产品均为侵犯其商标专用权的产品。2019年2月15日，张家港市公安局对该公司及法定代表人雎某某以涉嫌销售假冒注册商标的商品罪立案侦查。

【监督考察过程】

积极介入侦查。2021年5月初，张家港市检察院在“挂案”清理中发现该案，随即派员介入听取案件情况。梳理在案证据，本案侦查工作的主要情况如下：第一，雎某某辩称涉案的商品部分是从山东一旧货调剂市场打包购买，部分是从广州H公司、上海J公司购买，认为自己购进的都应该是正品。第二，公安机关经与广州H公司、上海J公司核实，上海J公司系授权的一级代理商，主要经营某品牌商品。广州H公司从上海J公司进购某品牌商品后进行销售，曾3次通过上海J公司直接发货给S公司，共计54万元。同时，公安机关对山东的旧货调剂市场进行了现场调查，发现该市场确实是二手交易市场，无法追溯货品源头。第三，商标所有人出具书面鉴别报告时，未对查获的商品及包装的真伪进行现场勘查，仅根据清点明细材料出具了鉴别说明和比对示例，且不愿再重新鉴定。此外，该案立案距今超过两年，已属“挂案”状态。

及时启动社会调查。检察机关向S公司、雎某某告知企业合规相关政策后，该公司分别向检察机关、公安机关递交了《提请开展合规监督考察的申请书》。随后办案检察官走访企业和市场监督管理局、税务局等行政部门，实地查看公司经营现状、指导填写合规承诺、撰写调查报告。走访调查了解到，该公司系已实际经营六年的小微民营企业，因涉嫌犯罪被立案，一定程度上影响经营，资金周转困难，公司面临危机。该公司规章制度不健全，内部管理不完善，尤其是企业采购程序不规范，对供货商资质和货品来源审查不严，单据留存不全，还曾因接受虚开的增值税发票被税务机关行政处罚。检察机关经综合考虑，鉴于S公司有整改行为和较强的合规愿望，认为可以开展合规监督考察。

深入会商达成共识。检察机关认为，该案证明S公司及睢某某犯罪故意的证据不确实、不充分，公安机关也难以再查明商品及包装的来源是否合法，案件久拖不决已处于“挂案”状态，亟待清理。检察机关与公安机关共同分析了相关情况，并就该案下一步处理进行会商，双方就企业合规、“挂案”清理工作达成共识。公安机关明确表示，如该公司通过企业合规监督考察时还没有新的证据进展，将作出撤案处理。

扎实推进合规考察。经向上级检察机关请示并向张家港市企业合规监管委员会报告后，张家港市检察院联合公安机关对S公司启动合规监督考察程序，确定6个月的整改考察期。同时，张家港市企业合规监管委员会从第三方机制专业人员名录库中随机抽取组建第三方组织，跟踪S公司整改、评估合规计划落实情况。按照合规计划，S公司梳理企业风险点，制定《财务管理合规建设制度》《发票制发流程》《货物销售采购流程》等内部制度，并形成规范的公司合同模板。在税务方面，公司从以往直接与代账会计单线联系，转变为与会计所在单位签订合同，对财务人员应尽责任、单位管理职责进行书面约定。在知识产权方面，公司明确供货商应提供品牌授权证明并备案，每笔发货都注明产品明细，做到采购来路明晰、底数清晰。合规整改期间，检察机关会同第三方组织，每月通过座谈会议、电话联系、查阅资料、实地检查等方式，特别是通过“不打招呼”的随机方式，检查企业合规建设情况。同时，检察机关还向公安机关通报企业合规建设进展情况，邀请参与合规检查，并认真吸收公安机关对合规制度完善提出的意见。2021 年 8 月 5 日，鉴于该公司员工数少、业务单一、合规建设相对简易的情况，第三方组织提出缩短合规监督考察期限的建议。检察机关听取市场监督管理部门、税务部门意见后，决定将合规监督考察期限缩短至 3 个月。2021 年 8 月 16 日至 18 日，第三方组织对该公司合规有效性进行评估，出具了合规建设合格有效的评估报告。

参考考察结果作出处理。2021 年 8 月 20 日，张家港市检察院组织公开听证，综合考虑企业合规整改效果，就是否建议公安机关撤销案件听取意见，听证人员一致同意检察机关制发相关检察建议。当日，检察机关向公安机关发出检察建议，公安机关根据检察建议及时作出撤案处理，并移送市场监督管理部门作行政处罚。检察机关两个月后回访发现，S 公司各项经营已步入正轨，因为合规建设，两家大型企业看中 S 公司合规资质与其建立了长期合作关系，业务预期翻几番，发展势头强劲。

第三节 合规 + 羁押必要性审查

一、可行性分析

羁押是最严厉的刑事强制措施，及时进行羁押必要性审查能避免和减少不当羁押和滥用羁押。2021 年 7 月 1 日起，最高检在全国检察机关组织开展为期 6 个月的羁押必要性审查专项活动，确定对涉民营企业经营类犯罪等三类重点案件开展全流程、全覆盖的羁押必要性审查。同年 8 月 17 日印发的《人民检察院羁押听证办法》中明确规定，涉及企业生产经营等领域，听证审查有利于实现案件办理政治效果、法律效果和社会效果统一的，且有必要当面听取各方意见，以依法准确作出审查决定的，可以进行羁押听证，为企业合规与羁押必要性审查的结合提供了政策依据。推动企业建立合规计划不仅是公司治理的一种方式，更是一种刑法激励机制。检察机关作为法律监督机关，在做好指控犯罪工作的同时，以企业合规为前提条件，降低羁押强制措施的适用，可以对企业和企业负责人产生很大的激励作用，更好助力企业依法合规经营，为经济社会发展提供更优质的检察服务和法律保障。

二、实践探索

张家港市检察院在办理民营企业家在企业生产经营过程中发生的相关案件时，考虑公安机关侦查进度、企业家认罪认罚情况、行为的社会危害性、企业生产经营状况等因素，结合服务保障民营经济健康发展和社会稳定的要求，将合规承诺作为悔罪表现、社会危险性条件的重要参考因素，逐案开展羁押必要性审查，准确把握涉案民营企业家的羁押必要性。在作出建议变更强制措施决定前，检察机关邀请人大代表、政协委员、法学专家以及公安机关、工商联、村（居）委会等方面代表，通过公开听证方式开展羁押必要性审查，通报案情和企业家主动投案、认罪悔罪、承诺开展合规等情况，并从保护民营企业合法权益、服务地方经济社会发展大局等方面阐述变更强制措施建议的意义和作用，主动接受社会监督，化解在事实认定、危险性把握、羁押必要性判断等方面的分歧，增强检察公信力。在企业递交合规承诺后，检察机关及时启动合规监督程序，指导其制定合规计划、聘请专业人员帮助开展合规建设，并定期跟踪了解合规计划执行情况。

三、典型案例

金某某虚开增值税专用发票案

【基本案情】

2017年2月至4月间，金某某在经营张家港市S工厂期间，在没有真实货物交易的情况下，以支付开票费的方式，通过他公司虚开增值税专用发票，价税合计900万余元，其中税额合计100万余元，并向税务机关申报抵扣。案发前，金某某向税务机关补缴了部分税款，并向公安机关投案。

【监督考察过程】

审查逮捕阶段，因虚开数额较大，且国家税款损失尚未完全挽回，张家港市检察院依法对金某某作出批准逮捕决定，并以参与最高检企业合规改革试点为契机，积极向金某某宣传合规政策，引导其所在的S工厂自主开展合规建设。S工厂递交合规承诺后，检察机关及时启动合规监督程序，指导该工厂制定合规计划、聘请专业律师帮助开展合规建设，并定期跟踪了解该工厂合规计划执行情况和案件侦查情况。

为落实平等保护民营企业和少捕慎诉慎押相关要求，张家港市检察院依法开展羁押必要性审查。经调查核实工厂经营状况、个人身体状况、羁押期间表现等情况，并综合考虑公安机关办案证据固定情况、金某某社会危险性以及S工厂合规建设情况等，认为金某某无羁押必要性。作出建议变更强制措施决定前，张家港市检察院邀请人大代表、政协委员、法学专家以及公安机关、工商联、村委会等方面代表进行公开听证，通报了简要案情和金某某主动投案、认罪悔罪、主动补缴税款等情况，详细说明了S工厂开展企业合规建设的相关情况，并从保护民营企业合法权益、服务地方经济社会发展大局等方面阐述了对其变更强制措施建议的意义和作用，得到听证各方普遍认同。

第五章

审查起诉环节的合规裁量

第一节　合规+检察建议[①]

一、可行性分析

检察机关在办理涉企犯罪案件时，不仅要深入查明案件事实，正确适用法律，精准定罪量刑，更为重要的是破除就案办案的思维，突出办案的政治效果、社会效果、法律效果的统一。《人民检察院组织法》第二十一条规定："人民检察院行使本法第二十条规定的法律监督职权，可以进行调查核实，并依法提出抗诉、纠正意见、检察建议。"《人民检察院检察建议工作规定》第二条规定："检察建议是人民检察院依法履行法律监督职责，参与社会治理，维护司法公正，促进依法行政，预防和减少违法犯罪，保护国家利益和社会公共利益，维护个人和组织合法权益，保障法律统一正确实施的重要方式。"检察建议适用方式较为灵活，因此，在检察机关办理涉企犯罪案件中，检察建议可以发挥独特优势。对于经评估认为不符合企业合规改革试点适用条件的企业，可以就其存在的违法犯罪隐患，提出改进工作、完善治理的检察建议；对于符合企业合规改革试点适用条件的小微企业，合规整改较为简单的，也可以通过检察建议前置的方式，由检察官监督企业完成合规整改，节约司法资源。

二、实践探索

张家港市检察院采取制发检察建议的形式，通过合规简易程

① 本节系最高人民检察院2022年度检察理论研究课题"涉案企业合规检察建议研究"的阶段性研究成果。

序[①] 督促个体工商户开展合规整改。个体工商户是市场经济运行的微观基础和国民经济发展的“毛细血管”，是市场主体的重要组成部分。检察办案应当一视同仁、平等保护，督促涉案的个体工商户作出合规承诺并积极整改，促进合规守法经营，预防和减少违法犯罪。同时，涉个体工商户案情相对简单、风险点较为单一、整改难度相对较低，可根据犯罪行为所反映的合规风险，采取制发检察建议、提出整改要求、组织专业验收的方式，开展相对简易的合规考察评估程序，由办案检察官进行监督考察，有需要可以联合行政机关进行验收评估，再视整改情况作出相应处理。

三、典型案例

季某某、孙某某重大责任事故案

【基本案情】

2021 年 3 月，张家港市某建材经营部水稳搅拌机操作工人孙某某违反水稳搅拌机操作规定，在启动设备前未确认搅拌机料仓内无人且未进行打铃示警，致使进行清理作业的李某某卡入搅拌机内受伤，经抢救无效死亡。季某某作为某建材经营部负责人对事故负有管理责任。案发后，李某某近亲属已获补偿并表示谅解。季某某自愿认罪认罚，申请从轻处理。

【监督考察过程】

因涉案建材经营部系个体工商户，从事砂石建筑材料生产，主营业务单一且合规风险识别较易、合规整改的内容较简单，未启动第三方监管机制，采用检察建议的形式，由办案检察官联合应急管理部门执法人员对该建材经营部安全生产合规整改情况进行监督考察。检察机关向该建材经营部送达督促开展安全生产合

① 合规简易程序指的是采用检察建议前置的方式对发案企业提出合规整改建议，整改期满后由检察机关联合相关行政机关对企业合规整改完成情况进行考察评估，检察机关将该评估结果作为案件最终处理的参考。

规整改的检察建议，该经营部第一时间提交了书面合规承诺，自愿接受合规监督考察。合规考察期届满，办案检察官和应急管理部门执法人员到现场进行验收，查看合规整改情况。该建材经营部提交了安全生产合规整改报告，汇报了按照检察建议要求进行合规整改落实的情况。整改落实内容包括：（1）全体员工签署了安全责任承诺书；（2）设计并填录风险排查表，建立了安全风险评估制度；（3）邀请专业人员定期开展安全培训；（4）设计并填录员工违章记录表，建立了安全生产奖惩制度；（5）采购了安全帽、反光背心等安全防护用品；（6）对铲车、水稳等机器设备加装倒车影像或监控设备等。办案检察官和应急管理部门执法人员分别针对隐患定期排查要求、奖惩制度落实及台账完善提出建议。之后，办案检察官与应急管理部门执法人员共同查看了生产车间和设备、向 2 名员工进行调查谈话，核实安全合规整改落实情况。

在现场验收的基础上，办案检察官联合应急管理部门执法人员制作了监督考察报告，作出评估意见认为某建材经营部完成安全生产合规整改，具有实效性，可以通过验收。随后检察机关召开了拟对季某某构成重大责任事故罪作相对不起诉的公开听证会，邀请公安机关办案人员、应急管理部门执法人员、听证员参加，检察官汇报了案情及某建材经营部按照检察建议进行整改的情况，季某某谈了自己的认识，汇报了公司合规整改情况及合规管理制度成效，监督员一致同意对季某某不起诉。后张家港市检察院对季某某宣布不起诉处理决定，对孙某某以重大责任事故罪提起公诉。

第二节　合规 + 认罪认罚从宽

一、可行性分析

认罪认罚从宽制度本质上具有协商性司法的性质，被告方与检察机关达成认罪认罚协议，以认罪认罚、程序简化换取从宽激励。企业合规也属于合作型司法模式，均是诉讼经济的产物，二者在理论基础上具有同源性。“两高三部”《关于适用认罪认罚从宽制度的指导意见》明确“认罪认罚从宽制度没有适用罪名和可能判处刑罚的限定，所有刑事案件都可以适用”，单位犯罪案件当然可以适用。涉案企业主动进行合规整改并接受合规监督考察，是单位认罪认罚的显性体现，可以按照认罪认罚从宽制度在量刑上予以从宽。认罪认罚从宽制度，给合规从轻处理提供了良好的制度保障。目前在立法尚未修改的情况下，合规从宽可以依附于认罪认罚从宽制度，对企业犯罪后主动进行合规整改，经评估通过验收的，给予相应的从轻处罚。

二、实践探索

张家港市检察院充分结合认罪认罚从宽制度，对于认罪认罚且在案发后主动合规的，在认罪认罚的量刑幅度中，对其案后合规的行为进行单独从宽考量，体现区分处理。具体来说，对于案发后进行针对性整改，主动建立健全合规体系，达到合规有效性审查指标要求的涉案企业，给予比一般悔罪更大的从宽幅度，在刑罚评价上体现有事后合规建设优于无事后合规建设，促进企业负责人真诚悔罪，完善企业管理体系，激活企业发展的动力和活力。

三、典型案例

赵某某等人组织他人违章冒险作业案

【基本案情】

2021年3月，张家港某金属公司实际经营人赵某某，明知高压线下禁止违章冒险施工作业，仍将该公司位于高压线下的钢结构翻新加高工程发包给吴某某的施工队，指使吴某某组织工人违章冒险作业，致使工人屠某某在施工时不慎触电死亡。事发后，赵某某主动向公安机关投案并对屠某某的近亲属作出补偿取得谅解。2021 年 11 月，张家港市公安局以赵某某、吴某某涉嫌组织他人违章冒险作业罪移送张家港市检察院起诉。

【监督考察过程】

在案件审查起诉过程中，办案检察官通过实地走访调查，了解到张家港某金属公司吸纳就业 250 人，近两年的纳税额均在 600 万元以上，公司目前正处于关键的扩张期，赵某某的经营能力和工作态度得到公司上下的高度认可，公司领导层包括赵某某本人合规意愿强烈。案发后，赵某某积极筹措资金安抚补偿被害人亲属，其本人自到案后一直真诚悔罪，自愿认罪认罚，并代表公司作出合规承诺。

2021 年 12 月，张家港市检察院根据涉案企业情况、涉案人员情况、可能引发的风险，结合赵某某良好的认罪认罚态度，对该公司作出了具有启动合规监督考察必要性和可行性的评估意见。2022 年 2 月，张家港市检察院决定对该公司启动合规监督考察并适用第三方监管机制。第三方组织审查企业安全生产合规计划并提出修改建议，确定了 3 个月考察期限。2022 年 5 月 18 日，该公司向第三方组织提交了整改报告。同日，张家港市检察院联合第三方组织对该公司合规计划执行情况开展现场检查，并向企业反馈完善意见。2022 年 7 月 4 日，第三方组织按照评估验收方案及有效性审查参考指标，对该公司进行现场验收，邀请 4 名人大代表参加，全程观摩合规验收工作。2022 年 10 月，结合第三方组织考察报告，张家港市检察院经公开听证，将赵某某认罪认罚、其公司建立有效合规体系作为从宽处罚的情节，依法对其作出不起诉处理决定。

第三节 合规 + 相对不起诉

一、可行性分析

《刑事诉讼法》第一百七十七条第二款规定：“对于犯罪情节轻

微，依照刑法规定不需要判处刑罚或者免除刑罚的，人民检察院可以作出不起诉决定。”该条应视为企业犯罪相对不起诉的法源基础。犯罪情节轻微是指依照刑法规定可能判处3年以下有期徒刑的案件，但并不是说所有3年以下有期徒刑的案件均可以适用相对不起诉，各地检察机关可出台更为具体的相对不起诉的适用范围、条件，具体需要由办案检察官个案把握。张家港市检察院将涉案企业合规整改与相对不诉制度紧密融合，建立科学合理的程序流程，依法大胆规范适用相对不起诉权，推动涉案企业加强合规建设。对犯罪情节较轻，但超过当地检察机关制定的相对不起诉适用标准的涉案企业及相关责任人，自愿进行合规整改并通过合规验收的，可以作出相对不起诉处理决定。需要注意的是，企业犯罪不同于自然人犯罪，在进行犯罪情节评价时，更需客观审慎，严格规范流程，把握好适用范围，选择合适的主体进行适用。

二、实践探索

张家港市检察院制定《企业犯罪相对不起诉适用办法（试行）》，审慎选择案件，开展相对不起诉探索，选择认罪认罚且积极退赃退赔的涉企案件，稳妥推进企业合规改革试点。对宣告刑3年以下、企业合规建设评估合格的，依法对企业作出相对不起诉，对直接负责的主管人员和其他直接责任人，视情予以相对不起诉或者从宽处理。在具体程序上，明确调查评估、合规承诺、监督考察、处理决定等四个流程。

三、典型案例

张家港市某制管公司及唐某某等人虚开增值税专用发票案

【基本案情】

2016年1月至11月，张家港市某制管公司及其法定代表人唐某某通过他人虚开增值税专用发票27份，票面金额合计人民币188万余元，用于抵扣税款18万余元。案发后，该公司补缴全部税款。

唐某某主动向公安机关投案，如实供述犯罪事实，自愿认罪认罚。

【监督考察过程】

检察机关全面核实案件事实、证据后，认为张家港市某制管公司、唐某某的行为构成虚开增值税专用发票罪，事实清楚，证据确实、充分，但虚开的税款数额不大，在3年有期徒刑以下量刑，情节较轻，且该公司及时补缴税款，唐某某主动投案自首、认罪认罚。同时发现该公司存在财务管控不严格、危废处理不规范、公司管理不科学等诸多问题，危及自身长远发展和社会公共利益，有必要督促该公司整改并加强合规管理。

检察机关于2020年1月向该公司发出了《检察建议书》，建议该公司在财务制度、危废处理、日常管理等方面加强合规建设，并给该公司3个月整改期限，办案检察官负责监督考察。该公司专门邀请企业合规专业律师担任公司独立合规审查专员，对公司进行合规评测，围绕企业运管、生产经营、财税申报、环保处置、应急管理等五个方面建立完善相关制度20余项。2020年4月8日，该公司向检察机关书面回复整改情况，并附全套合规管理制度材料。随后，检察机关委托税务、环保等部门，对该公司整改及合规计划完成情况进行评估。经评估认为，该公司达到了合规标准。2020年4月27日，检察机关召开公开听证会，听证员一致同意对案件作相对不起诉处理。次日，检察机关依法对张家港市某制管公司及唐某某宣告相对不起诉决定。

第四节　合规＋二元化处理

一、可行性分析

刑法对单位犯罪基本采用的是双罚制。《刑法》第三十一条规定：“单位犯罪的，对单位判处罚金，并对其直接负责的主管人员和其他直接责任人员判处刑罚。”对单位的财产处罚涉及单位集体利益，与单位的存续发展有关。对单位的处罚和对人的处罚虽因同一犯罪行为，但在司法过程中分开处理并无障碍。二元化处理指的就是在单位犯罪案件中，按照独立的标准和条件对个人刑事责任与单位刑事责任进行单独判断。比如在认定相对不起诉中的“犯罪情节轻微”标准上，单位和个人可以有所区别，可以认定单位构成犯罪但予以相对不起诉，而对其直接负责的主管人员和其他直接责任人员予以起诉。

二、实践探索

张家港市检察院在单位犯罪案件办理中，改变以往对单位和责任人（法律规定单罚制的除外）均提起公诉的简单双罚做法，将单位的合规体系建设情况、责任人的合规表现等纳入起诉必要性和量刑的考量情节，予以统一定罪，但进行区别化处罚。具体来说，对涉案企业和企业责任人分别处理。如在企业起诉必要性把握上，经评估建立了有效的合规体系的，可以对企业作出不起诉处理决定，保障企业生产经营活动正常进行。对企业直接责任人员要审查起诉必要性，充分考虑公共利益、犯罪的社会危害和犯罪嫌疑人个人情况等因素，决定是否提起公诉，有起诉必要的，应当提起公诉。同样，如果企业已经濒临破产，经评估没有挽救必要，但是企业责任人掌握多项专利技术，对公共利益有很大贡献，检察机关也可以对企业责任人不起诉，对企业提起公诉。

三、典型案例

张家港某汽车配件公司及孙某某等人虚开增值税专用发票案

【基本案情】

2013 年 3 月至 2016 年 6 月，张家港某汽车配件有限公司总经理金某某（外国籍，另案处理）与该公司主办会计孙某某通过他人虚开货物运输增值税专用发票 25 份，用于该公司抵扣税款 21

万余元。张家港市公安局以该汽配公司、孙某某构成虚开增值税专用发票罪移送起诉。

【监督考察过程】

张家港市检察院在办理该案过程中发现，孙某某和金某某为了单位利益并以单位名义实施虚开增值税专用发票，所得亦归单位所有，该汽配公司构成虚开增值税专用发票单位犯罪。但该公司的法定代表人和股东对孙、金二人的虚开行为均不知情也不支持，孙某某与金某某之所以实施该犯罪行为，是因为二人的奖金收入与该公司的效益挂钩，实施虚开行为最终是为了通过提高公司效益，进而提高个人奖金收入。张家港市检察院考虑到如果对该公司判处刑罚，势必影响公司的发展和信誉，进而影响公司全体股东的利益。结合公司法定代表人积极的合规整改意愿，张家港市检察院启动合规简易程序，向该公司提出检察建议，要求该公司对财务制度、税收申报、人员管理、法治教育等方面进行整改完善。该公司按照检察建议要求逐一进行整改，并将整改结果提交给张家港市检察院作为案件处理参考。后张家港市检察院结合该公司良好的整改态度和整改结果，依法对孙某某提起公诉，对该公司作出不起诉决定。

第五节　合规＋刑行衔接

一、可行性分析

企业合规是一项系统性工程，检察机关在开展企业合规工作中需要行政执法机关的协助和支持。一方面，行政合规和涉案合规本身有着紧密联系。涉企案件所涉经济犯罪罪名多发于行政执法领域，通过建立涉企案件信息互通机制，统一执法、司法理念，有利于共同提高涉案企业合规案件办理的质量和效率。另一方面，刑行衔接可以从总体上优化企业合规运行机制。涉案企业在移送检察机关后再开展企业合规工作往往已经滞后，检察机关通过畅通衔接可提前启动行政合规，作为对企业提出宽缓化量刑建议或作出不起诉决定的参考。同时，案件在检察机关程序完结之后，也要依照《指导意见》第十四条第三款规定（人民检察院对涉案企业作出不起诉决定，认为需要给予行政处罚、处分或者没收其违法所得的，应当结合合规材料，依法向有关主管机关提出检察意见），向行政机关发出检察意见，引导加强行政合规，防止对企业一放了之。

二、实践探索

一方面，在刑行衔接的具体方式上，张家港市检察院注重与司法行政部门以及相关行政执法机关的协作，推动成立企业合规监管委员会，以企业合规监管委员会名义制定企业合规验收指标体系、编制行政合规清单、规范行政执法行为、推进事前合规建设、提供合规法治服务、建立定期会商制度。另一方面，对涉企合规不起诉案件，符合行政处罚要件的，张家港市检察院均移送行政机关建议给予行政处罚，并将加强行政合规作为向行政机关提出检察意见的重要内容。检察机关可以通过案中检查和案后不定期回访，督促涉案企业整改并形成合规长效机制。

三、典型案例

张家港市某科技公司及顾某某虚开增值税专用发票案

【基本案情】

2016年3月至2017年11月，顾某某在实际经营张家港市某科技公司期间，在无真实货物交易的情况下，以支付开票费的方式，从他人经营的无锡某不锈钢公司虚开增值税专用发票25份至张家港市某科技公司，价税合计人民币199万余元，税额合计28万余元，并已全部抵扣税款。案发后，张家港市某科技公司已补缴全部税款。张家港市某科技公司、顾某某到案后如实供述了上述犯罪事实，自愿认罪认罚。2021 年 5 月 11 日，张家港市某科技公司签署合规承诺书，自愿接受合规监督考察，同年 7 月 14 日，张家港市检察院决定对该公司适用合规从宽制度并商请企业合规监管委员会启动第三方机制。经评估通过验收后，2021 年 12 月 17 日，张家港市检察院对张家港市某科技公司及顾某某作出不起诉决定。

【监督考察过程】

涉案企业虽系小微企业，但考虑到该企业合规计划类型为财税合规，该公司合规能力不足，财税风险合规对专业程度要求较高，张家港市检察院于 2021 年 7 月 14 日决定启动合规监督考察程序，商请市企业合规监管委员会组建第三方组织对该公司开展监督考察，第三方组织由 1 名律师、1 名会计师组成，考察期 3 个月。合规考察期间，该公司聘请律师制定财税风险领域合规计划并提交第三方组织审核。第三方组织针对合规计划提出修改完善的三条意见，并进行监督考察。2021 年 12 月 10 日，第三方组织在该公司进行现场验收评估，顾某某及合规律师、专门聘请的财务人员介绍了公司开展财税合规整改的基本情况。财税合规方面，该公司制定了《虚开发票风险防控指南》，建立了财税管理制度、仓库管理制度，严格进发货流程，做到票流、物流、资金流一一对应。合规机制层面，制定了财税方面的合规纲领、员工手册、财务合规管理制度等。合规文化建设方面，完成合规管理制度上墙。第三方组织查看了企业合规工作台账，询问财税合规问题以及财税风险处理现状。2021 年 12 月 15 日，经第三方组织独立评议，作出评估意见认为该公司完成合规计划整改要求，具有实效性，可以通过验收。检察机关审查监督考察报告并经公开听证，依法作出相对不起诉处理决定，并向税务部门提出检察意见，将第三方组织出具的监督考察报告同步移送税务机关。税务机关联合第三方组织继续对该公司合规建设进行监督考察，并结合合规整改成效作出行政处罚。

第六节　合规＋异地协作

一、可行性分析

在企业合规案件办理中，经常会遇到企业注册地、经营地、犯罪地分离情况。打破涉案企业合规区域壁垒，探索构建跨区域的协同机制，是实现涉案企业合规不可或缺的机制保障之一，也是检察一体化的重要体现。[①] 随着我国区域检察协作不断推进，区域配套机制建设也在不断完善，为异地涉案企业合规的跨区域协作提供了机制上的保障。检察机关引导异地企业开展合规建设时，应当与异地企业所在地检察机关沟通，企业所在地已建立第三方机制的，由办案地检察机关启动合规监督考察程序，委托异地检察机关商请当地第三方机制管委会启动第三方机制；企业所在地尚未建立起完善的第三方机制的，由办案地检察机关启动合规监督考察程序，商请本地第三方机制管委会启动第三方机制，必要时可协商企业所在地政府、有关行政机关作为临时第三方组织协助监督，保证企业合规计划落实进度、合规建设合格有效。同时，通过个案办理推动异地合规建章立制，保障跨区域涉案企业合规案件处理的一致性与协同性。

二、实践探索

实践中，张家港市检察院在办理涉企合规案件时，发现涉案企业所在地非管辖区，或者涉案企业的关联企业在异地，关联企业有合规意愿，可以引导一并开展合规建设。关联企业合规建设

① 参见逄政、任志伟:《探索异地涉案企业合规跨区域协作机制》，载《检察日报》2021 年 10 月 25 日，第 3 版。

合格有效的，作为认罪悔罪表现予以正面评价和考量，降低办案影响、落实同等保护。在引导异地企业开展合规建设时，积极探索建立异地协作配合和第三方监督评估结果互认机制，委托异地第三方组织对其合规建设进行监督，相关地区尚未建立完善的第三方机制的，通过协商当地政府、有关行政机关作为临时第三方组织协助监督。同时，检察机关可以通过远程视频对异地公司合规建设进行跟踪，指导开展合规建设。

三、典型案例

张家港市某贸易公司及负责人孙某某虚开增值税专用发票案

【基本案情】

2016年8月至2020年3月，孙某某在经营张家港市某贸易公司期间，在没有真实业务往来的情况下，以支付开票费的方式，接受河南、上海等地5家公司虚开的增值税专用发票并申报抵扣，造成国家税款损失百余万元。到案后，孙某某及涉案企业退缴了全部税款，自愿认罪认罚，有立功表现。孙某某主动提出其名下的河南某化工企业也存在合规风险，愿意一并开展合规建设。经综合衡量，检察机关认为河南某化工企业作为张家港市某贸易公司的关联企业，由同一人实际经营，相互间有业务往来，且有较大合规风险，可以一并开展合规建设。

【监督考察过程】

因办案期间河南尚未开展企业合规改革试点，张家港市企业合规监管委员会从案件实际及合规完整性、有效性等角度，采取本地第三方组织专业监督和外地行政机关联合监督的方式，同时对两家公司合规建设进行监督考察，制定考察评估方案。河南某化工企业辖区政府办公室、商务局骨干负责考察河南某化工企业的合规建设情况，通过实地考察、走访、查阅资料等方式提供合规基础素材。受新冠肺炎疫情影响，张家港的第三方组织未能实地考察，但多次通过远程视频对河南某化工企业合规建设进行跟

踪，并指导开展合规建设。2021 年 8 月，张家港的第三方组织联合河南当地辖区行政机关业务骨干共同进行验收，两家公司均通过验收评估，该贸易公司和孙某某获得从宽处理。

第六章
社会治理中的合规监督

第一节 合规+社区矫正

一、可行性分析

刑法规定了减刑制度，对于被判处管制、拘役、有期徒刑、无期徒刑的犯罪分子，在执行期间，如果认真遵守监规，接受教育改造，确有悔改表现或者立功表现的，可以减刑。对于被判处缓刑的犯罪分子，如果其确有悔改表现，也应参照减刑制度予以刑罚执行上的正面评价。单位犯罪中被判处缓刑的直接负责的主管人员和其他直接责任人员，主动加强合规建设，积极预防违法犯罪，是确有悔改表现的体现，可以在外出请假审批、表彰奖励等方面予以正面评价。

二、实践探索

张家港市检察院在办案实践中，与司法行政部门启动“合规+社区矫正”协作项目，通过联合司法局、企业主管机关等单位组织系列活动，向可能判处缓刑需要接受社区矫正的企业家和在矫的企业家、高管宣传企业合规文化，引导其所在企业开展合规建设，督促企业合法生产经营。在前期探索的基础上推动制定规范的社矫合规制度，明确社矫合规的启动条件、衔接形式、单位责任、激励措施等具体事宜。

三、典型案例

密封件行业多家企业假冒注册商标、销售假冒注册商标的商品案

【基本案情】

2020年3月至5月，张家港市市场监督管理局先后查处了密封件行业涉嫌生产、销售假冒某国外品牌商品的13家企业，其中

8家企业受到行政处罚，5家企业涉嫌犯罪被移送公安机关，进入刑事程序。相关涉案企业生产、销售假冒注册商标的商品价值人民币10.9万元至29.3万元不等。其中涉案4家企业和5名涉案人员被提起公诉，后均以假冒注册商标罪或销售假冒注册商标的商品罪被判处刑罚并适用缓刑，进入社区矫正。

【监督考察过程】

在案件办理过程中，该4家涉案企业因前期通过办案检察官及所属行业商会的宣传，了解到企业合规建设对企业的正向激励作用，案件判决进入社区矫正后，4家企业通过行业商会向张家港市司法局共同申请启动合规监督考察。张家港市司法局、检察院及市场监督管理局对4家企业的合规承诺进行了调查和评估，通过了该4家企业的合规建设申请，并针对企业负责人提到的“缓刑期间出行不便，客户接单认人不认厂，很多订单因外出洽谈不便而错失”的问题会商研究。张家港市司法局同意开通商务外出请假审批绿色通道，为作出合规承诺、开展合规建设的负责人提供更便捷的请假程序和更加灵活的社矫活动参与方式。

随后，张家港市司法局主导并制定了符合4家企业发展需求以及5名在矫人员工作特点的社矫方案，给予5名在矫人员更为灵活的出行及社矫活动参与方式，在矫人员提出的7次外出洽谈业务申请均获批准。张家港市检察院协同市场监督管理局跟踪企业合规整改情况，监督企业合规计划的执行。4家企业的合规建设已经全面铺开，5名在矫人员在矫期间的生产经营活动得以正常进行，公司发展状况良好，无继发违法犯罪行为。

在此探索基础上，张家港市检察院推动张家港市企业合规监管委员会制定了更加完善的《关于社区矫正阶段开展涉案企业第三方监督评估工作的意见（试行）》（见第193页附件40），将第三方机制引入社矫阶段的企业合规建设中。

附件：

40. 张家港市企业合规监管委员会关于社区矫正阶段开展涉案企业第三方监督评估工作的意见（试行）

附件 40

张家港市企业合规监管委员会关于社区矫正阶段开展涉案企业第三方监督评估工作的意见（试行）

为深入推进企业合规改革试点工作，提高社区矫正阶段企业合规整改的有效性、规范性，根据《中华人民共和国刑事诉讼法》《中华人民共和国社区矫正法》以及“两高两部”《关于进一步加强社区矫正工作衔接配合管理的意见》、最高检等九部门《关于建立涉案企业合规第三方监督评估机制的指导意见（试行）》等规定，结合我市工作实际，制定本意见。

第一条【工作内容】 社区矫正阶段开展涉案企业第三方监督评估工作是指在社区矫正阶段涉案企业继续接受或申请启动合规监督考察的，由企业合规监管委员会选任组成第三方监督评估组织，对涉案企业的合规承诺进行调查、评估、监督和考察，司法行政机关将合规整改情况作为对相关涉案企业人员在矫表现评价的重要参考。

第二条【职能分工】 社区矫正阶段启动合规监督考察的，一般由司法行政机关主导。检察机关履行社区矫正检察职能，积极跟踪涉案企业合规整改情况，予以配合、监督。

第三条【程序衔接】 判决生效、进入社区矫正阶段前企业开展合规建设、适用第三方监督评估机制的，进入社区矫正阶段后，检察机关应及时向司法行政机关通报相关情况，由司法行政机关继续推进企业合规整改工作。

判决生效、进入社区矫正阶段前，涉案企业未启动合规监督考察程序，进入社区矫正阶段后提交合规承诺的，由司法行政机关决定是否启动第三方监督评估机制，检察机关予以配合。

第四条【启动条件】 社区矫正阶段启动合规监督考察应当满足以下条件：

（一）涉案企业在矫人员认罪认罚，自觉遵守社区矫正相关规定；

（二）涉案企业能够正常生产经营，承诺建立或者完善企业合规制度，具备启动第三方机制的基本条件；

（三）涉案企业自愿适用第三方机制并向司法行政机关提交合规承诺。

第五条【听取意见】 开展合规监督考察前，司法行政机关应当听取检察机关、被害人及其法定代理人、涉案企业及个人等相关人员意见，并制作笔录。

第六条【社矫方案】 司法行政机关应当根据裁判内容及涉案企业合规计划，制定针对性的矫正方案；矫正方案可以根据在矫人员的现实表现及涉案企业合规整改等情况进行相应调整。

第七条【激励措施】 在矫人员及其所在企业主动加强合规建设，积极预防违法犯罪，确有悔改表现，司法行政机关可在外出请假、表彰奖励等方面给予正向激励。

第八条【惩戒措施】 适用第三方监督评估机制的涉案企业，其相关人员进入社区矫正阶段后，违反法律法规、监督管理规定的或涉案企业再次发生违法犯罪的，司法行政机关可以视情节取消对相关在矫人员的激励措施或中止对涉案企业的合规监督考察程序。

第九条【检察建议】 检察机关发现涉案企业在预防违法犯罪方面制度不健全、不落实，管理不完善，存在严重违法犯罪隐患或再次发生违法犯罪的，视情提出督促整改、终止合规程序等检察建议。

涉案企业合规监督考察具体工作要求可参照张家港市人民检

察院《关于开展企业合规改革试点工作的实施细则（试行）》。

本意见自发布之日起施行。

第二节 合规＋行业治理

一、可行性分析

检察机关办理企业合规案件时，可根据类案或系列案件中反映的共性合规风险，积极引导相关行业开展整体合规建设。发挥相关行业商会牵头作用，建立行业合规体系标准，督促商会成员企业执行落实，并依据《指导意见》规定，由第三方组织对涉案企业合规整改情况进行调查、评估、监督和考察。在此基础上，依托事前合规机制（详见本书第七章），第三方组织可以分别对行业合规建设和行业内成员企业合规建设进行评估，以点带面，促进行业整体合规。

二、实践探索

张家港市检察院注重从类案或系列案件中发现共性问题，分析梳理所属行业、领域企业普遍存在的合规风险，积极宣传合规文化、合规政策，引导行业、领域开展整体合规建设。同时，注重发挥相关行业牵头作用，引导行业商会建立本行业合规标准，组建行业整体合规组织机构，梳理本行业共同面临的合规风险，建立相对统一的合规计划、合规标准。行业商会还应当指导督促成员企业在执行行业统一标准的基础上完善单个企业的合规体系，有效弥补小微企业独立开展合规建设能力不足的弱点，实现合规成本最小化、合规效果最大化，促进行业、领域整体合规。

三、典型案例

张家港市快递行业合规治理

【基本案情】

2021 年 7 月，张家港市检察院在办理一起涉嫌贩卖、运输毒品案件过程中，发现犯罪嫌疑人魏某某通过快递公司寄递含有国家规定列管的合成大麻素成分的烟油至福建等地销售，犯罪嫌疑人张某某通过快递公司寄递国家管制精神药品至全国 20 多个省份非法销售，相关购买人员达 80 余人，部分购买人员还涉及对不特定对象实施迷奸等违法犯罪行为，社会危害性极大。

【监督考察过程】

检察机关在办理案件时发现，魏某某、张某某在寄送某些快递时并未使用真实姓名寄件，收件人也多用“某先生”代替，寄件地址与电话填写虚假内容。同时，其寄出的药品均有完整包装和品名，能够看出是管制类精神药品，且多次寄递违禁物品均未被及时发现和制止，反映出相关寄递企业未严格执行“实名收寄、收寄验视、过机安检”三项制度。为此，张家港市检察院把贯彻落实“七号检察建议”与企业合规改革试点相结合，深入走访张家港邮政管理局和寄递企业，主动与张家港市交通局、邮政管理局、工商联、张家港市快递行业协会等单位沟通协商，决定依托寄递行业自律性组织——张家港市快递行业协会在全市 24 家寄递行业企业集中统一开展企业合规建设，并联合邮政管理部门制定《关于落实“七号检察建议”推动寄递行业企业合规建设的实施方案》（见第 197 页附件 41）。

随后，张家港市快递行业协会牵头成立张家港市寄递行业合规管理委员会（以下简称寄递行业合规管委会），将快递行业协会会长、副会长和其他主要骨干力量纳入，聘请业务精湛、合规经验丰富的律师及邮政管理部门业务骨干参与。每家合规建设企业推选一名合规专员负责日常信息传递，寄递行业合规管委会定期召开联席会议，邀请合规专员及检察机关参加。围绕“实名收寄、开箱验视、过机安检”三项制度执行问题，聚焦疫情防控、场所安全、违禁物品管理、公民个人信息保护等重点环节，寄递行业合规管委会委托律师制定了合规公约、员工准则、安全管理、信息保护等23项制度，目前已在邮政集团张家港分公司、顺丰速运2家基础较好的快递企业先行试点。检察机关联合公安机关、邮政管理部门建立联合执法、信息共享、线索移送机制，不定期开展明察暗访工作，对企业合规建设情况进行常态化监管，提出有针对性的意见建议，切实筑牢寄递安全“防火墙”。

附件：

41. 张家港市企业合规监管委员会关于落实“七号检察建议”推动寄递行业企业合规建设的实施方案

附件41

张家港市企业合规监管委员会关于落实“七号检察建议”推动寄递行业企业合规建设的实施方案

近年来，随着我国寄递行业的快速发展，利用寄递渠道实施贩运违禁品违法犯罪呈现大幅上升态势。2021年10月20日，最高人民检察院向国家邮政局发出“七号检察建议”，同时抄送公安部、交通运输部等12个有关部门，推动强化寄递安全监管。为深入贯彻落实最高检工作要求，确保“七号检察建议”在我市落地落实落细，结合企业合规改革试点，决定在我市寄递行业开展企业合规建设工作，制定如下实施方案。

一、目标任务

坚持以习近平新时代中国特色社会主义思想为指导，深入贯彻习近平法治思想，发挥行业自律性组织——张家港市快递行业协会（以下简称协会）作用，依托协会搭建寄递行业统一合规体系，引领全市寄递企业一体开展合规建设，切实推动“实名收寄、开箱验视、过机安检”等寄递安全制度的贯彻执行，有效防范和化解寄递行业存在的法律风险，共同筑牢寄递安全“防火墙”。

二、实施步骤

（一）确定企业范围

协会会员企业秉持自愿、共建、共享的原则参与合规建设。工作流程：

1. 企业提出申请；
2. 协会统一审核；
3. 企业作出合规承诺，签署承诺书。

（二）组建合规组织机构

根据寄递企业多为小微企业，且具有行业类型相同、管理模式相似、法律风险类同的特点，为节约合规成本、增强企业合规积极性、提高合规效率，由协会牵头组建行业合规组织机构。具体包括：

1. 成立张家港市寄递行业合规管理委员会（以下简称合规委员会），负责寄递行业企业合规建设的组织领导和统筹协调工作，接受张家港市企业合规监管委员会的指导、监督。主要职责包括制定合规计划等合规规范，讨论行业合规重大决定、问题，监督企业落实合规工作等。合规委员会成员为协会会长、副会长和其他骨干力量，以及聘请的律师等专业人士 1—2 名、邮政管理部门业务骨干 1—2 名。

2. 建立企业合规专员制度，参与合规建设的企业各推选一名工作人员作为合规专员，对内专职负责企业合规建设日常工作，对外负责与合规委员会沟通联系，进行信息传递、人员联络、反馈情况等工作，确保各项合规制度、措施和责任落实到每家企业、具体职位。

3. 建立联席会议制度，合规委员会定期组织企业合规专员召开联席会议，可邀请检察机关、邮政管理部门有关人员参加，共同会商研究解决合规工作推进中的问题。

（三）制定行业合规公约

在行业共性风险排查的基础上，以构建行业合规管理体系为目标，建立统一的行业合规机制、制度、标准，指导督促会员企业在执行行业统一合规标准的基础上完善单个企业的合规管理规范，明确合规奖惩激励措施。

（四）构建和运行合规体系

合规委员会重点围绕“七号检察建议”指出的“实名收寄、开箱验视、过机安检”三项制度执行问题，构建和运行包括合规计划、合规管理流程和机制、合规文化在内的合规体系，并督促引导企业严格执行。主要包括：

1. 合规计划。合规计划主要包含合规章程、合规政策、员工合规手册等，应能够覆盖企业在合规领域的薄弱环节和明显漏洞，具备对企业预防治理利用寄递渠道实施贩运违禁品违法犯罪行为或类似违法犯罪行为的实效性。

2. 合规管理流程和机制。主要包含建立和运行风险评估、信息报告、风险应对机制以及合规培训、日常管理、激励惩戒、考核评价等管理制度，并通过定期检查监督，督促企业落实合规工作，夯实寄递企业安全主体责任。

3. 合规文化。合规委员会督促企业线上线下布置合规文化，定期向企业发布合规通报，让合规成为企业日常管理文化。开展合规培训，聘请的合规律师定期为企业开展专项合规培训，讲述合规文化的重要性和意义，以及合规机制落实的重点问题。

三、工作保障

（一）加强组织保障

检察机关作为企业合规工作牵头单位，邮政管理部门作为行业主管部门，应切实把保护邮政监管领域安全放在突出位置，发挥各自资源优势，在职责范围内帮助协会和合规委员会解决在推进合规建设过程中遇到的困难问题，积极提供服务和保障。并通过不定期开展联合抽查，加强对合规建设全过程的监督、引导。

（二）强化宣传引导

有序推进合规的同时，多渠道开展对“七号检察建议”和合规工作的宣传，警示社会，教育公众，提高寄递企业和从业人员的安全意识、责任意识和法律意识，激励社会公众积极参与预防违法寄递和综合治理工作，积极营造落实检察建议的良好社会氛围，从源头上遏制寄递违禁品违法犯罪。

（三）明确经费支出

寄递行业企业合规建设中，聘请律师等专业人士费用建议列入年度财政预算，由合规专项经费支出，其他费用由协会和企业自行承担。

第三节　合规 + 诉源治理

一、可行性分析

“法治建设既要抓末端、治已病，更要抓前端、治未病。”进入新发展阶段，检察机关应按照中共中央《关于加强新时代检察机关法律监督工作的意见》要求，通过加强诉源治理，更好地发挥法律监督职能作用，推动矛盾纠纷源头化解，积极引领社会法治意识，助推国家治理体系和治理能力现代化。在开展企业合规工作中，检察机关应主动将检察职能向社会治理领域延伸，把合规作为能动履职、诉源治理的有力抓手，针对行业、领域暴露出的突出问题，对社会各方面包括执法司法机关、企业、社会组织有效预警、预防，实现更高层面、更高水平的源头治理，更好地促进社会和谐稳定，服务保障经济社会高质量发展。

二、实践探索

张家港市检察院在办理合规案件时，注重诉源治理、标本兼治，全面梳理涉案企业所在行业近年来行政案件和刑事案件，围绕多发高发重点领域、重点行业、重点企业，分析存在的突出问题，深挖背后原因，把合规作为履行预防职能、防控涉罪风险的重要手段，联合行政主管部门以及律师、专家，研究出台相关领域合规配套制度、文件，帮助企业建章立制、堵塞漏洞、合规经营。同时，强化刑行衔接，与公安机关、行政主管部门明确案件线索移送、提前介入、咨询协作、联席会议等工作机制，让更多符合条件的企业早合规、早受益。与行政主管部门、司法行政部门共同编制《企业行政合规指导清单》，通过清单让企业在风险排查、合规经营上“看得懂、学得会、记得牢”，推动行业开展合规自查整改。张家港市检察院还采取邀请专家授课、组织实地参观合规优质企业以及检察开放日、法治讲座、庭审观摩等形式，对企业家和一线从业人员开展警示教育，提升其合规意识和认知，促进养成法治观念。

三、典型案例

安全生产责任事故类案件诉源治理

【基本案情】

2018 年 1 月至 2021 年 10 月，张家港市检察院共办结危害生产安全刑事案件 59 件，其中重大责任事故案件 41 件，重大劳动安全事故案件 17 件，组织他人违章冒险作业案件 1 件。经统计分析发现，近年来张家港市发生的危害生产安全刑事案件主要集中在个体施工单位小型建设工程领域，比如房屋拆除、维修，管道改造，车间设施安装、改造等小型安装工程，共涉及案件41件，占到上述全部已办结案件的69.49%，造成42人死亡，经济损失达人民币4734.6万元。事故类型中高处坠落占比最高，其余为墙体坍塌、物体打击等。

【监督考察过程】

针对小型建设工程领域安全生产事故多发问题，张家港市检察院以落实“八号检察建议”为契机，针对安全生产领域共性问题和制度漏洞，推进企业合规治理体系建设，促进防患未然、抓源治本。一方面，坚持“因企制宜”，督促涉案企业实质化整改。对于安全生产领域符合企业合规条件的涉案企业，结合企业规模类型、涉罪风险复杂性、企业合规能力匹配度等，灵活运用合规简易模式和合规普通模式。对近两年涉案的24家小型建设工程企业，通过制发检察建议提出合规整改方向，并联合应急管理部门专业人员跟踪督促，切实降低合规成本、提高合规效率。对规模较大、情况相对复杂的涉案企业，通过组建第三方组织进行全流程监督考察，保证合规建设有效性，促进企业犯罪源头治理。另一方面，注重预防为先，引导非涉案企业合规经营。深入企业、应急管理部门、住建部门调研考察，研究分析小型建设工程领域安全生产事故原因，撰写《小型建筑领域安全生产事故调研报告》，分析施工主体及行政监管两方面共七个问题，提出合理划定登记备案的小型工程范围、利用财税监管手段对可疑企业重点监管、扩大安全宣传培训覆盖面、建立工程建设领域信用监管制度、推进企业合规建设共五条建议，出台安全生产合规管理指引、安全生产专项合规指标体系等配套制度、文件。选择14家具有一定规模效益且积极申报的企业，开展安全生产合规试点，对安全生产合规达标的企业给予检查评测、等级评定、评奖评优等行政激励政策，目前已有13家企业通过验收，其中5家被认定为安全生产合规优质企业。

在检察机关推动下，张家港市安委办专门针对小型建设工程领域安全生产问题向各区镇、街道以及市有关部门下发《预警通知》，提出四点预警措施要求，同时下发《关于进一步加强当前安全生产工作的通知》，从宏观层面就防范安全生产事故明确工作举措。

第七章
事前合规

第一节 事前合规的意义和价值

“事前合规”是指第三方机制管委会引导非涉案企业开展合规建设，在企业自愿申报的基础上，以量化的形式对企业合规建设状况作出全面、系统的客观评估，并将评定结果作为对企业进行政策激励及处罚从宽的依据。与“事前合规”相对应的是“事后合规”。“事后合规”即涉案企业合规从宽，检察机关对参与合规监督考察并通过验收的涉案企业作出从宽处理意见，以刑事激励手段督促企业建立合规管理体系，实现合规经营。这种事后合规是被动的、个别化的，是“治已病”。事前合规与事后合规最大的区别是其通过外部力量引导企业主动合规，更加具有抓前端、“治未病”的性质，是预防、减少企业违法犯罪的最优方式。

一、从治已病向治未病延伸

刑事风险对企业、企业家来说很多时候是致命的，其后果不仅在于涉案企业遭受经济处罚、责任人因涉罪被判刑，还有随之带来的连锁效应，比如丧失企业诚信、个人名誉、市场资格、竞争优势，这些都有可能对企业造成毁灭性打击。这种刑事风险对企业、企业家造成的伤害是不可逆的，代价甚高。特别是中小民营企业抗风险能力差，一旦涉嫌刑事犯罪，企业可能垮掉。为落实好习近平总书记关于民营经济发展的重要指示精神，最高检提出少捕慎诉慎押的司法理念，同时启动企业合规改革试点，各地检察机关探索涉案企业合规从宽制度，对符合条件的涉案企业依法不捕、不诉、提出轻缓刑量刑建议，将刑事案件对企业的影响降到最低。然而，企业及相关责任人员一旦进入刑事程序，即使最终可以获得合规不起诉从宽处理，仍要经历行政机关调查、公安机关立案侦查、检察机关审查的漫长程序，其间需要付出很多的时间、精力，合规成本也比较大，并且还要承受行政处罚以上的处理，影响深远。事前合规将预防的窗口前移，一方面，企业在违法犯罪前建立合规管理体系并有效执行，可以积极预防和发现违法犯罪风险；另一方面，即使企业仍出现违法犯罪风险，也可以及时采取有效措施应对行政监管、刑事处罚，以获得行政、刑事处罚上的正面评价。

二、从刑事合规向行政合规延伸

涉企刑事犯罪大都是从行政违法开始并以违反行政法规为前置条件的，因此行政合规与事前合规密切关联。行政法规是事前合规中的“规”之一。有观点认为，检察机关目前探索的事前合规类似行政合规，即行政机关制定的要求企业经营管理行为符合行政监管的相关规定。甚至有观点认为事前合规就是行政合规，并就此产生检察机关推进事前合规是否超越职权的怀疑。实际上，事前合规不等同于行政合规，事前合规外延更广，不仅包括行政合规，还包括刑事合规、行业合规、涉外合规等。事前合规可以将行政合规和刑事合规衔接起来，通过督促企业全面加强合规建设，实现企业行政、刑事合规的目标。在开展事前合规建设中，可以将行政监管部门的合规要求融入企业合规管理体系中，转变成企业日常管理行为规范。

三、从强调引导督促向注重政策激励延伸

传统意义上的企业合规建设，是政府监管部门通过行政指导的方式，引导企业加强合规管理。这种合规引导模式主要依赖企业主动，效果有限。事前合规实际上是一种国家职能部门开展企业违法犯罪预防的新机制。这种机制与事后合规相衔接，以行政、刑事激励为有效推动力，推动企业自主合规，实现预防企业违法犯罪的目的。因此，至关重要的一点是，需要保障事前合规激励

措施的落地生效。在制定激励措施时，需要考虑该措施是否能满足企业需求、是否具有可行性。针对目前企业合规评价结果运用较为困难的现状，可以考虑从以下三方面改进：一是扩大分级评定结果运用的范围，可以与行政机关信用评价体系挂钩，将合规分级评定结果纳入行政机关信用评价体系；二是优化激励措施分类清单，根据评定的优质、良好、达标不同等级设置不同的激励措施，更好地促进企业实质化合规；三是积极倡导合规价值导向，逐步将合规要素纳入市场运行规则，激发各类市场主体主动开展合规建设。

四、从传统领域合规向涉外法律风险领域合规延伸

近年来，全球贸易关系愈加复杂，全球产业链进入深度调整与重构时期，涉外企业合规愈发重要。从国际层面看，各国纷纷建立了严格的合规监管制度，监管机构加强了立法深度和执法力度，引导和督促企业更加主动地合规经营。合规管理相关核心问题已经成为国际共识，各国在相关贸易活动中也开始对不合规行为实施联合惩戒。[①] 从国内层面看，我国根据形势需要制定了一些合规制度，对强化我国企业境外合规经营起到了积极的引导作用。但这项工作目前在国内还处在摸索阶段，范围局限于央企、国企、部分省属企业，其他企业特别是民营企业涉及极少，且主要侧重于事后合规整改。从张家港市层面看，每年对外贸易总量达到350亿美元，2019年至2021年底被境外国家或组织起诉的案件共15件，涉及8家企业，反倾销、反补贴等领域的涉外法律风险越来越大。为此，张家港市开展涉外法律风险领域合规试点，按照“典型引路、分批推进、巩固提高”的总体思路，由市企业

---

① 参见《ISO37301：2021〈合规管理体系要求及使用指南〉国际标准解读》，载微信公众号“质量与认证”，2021年4月14日，https://mp.weixin.qq.com/s/qu0LFMt5QynBFDmsS62Bpw。

合规监管委员会牵头，组建由涉外合规律师、专家学者、行政主管部门业务骨干组成的第三方组织，负责审核企业制定的合规计划、监督合规计划执行、组织合规验收评估等工作，引导、帮助企业用2—3年的时间，打造民营企业涉外合规管理标杆，并逐步完善推广。

第二节　开展事前合规的步骤与方法

事前合规工作需要在第三方机制管委会的统筹推进下开展，并制定合规分级评定体系对企业合规建设情况作出评价，落实政策激励清单，鼓励引导企业争创合规优质企业。目前，国内开展企业合规试点主要集中在事后合规，事前合规探索比较少，本章以张家港市事前合规实践为样本。

一、前期筹备

在开展企业合规改革试点过程中，张家港市检察院深刻感受到帮助企业预防违法犯罪优于对企业的事后治理，遂积极向党委政府报告，引起高度重视。张家港市委办公室、市政府办公室专门印发《关于推进企业合规建设工作的意见》，指定由张家港市检察院牵头成立全市性的企业合规监管委员会，并提出打造“企业违法犯罪率、被违法犯罪率最低”城市名片，要求检察院、工商联等凝聚全市力量将事后合规向事前合规延伸。2021年4月，张家港市召开企业合规监管委员会第一次会议暨企业事前合规建设启动仪式，世界500强江苏沙钢集团等50家民营企业和1家行业商会，成为首批事前合规建设试点单位。随后，又采取邀请专家授课、线下联合活动、实地参观合规优质企业等多种形式，对全市第三方机制专业人员、企业家代表等开展合规培训15批次，并制定《企业合规分级评定办法（试行）》（见第219页附件42）、参考指标体系、激励政策等配套制度，对企业事前合规给予积极的正面评价和激励。

（一）设定评定指标

1. 评定原则

推动企业参与合规分级评定，应坚持企业自愿、全面评价、多元处理、分步实施的原则。企业自愿是指事前合规建设完全基于企业自愿，企业可以根据自身排查出的风险点，综合考虑组织结构、经营规模、业务和产品线的运营管理模式等特点，确定合规建设的方向和领域，适用对应类别的参考指标体系。全面评价是指对于企业合规有效性的评价是全方位的，而不仅是对某个专项合规建设进行评价。具有多个合规风险领域的企业，无论规模大小都需建立完整的合规管理体系，并且嵌入企业的各个业务板块的管理机制中，也就是全面合规和专项合规的结合。多元处理是指要采用多元化的区分方法，确定参考指标的运用规则。大型企业合规审查标准应当接近央企标准，具备参考指标规定的全部要素；中小微企业可以适度放低标准，但应当具备合规管理体系的核心要素。分步实施是指企业开展合规建设可以专项先做，分步推进，最终完成全面合规建设。

2. 评定依据

企业合规分级评定指标体系应立足于企业潜在风险防控的目标，在评定参考指标的设置上可以从刑事合规出发，以行政合规为落脚点，以行业合规为有益补充，构建起较为全面的分级评定指标体系。分级评定指标体系设置评定项目、三级指标以及评定的证明材料、要点等内容。在指标项目的设计上，张家港市检察院分析了近3年来涉企犯罪案件刑事风险点，设置安全生产、环境保护、纳税信用和知产保护四个领域的合规指标体系，并收集各行政机关现行的各项评价指标作为专项合规标准，在缺乏行政评价体系的情况下，辅之以行业合规标准。如安全生产专项指标参考张家港市应急管理局制定的《张家港市工业企业“创蓝行动”》；知识产权管理没有专门的行政评价指标，则参考《企业知识产权管理规范》等国标要求。

3. 评定标准

第三方组织要对照分级评定指标对合规计划本身是否完整、是否具有可操作性进行初评，此时可以结合企业实际情况对分级评定指标进行调整完善，针对特定企业制定专门的指标体系。第三方组织对企业合规管理整体情况进行综合打分；财税、环保、安全生产领域的专业人员对各自专业领域的合规指标进行专项打分，采用100分记分制，合规建设优质企业分值90—100分，良好企业分值70—89分，达标企业分值60—69分。需要说明的是，各类别均有体系指标52分，专项指标48分，突出合规体系构建的重要性，要求企业把合规融入企业经营管理的各个流程。仅有单个领域合规风险的企业，只需对照专项合规参考指标进行打分；存在多个领域合规风险的企业，确定企业需要进行合规建设的领域和各个合规领域的权重，得出企业合规评价总分确定等级。需要注意的是，申请多个领域合规分级评定的，必须保证每个单项达到60分以上，总分才有效。

4. 结果运用

张家港市企业合规监管委员会根据企业合规分级评定的等级，予以授牌并定期公布，按照各行政主管部门的相关规定，在资格准入、执法监管、奖励先进、行政审批等方面给予激励政策。比如，对于安全生产合规的企业，应急管理部门在制定日常执法检查计划和随机抽查时，减少对其执法检查的频次；在企业申请安全生产政策性资金、评先评优活动中，予以优先考虑；建立联合激励对象名录，作为安全生产典型示范企业加以宣传推广。企业合规的评价周期为3年。企业未被评选为合规达标以上企业的，最短3个月后可重新申请评定等级。

（二）制定激励政策

组织召开企业合规监管委员会联席会议，与应急管理、税务、生态环境等部门充分沟通，向各个部门征集激励措施并进行分类汇总，通过联席会议、两法衔接等机制加强行政机关对落实合规激励政策的重视，组织相关合规培训、宣传活动，增强行政机关专业人员对政策落实的主动性、积极性。通过实实在在的案例宣传、成效推广，获得广泛的认可和有效传播，发挥激励示范效应，引导其他企业参与事前合规建设。

（三）制定管理指引

事前合规的推进落实需要试点企业充分发挥主观能动性，建立完善合规管理组织架构、工作体系、运行机制，并在工作中持续改进完善，形成符合自身特点的合规管理体系并取得实效，这对企业的要求很高。调研发现试点企业特别是民营企业合规能力有限，为此，张家港市企业合规监管委员会参考国资委印发的《中央企业合规管理指引（试行）》、江苏省《省属企业合规管理指引（试行）》，结合本市中小企业实际，经多方探讨制定了《企业合规管理指引（试行）》及安全生产等 4 个领域企业合规管理指引（见第 223、230、235、240、246 页附件 43、44、45、46、47），明确企业要建立合规组织机构，并要求各部门明确合规职责、合规计划的内容、合规流程的建立、合规管理的重点环节等内容，与合规分级评定办法、参考指标体系相衔接。市司法局牵头应急管理、市场监管等 16 家行政机关，先后发布 4 批 278 条《企业行政合规指导清单》（见第 252 页附件 48），帮助企业解决"什么是违法、违了什么法、怎么不违法"的问题，让企业开展合规建设更加具有针对性，也让第三方机构为企业提供合规建设服务时有所参考。

（四）确定试点企业

采取自愿报名与社会团体推荐相结合的方式，选取有代表性的企业，综合考虑企业规模、行业地位、合规工作基础、主要风险领域等因素确定试点企业名单。试点企业范围包括各类市场主体，包括但不限于国企民企、内资外资、大中小微企业。具体工作流程：

第一，发布公告，征集试点企业。公告需要明确参与事前合规试点企业的选取范围、申报条件、需要提交的材料、审核程序等内容，并附申请表，方便企业提交申请材料。

第二，审核申请企业相关情况。针对企业提交的申请材料，充分听取工商联、行政机关、相关行业协会的意见，制作审核报告，提出拟试点企业名单。

第三，召开企业合规监管委员会联席会议，研究确定试点企业并进行公示。

第四，举行事前合规启动仪式。通过庄严的仪式提高企业对事前合规的认识和重视程度，邀请企业合规监管委员会主要成员单位、事前合规试点企业、第三方机制专业人员等参加。会上宣布试点企业名单；宣读试点方案，提出合规建设要求；下发文件，明确工作机制并进行解读；试点企业做出合规承诺，签署合规承诺书。

二、组织实施

（一）确定试点企业合规工作联络员

事前合规的推进实施主要由工商联负责，企业具体落实。试点企业需要确定一名合规联络员，最好是企业合规部门负责人或者合规专员，一方面对内专职负责企业合规建设工作，另一方面对外负责与企业合规监管委员会沟通联系，进行信息传递、人员联络、反馈情况等工作。合规联络员名单确定、职责明确后，企业合规监管委员会办公室开设合规联络员工作联系群，开展日常工作。

（二）开展分层分类培训

事前合规是一种新兴事物，对第三方机制专业人员、试点企业等各方参与人都提出了较高的要求，需要结合各方参与人的职责开展分层分类培训。

对事前合规各方参与人员进行分层培训。组织专业人员学习合规规范性文件，重点解读分级评定办法及指标体系；组织到张家港市合规法治护航中心参观学习，了解合规基本知识，为开展事前合规分级评定工作创造条件。结合企业合规重点领域、重点环节、重点人员，组织试点企业负责人、合规专员、业务部门代表参加安全生产、环境保护等不同类别的合规培训，邀请各领域行政部门业务骨干或合规领域律师、专家学者授课，对一些争议问题进行专业解答，助力企业打造专项合规体系。

开展不同重点、不同类别的专业培训。以合规理论为重点，突出合规的重要性，邀请陈瑞华教授为全市200余名企业合规监管委员会成员单位责任人、第三方机制专业人员、企业家代表作专题讲座。以实务操作为重点，传授合规建设的方法，邀请北京新世纪跨国公司研究所副所长、中国贸促会全国企业合规委员会专家委员会专家丁继华博士为全市共100余名企业代表、专业人员进行授课，引用实践案例，对企业如何进行合规建设进行系统培训，提高全体人员的合规技能。

（三）定期摸排试点企业合规建设进度

事前合规工作的推进主要依靠企业主观能动性。各试点企业情况不同，重点合规领域各异，开展合规建设过程中难免遇到各种困难，推进合规建设的进度不一，这会给验收评估工作带来较大难题。为了保障分级评定工作的有序开展，需要定期摸排试点企业合规建设进度以及申请验收时间安排，拟定验收评估工作方案。张家港市工商联负责定期摸排试点企业合规建设进度，向企业合规监管委员会汇报。针对企业合规建设过程中出现的疑难问题组织专题讨论，引导企业持续推进合规建设。比如针对行业合规建设过程中，企业落实合规建设推进慢、信息沟通不及时等问题，企业合规监管委员会经讨论，建议行业商会发挥自治作用，建立合规工作联系网，畅通信息通道。市工商联制作调查情况表，并指派专人定期填录企业合规建设进度情况，梳理出合规建设进度快、效果好的企业和合规建设进度慢、成效不明显的企业名单。按照已合规企业带动未合规企业、优质合规企业带动其他企业合规发展的原则，组织进度慢的企业到进度快、效果好的企业参观学习，打造不同规模企业合规建设样本，并推广适用，从而逐步推动所有试点企业达成合规建设目标。企业合规监管委员会可以采用飞行检查的方式对试点企业合规建设情况进行突击检查和监督指导，有条件的还可以延伸事后合规中巡回检查小组的职能，组建巡回检查小组对分级评定的过程开展巡回检查。

（四）紧抓重点企业，打造合规标杆

企业合规监管委员会主要成员单位市检察院、市司法局、市工商联组成联合调研小组，对8家重点试点企业合规建设情况开展专题调研，通过座谈、实地考察、专题汇报等方式亲历企业合规进展情况，纾解企业合规建设面临的难题，切实推动事前合规建设纵深发展。调研小组调研重点内容如下：一是公司有没有任命首席合规官；二是公司有没有制定合规章程等合规管理制度；三是公司组织了几场合规培训；四是公司有没有设置24小时匿名举报电话；五是如何保证合规机制有效运行。

三、评估验收

（一）组织企业申报

考虑到事前合规试点企业合规建设进度不一，各有特点，验收评估本着企业自愿的原则，分批次分步骤开展，组织有意愿参与合规分级评定的企业向企业合规监管委员会提出申请，并提供相关证明材料。企业可以根据自身合规建设的情况，在安全生产、环境保护、知识产权、税务管理四个领域选择一个或多个进行申报。2021年底，张家港市企业合规监管委员会组织第一批试点企业进行验收评估，共收到14家企业的申请表及相关材料。

（二）组建第三方组织

企业合规监管委员会根据14家企业的规模、地域分布，主要从为第三方组织现场验收节约时间、便于操作的角度考虑，将14家企业分成2组，对应组建2个第三方组织。结合申报企业的数量、规模，以及企业申报的合规分级评定的专项领域，确定每个第三方组织专业人员的人数、类别。每个小组配备律师1名、会计师1名、税务师1名以及安全生产、环境保护、纳税管理、知识产权四个专项领域行政机关业务骨干各1名。从第三方监督评估智能管理平台分类随机抽取，确定第三方组织人员名单并进行公示。

（三）召开动员会

企业合规监管委员会召开第三方组织成员会议，会议设置四项议程：一是动员讲话并宣读工作纪律；二是第三方组织成员签署保证书；三是讨论分级评定验收工作方案；四是讨论分级评定评分规则及参考指标体系。通过会议，对实施验收评估的方法和程序形成共识。会议同时还确定了第三方组织牵头人，负责沟通协调组内成员分工，出具评估报告。

（四）开展预评估

事前合规分级评定验收工作，作为一种从无到有的探索创新，实践运行过程中必然会遇到各类问题，企业对自身合规建设的情况缺乏明确的认识，第三方组织对企业合规风险的掌握也需要一个过程，为此，企业合规监管委员会设置了预评估过程。第三方组织通过实地走访企业，了解企业合规建设完成情况，针对存在的问题提出完善的意见建议。企业可以根据预评估情况进行为期一周的整改。第三方组织结合企业实际情况，对不同企业制定有针对性的验收评估方案，并对该企业的正式验收评估做好组内人员分工。参照企业合规分级评定参考指标体系，制定具体的评定标准及打分尺度。

第三方组织进行现场验收，根据分级评定的需要，可以采用访谈、问卷调查、专题讨论、实地查验、抽样检测、比较分析等多种方法对企业合规情况进行测评。

（五）开展正式评估

正式验收评估工作设定以下流程：

（1）试点企业首席合规官或其他合规负责人向第三方组织汇报申报领域的合规建设情况；

（2）第三方组织查阅企业合规建设台账资料；

（3）第三方组织结合企业汇报情况及相关证明资料，向企业首席合规官或其他合规负责人提问；

（4）第三方组织结合评估需要，采取必要的方法开展分级评定验收工作；

（5）第三方组织对照分级评定标准进行打分；

（6）第三方组织汇总打分结果，在充分论证的基础上进行独立评议。

（六）确定评定结果

企业合规监管委员会组织第三方组织召开分级评定讨论会，就评分标准统一、验收报告制作等问题进行讨论，听取意见建议，由各第三方组织牵头人汇总各领域评分表并就验收评估结果形成书面报告。企业合规监管委员会结合验收评估结果，综合考量后出具合规优质、良好、达标企业的评定结果并进行公示。

（七）举行授牌仪式

为增强事前合规的权威性、公信力，提升企业参与合规建设的积极性和荣誉感，在完成合规分级评定验收工作后举行试点企业合规建设授牌仪式，邀请所有试点企业负责人或合规工作负责人参加，扩大影响力。公布获评合规优质企业、良好企业、达标企业名单并进行授牌，推动更多的企业参与合规建设，主动申请合规分级评定。

（八）落实激励政策

企业合规监管委员会为合规企业授牌，是一种比较好的精神激励措施，但只有兑现实实在在的合规激励政策，才能让事前合规机制永葆生机和活力。企业合规监管委员会可以对照制定的合规激励政策清单，指导各家行政机关点对点对接获评的企业，安排专人为获评企业提供定制式服务，综合考虑企业的意愿、业务需求以及行政机关政策规定，在法律允许的框架内予以政策激励，确保合规激励政策不落空。

附件：

42. 张家港市企业合规监管委员会企业合规分级评定办法（试行）

43. 张家港市企业合规监管委员会企业合规管理指引（试行）

44. 张家港市企业合规监管委员会企业安全生产合规管理指引（试行）

45. 张家港市企业合规监管委员会企业环境保护合规管理指引（试行）

46. 张家港市企业合规监管委员会企业税务合规管理指引（试行）

47. 张家港市企业合规监管委员会企业知识产权合规管理指引（试行）

48. 张家港市部分行政机关企业行政合规指导清单（节录）

附件 42

张家港市企业合规监管委员会
企业合规分级评定办法（试行）

为推进企业全面加强合规建设，提升依法合规经营管理水平，决定建立企业合规分级评定机制，鼓励引导企业争创合规企业，根据张家港市委办公室、市政府办公室《关于推进企业合规建设工作的意见（试行）》（以下简称《意见》）等规定，结合本市工作实际，制定本办法。

第一条【概念定义】 企业合规分级评定是指对自愿申请参与事前合规试点的企业，由企业合规监管委员会选任组成的第三方监督评估组织（以下简称第三方组织）以量化的形式对试点企业建立的专项或多项合规管理体系进行全面、系统、客观的评估，并将评估结果作为对企业进行政策激励及行政、刑事处罚从宽的依据。

第二条【组织领导】 企业合规监管委员会负责统一指导全市企业合规分级评定工作，制定和完善评定体系及评分标准，组建第三方组织。

市工商联具体负责企业合规分级评定工作。

第三条【基本原则】 推动试点企业参与合规分级评定，应坚持严格依法、政府支持、企业自愿的原则。

第四条【评定依据】 第三方组织进行企业合规分级评定，应当参照企业合规监管委员会制定的参考指标体系，结合第三方组织专业人员的专业知识进行打分。

第五条【评定标准】 企业合规分级评定采用“按领域单独计分、依权重汇总评价”的方法，对照安全生产、环境保护、纳税信用和知产保护等领域的专项指标体系，对试点企业一个或多个领域合规管理体系进行打分，采用100分记分制。

试点企业申请2个以上领域验收评定的，第三方组织综合考虑企业实际业务开展情况及各领域合规建设的必要性确定各领域赋分权重，计算分级评定总分。

试点企业总分90—100分的，评定为合规优质企业；总分70—89分的，评定为合规良好企业；总分60—69分的，评定为合规达标企业。试点企业存在多个风险领域的，每个领域均须达到60分以上。

第三方组织综合考虑试点企业类型、规模、经营范围、主营业务等因素，确定试点企业合规风险领域数量、类型。试点企业存在多个风险领域的，均应当纳入合规分级评定范围，但可以分批申请验收。

第六条【确定试点企业】 企业合规监管委员会采取自愿报名与社会组织推荐相结合的方式征集试点企业。

试点企业范围包括各类市场主体，包括但不限于国企民企，内资外资，大中小微企业。

企业合规监管委员会应当发布公告，征集试点企业。公告应当载明试点企业名额、申报条件，报名方式、报名材料、审核程序等内容。

市工商联负责审核申请企业相关情况，提出拟试点企业名单，提交企业合规监管委员会审核。

企业合规监管委员会召开联席会议，研究确定试点企业名单并进行公示。

第七条【启动仪式】 企业合规监管委员会召开事前合规启动仪式，邀请试点企业、成员单位代表、第三方组织名录库专业人员等参加。启动仪式可以包括宣布试点企业名单、试点方案、签署合规承诺书等环节。

第八条【确定联络员】 试点企业应当确定1名合规联络员，负责信息传递、人员联络、反馈情况等工作。

第九条【定期摸排进度】 企业合规监管委员会组织成员单位代表组成调研小组，定期摸排试点企业合规建设进度，收集企业合规建设中的疑难问题，向企业合规监管委员会报告。

第十条【组织申报验收】 企业合规监管委员会定期发布分级评定验收工作计划，组织完成合规建设的试点企业申报验收评定。

第十一条【成立第三方组织】 企业合规监管委员会综合考虑申报验收的试点企业数量、企业规模、行业类型、主要风险领域等因素，从第三方机制专业人员名录库分类随机抽取专业人员组成第三方组织，并向社会公示。

负责企业合规分级评定工作的第三方组织产生过程参照涉案企业第三方组织成立程序进行。

第十二条【评定过程】 第三方组织验收评估可以按照以下流程进行：

（1）试点企业首席合规官或其他合规负责人向第三方组织汇报申报领域的合规建设情况；

（2）第三方组织查阅试点企业合规建设台账资料；

（3）第三方组织结合企业汇报情况及相关证明资料，向试点企业首席合规官或其他合规负责人提问；

（4）第三方组织根据验收评估工作需要，采取必要的方法开展分级评定验收工作；

（5）第三方组织各成员对照分级评定参考指标体系，结合自身专业知识对试点企业合规管理体系有效性进行打分。

第三方组织根据验收评估工作需要，可以在正式验收评估前对试点企业合规建设情况进行预评估。

第十三条【评定意见】 第三方组织负责人汇总试点企业各领域评分表并就验收评估结果制作书面报告，提交企业合规监管委员会审核。

企业合规监管委员会参考第三方组织评定意见，综合考量后确定试点企业评定等级并进行公示。

第十四条【评定有效期】 企业合规的评价周期为三年。企业未被评选为合规达标以上企业的，最短于三个月后可重新评定等级。

第十五条【结果运用】 对合规分级评定在达标以上的企业，企业合规监管委员会予以授牌并定期公布，对照合规激励政策清单，督促各成员单位兑现激励政策。

第十六条【撤销评定】 合规分级评定在达标以上的企业，发生下列行为之一的，企业合规监管委员会调查核实后，视情作出撤销评定等级或等级降格等处理：

（1）在评估过程中弄虚作假、申请材料不真实的；

（2）企业出现分级评定参考指标体系中的一票否决事项；

（3）其他需要撤销或降格处理的情形。

第十七条【解释及施行】 本办法由企业合规监管委员会负责解释，自发布之日起施行。

（注：本办法自2021年4月15日发布施行，根据2021年6月3日《指导意见》，结合事前合规第一批试点企业分级评定工作实践进行修正）

附件43

张家港市企业合规监管委员会 企业合规管理指引（试行）

为推进企业全面加强合规建设，有效防控合规风险，促进企业依法合规经营管理，根据江苏省国资委《省属企业合规管理指引（试行）》，张家港市委办公室、市政府办公室《关于推进企业合规建设工作的意见（试行）》等规定，结合本市工作实际，制定本办法。

第一章 总则

第一条【概念定义】 企业合规是指企业及其员工的经营管理行为符合法律法规、监管规定、行业准则和企业章程、规章制度以及国际条约、规则等要求。

合规风险是指企业及其员工因不合规行为，引发法律责任、遭受相关处罚、造成经济或声誉损失以及其他负面影响的可能性。

合规管理是指以有效防控合规风险为目的，以企业和员工经营管理行为为对象，开展包括合规管理制度制定、合规风险管理、合规审查、考核评价、合规培训、合规计划与合规报告等有组织、有计划的管理活动。

第二条【合规管理制度】 企业应当健全合规管理制度，完善合规管理组织架构，明确合规管理责任，加强合规文化建设，全面构建合规管理体系，有效防控合规风险，确保企业依法合规经营。

第三条【基本原则】 企业应当按照以下原则加快建立健全合规管理体系，基本原则是：

（一）客观独立。企业合规部门在企业内部具有较高地位、与企业最高领导部门直接联系，并配备适当的权限和充足的资源，合规管理牵头部门独立履行职责，不受其他部门和人员的干涉。

（二）全面覆盖。合规管理应当覆盖企业各个业务领域、各部门、各级子企业、全体员工，贯穿决策、执行、监督各个环节，采取由面到点，再由点到面的工作方式。

（三）持续联动。推动合规管理动态调节、持续跟踪，与外部法律、法规、政策的更新、发布相统筹、相衔接，确保合规管理体系有效运行。

（四）强化责任。把加强合规管理作为企业主要负责人履行推进法治建设第一责任人职责的重要内容。建立全员合规责任制，明确管理人员和各岗位员工的合规责任并督促有效落实。

第四条【合规监督】 张家港市合规监管委员会负责指导、监督企业合规管理工作。

第二章 合规组织体系构建

第五条【合规管理部门】 企业管理层根据自身的规模、行业及发展特点，决定是否创建独立的合规管理部门及团队，也可将合规职能分配给现有职位，或委托第三方专业机构（如律师事务所、会计师事务所等）参与企业合规建设。主要职责包括：

（一）研究起草合规计划，制定、修订公司的合规章程、合规手册及其他合规管理规章制度；

（二）参与企业重大决策并提出合规意见和建议；

（三）主动识别、评估、检测、报告合规风险；

（四）监督、落实具体合规政策；

（五）对违规事件进行调查处理；

（六）审查公司合规制度、工作流程，结合企业实际情况提出改进建议；

（七）其他需要由企业合规管理部门实行的合规相关工作。

第六条【党委合规职责】 党委的合规管理职责主要包括：

（一）全面领导、统筹推进合规管理工作；

（二）推动科学立规、严格执规、自觉守规、严惩违规；

（三）研究合规管理负责人人选、合规管理（牵头）部门设置；

（四）对董事会、监事会、高级管理人员的合规经营管理情况进行监督；

（五）对合规管理的重大事项研究提出意见；

（六）按照权限研究或决定对有关违规人员的处理事项。

第七条【决策层合规职责】 企业决策层是指企业董事会、董事、监事会、监事、股东会、总经理，以及其他有权参与、决定、影响企业经营管理方针、政策的组织、部门或个人。主要职责包括：

（一）企业决策层对于合规建设的承诺，对企业合规制度能否实质建立起到决定作用，明德守法的企业文化，需要高层领导的承诺并自上而下地推行；

（二）积极推进合规工作的顺利开展，尽可能地提供资源上、制度上的充分配合；

（三）对合规部门以及其他员工的合规疑虑、合规风险，予以高度重视；

（四）对外包的合规业务进行充分监督；

（五）制定合规计划；

（六）将合规绩效纳入员工绩效考核范畴；

（七）其他合规工作重点事项。

第八条【业务部门合规职责】 业务部门负责本领域的日常合

规管理工作，按照合规要求完善业务管理制度和流程，主动开展合规风险识别和隐患排查，发布合规预警，组织合规审查，及时向合规管理牵头部门通报风险事项，妥善应对合规风险事件，做好本领域合规培训和商业伙伴合规调查等工作，组织或配合进行违规问题调查并及时整改。

第九条【员工合规职责】 主要职责包括：

（一）充分认可、贯彻落实企业合规计划；

（二）积极参与合规培训；

（三）及时反映合规疑虑、问题和缺陷；

（四）其他职责。

第三章 合规管理制度构建

第十条【合规计划】 合规计划是指企业进行合规管理建设的总体设想、制度框架，需根据企业自身特点、行业情况、合规风险等相关内容专门制定。企业合规计划一般应包括如下内容：

（一）建立合规组织体系，如合规管理组织架构、成立合规综合管理部门、各部门的合规责任；

（二）制定纲领性合规管理规范、合规政策、合规行为准则；

（三）梳理合规风险，针对重点领域制定管理制度；

（四）明确合规计划完成时限；

（五）建立合规预防体系、识别体系、应对体系等运行机制；

（六）其他有利于合规管理的相关制度、措施。

第十一条【合规管理规范】 合规管理规范是指企业合规管理的纲领性文件，明确合规管理组织体系、管理职责、制度建设、合规管理的重点领域、环节、人员以及运行机制等内容。

合规管理规范的主要内容：

（一）企业决策层、高级管理人员，对合规工作的认同与承诺；

（二）企业成立合规部门或合规专员的情况；

（三）企业制定的合规管理制度内容及流程；

（四）企业合规建设的其他基本内容。

第十二条【合规政策】 合规政策是指企业合规管理制度的表现形式或内容组成，包括合规管理制度全部文件，作为企业向外部人员证明完成合规建设的依据。

合规政策的主要内容：合规行为准则、制度规范、各项合规专项管理办法、合规管理的工作流程等。

第十三条【合规行为准则】 合规行为准则是指督促员工依法、规范开展工作的合规说明书，结合各岗位的合规风险点提出合规要求，为员工提供合规行为的详细指引。包括但不限于合规理念、目标、内涵、适用范围、合规行为标准以及违规的应对方式和后果等。

第四章 合规管理运行机制构建

第十四条【合规预防体系】 企业建立发现、收集、确认、整理合规风险，对合规风险产生原因、潜在后果等进行分析、归纳，并融入常态化管理的体系，包括合规风险评估制度、尽职调查制度、合规培训制度、合规文化建设制度。

第十五条【合规风险评估制度】 企业定期全面系统地梳理经营管理中存在的合规风险，对风险发生的可能性、影响程度、潜在后果等进行系统分析，对于可能产生严重后果的风险，及时形成评估报告的制度。

第十六条【合规调查制度】 企业对一些重点项目、发展方向进行调查并排除风险隐患的制度，包括对第三方合作伙伴的资质、关系、声誉进行调查。

第十七条【合规培训制度】 企业结合法治宣传教育，建立制度化、常态化培训机制，加强全员合规知识和能力的教育培训，确保员工理解、遵循企业合规目标和要求。

第十八条【合规文化建设制度】 企业将合规文化纳入日常文化建设必要内容，通过制定发放合规手册、签订合规承诺书等方式，强化全员安全、质量、环保、诚信和廉洁等意识，树立依法合规、守法诚信的合规经营思想。

第十九条【合规识别体系】 企业对经营活动中出现的合规风险隐患或已发生的违规问题，确定一定的途径和步骤进行识别的体系，包括合规报告制度、合规巡视制度、合规奖励和惩戒制度。

第二十条【合规举报制度】 企业根据自身特点和实际情况建立和完善合规信息反馈和匿名举报机制，员工、客户和第三方均有权进行举报和投诉，如合规信箱、公共邮箱、举报热线等。

第二十一条【合规巡视制度】 企业定期派员巡视，查看有无违法、违规风险，要求相关人员进行整改，并及时调整合规政策、员工手册的制度。

第二十二条【合规奖惩制度】 企业对员工的合规行为进行激励以及对违规行为惩戒的制度。对有效防范重大合规风险或对挽回重大损失作出突出贡献的集体和个人，应当予以表彰和奖励。建立完善违规行为处罚制度，明晰违规责任范围，细化惩处标准，根据违规处罚办法进行相应处理。

第二十三条【合规应对体系】 企业建立的应对违规事件配合行政、司法机关调查的措施，并进行合规整改的体系，包括不当行为调查制度、不当行为纠正制度、行政监管应对制度。

第二十四条【不当行为调查制度】 企业员工或代理人被指控或者被怀疑存在违规、违法或犯罪行为时，企业及时展开彻底的内部调查制度，明确组织调查的人员和范围、调查响应方式等。

第二十五条【不当行为纠正制度】 企业对违规、违法行为发生的原因进行分析，并及时采取适当纠正措施的制度。要求针对违规行为采取惩戒措施、补救措施，及时应对处置，建立问责机制，并根据已经发生的合规事项对合规计划进行修订。

第二十六条【行政监管应对制度】 企业或企业人员的违法犯罪行为被行政监管部门立案调查后，企业及时形成整改方案和专项合规计划，并与行政主管部门进行有效沟通的制度。

第五章　合规管理重点

第二十七条【合规管理重点领域】 企业围绕与企业涉嫌犯罪

有密切联系的风险点，确定合规的重点领域、环节和人员，制定可行的合规管理规范，弥补企业制度建设和监督管理漏洞，防止再次发生相同或类似的违法犯罪。

合规管理重点领域可以是安全生产、环境保护、税务管理、知产管理某一个或多个领域重点业务的识别、合规指引、流程和风险防控措施的执行情况。

第二十八条【合规管理重点环节】 合规管理重点环节包括重要文件制定、重大经营决策、生产经营等环节。

（一）制度制定环节。强化对规章制度、改革方案等重要文件的合规审查，确保符合法律法规、监管规定等要求。

（二）经营决策环节。严格落实“三重一大”决策制度，细化各层级决策事项和权限，加强对决策事项合规论证把关机制，保障决策依法合规。

（三）运营管理环节。严格执行合规制度，加强对重点流程的监督检查，确保经营过程中照章办事、按章操作。

（四）其他需要重点关注的环节。

第二十九条【合规管理重点人员】 合规管理重点人员包括管理人员、重要风险岗位人员、境外工作人员等其他需要重点关注的人员，如商业合作伙伴、利益相关方等。

（一）管理人员。促进管理人员切实提高合规意识，带头依法依规开展经营管理活动，认真履行承担的合规管理职责，强化考核与监督问责。

（二）重要风险岗位人员。聚焦重点领域和关键环节，明确界定高风险岗位，有针对性加大培训力度、强化上级监督管理责任、细化违规处罚等，使高风险岗位员工掌握业务涉及的法律法规规定和违规责任，并严格遵守。

（三）海外人员。将合规培训作为海外人员任职、上岗的必备条件，确保遵守我国和所在国法律法规、监管规定等相关规定。

（四）其他需要重点关注的人员。

第六章　合规管理保障

第三十条【落实领导责任】 充分发挥企业主要负责人“关键少数”作用。认真履行推进本企业法治建设第一责任人职责，把合规管理工作作为谋划、部署法治企业建设全局工作的重要内容，对工作中的重点难点问题，亲自部署、亲自研究、亲自协调、亲自督办，保障合规管理经费投入。

第三十一条【加强考核评价】 加强合规考核评价。细化考核评价指标，把合规经营管理情况纳入对各部门和所属企业负责人的年度综合考核。对所属单位和员工合规履职情况进行评价，并将考核评价结果作为员工考核、干部任用、评先选优等工作的重要依据。

第七章　附则

第三十二条【解释及施行】 本指引由企业合规监管委员会负责解释，自发布之日起施行。

（注：本指引自 2021 年 4 月 15 日发布施行）

附件 44

张家港市企业合规监管委员会
企业安全生产合规管理指引（试行）

为推进企业加强安全生产合规建设，提升企业安全生产合规管理水平，防止和减少安全事故的发生，根据《中华人民共和国安全生产法》《企业安全生产标准化基本规范（GBT33000—2016）》等规定，结合张家港市企业合规监管委员会《企业合规管理指引（试行）》的规定，制定本指引。

第一章　总则

第一条【概念定义】 企业安全生产合规是企业落实安全生产主体责任，通过全员全过程参与，建立并保持安全生产管理体系，全面管控生产经营活动各环节的安全生产与职业卫生工作，实现安全健康管理系统化、岗位操作行为规范化、设备设施本质安全化、作业环境器具定置化，并持续改进。

第二条【总体目标】 企业应根据自身安全生产实际，制定安全生产合规计划和年度安全生产与职业卫生目标，并纳入企业总体生产经营目标。明确目标的制定、分解、实施、检查、考核等环节要求，并按照所属基层单位和部门在生产经营活动中所承担的职能，将目标分解为指标，确保落实。

第三条【基本原则】 企业开展安全生产合规管理，应遵循“安全第一、预防为主、综合治理”的方针，落实企业主体责任。以安全风险管理、隐患排查治理、职业病危害防治为基础，以安全生产责任制为核心，建立安全生产合规管理体系，全面提升安全生产管理水平，持续改进安全生产工作，不断提升安全生产绩效，预防和减少事故的发生，保障人身安全健康，保证生产经营活动的有序进行。

第二章 安全生产合规组织体系构建

第四条【合规管理部门】 企业管理层根据自身的规模、行业及发展特点，决定创建安全生产合规管理机构或选任安全生产合规专员，也可将合规职能分配给现有职位，按照有关规定配备注册安全工程师，建立健全从管理机构到基层班组的管理网络。

第五条【决策层合规职责】 企业决策层是指企业董事会、董事、监事会、监事、股东会、总经理，以及其他有权参与、决定、影响企业经营管理方针、政策的组织、部门或个人。企业决策层全面负责安全生产和职业卫生工作，并履行相应责任和义务。

第六条【业务部门合规职责】 业务部门负责本领域的安全生产日常合规管理工作，按照合规要求完善业务管理制度和流程，主动开展合规风险识别和隐患排查，发布合规预警，组织合规审查，及时向安全生产合规管理机构通报风险事项，妥善应对合规风险事件，做好本领域合规培训和商业伙伴合规调查等工作，组织或配合进行违规问题调查并及时整改。

第七条【员工合规职责】 建立健全安全生产和职业卫生责任制，明确各级部门和从业人员的安全生产和职业卫生职责，并对职责的适应性、履行情况进行定期评估和监督考核。

第三章　安全生产合规制度构建

第八条【安全生产合规计划】 安全生产合规计划要符合法律法规要求，并与企业发展总方针相适应，一般应包括如下内容：

（一）建立安全生产合规组织架构，明确相关责任人员、责任部门的职责情况；

（二）制定安全生产合规管理规范、政策、合规行为准则等合规制度；

（三）梳理企业安全生产合规风险，有针对性地确定合规方案；

（四）明确合规建设的方式、步骤、期限、目标等相关内容；

（五）其他有利于合规管理的相关制度、措施。

第九条【安全生产合规管理规范】 安全生产合规章程的主要内容：

（一）安全生产合规管理方针和目标；

（二）安全生产合规管理组织机构设置；

（三）安全生产责任书的签订、承诺；

（四）安全生产合规管理制度；

（五）安全生产合规管理的其他基本内容。

第十条【安全生产合规政策】 安全生产合规政策一般包括：

（一）安全生产和职业卫生法律法规、标准规范的管理制度，应将适用的安全生产和职业卫生法律法规、标准规范的相关要求及时转化为本单位的规章制度、操作规程，并及时传达给相关从业人员，确保相关要求落实到位；

（二）安全生产和职业卫生规章制度，并征求工会及从业人员意见和建议，规范安全生产和职业卫生管理工作；

（三）其他关于企业安全生产合规的规则、制度、流程。

第十一条【安全生产合规行为准则】 结合本企业生产工艺、作业任务特点以及岗位作业安全风险与职业病防护要求，编制齐全适用的岗位安全生产和职业卫生操作规程，发放到相关岗位员工，并严格执行。

企业应确保从业人员参与岗位安全生产和职业卫生操作规程的编制和修订工作。

第四章　安全生产合规运行机制构建

第十二条【合规风险评估制度】 企业建立安全风险评估管理制度，明确安全风险评估的目的、范围、频次、准则和工作程序等，选择工程技术措施、管理控制措施、个体防护措施等，对安全风险进行控制。

第十三条【合规调查制度】 企业建立事故档案和管理台账，将承包商、供应商、外包单位等相关方在企业内部发生的事故纳入本企业事故管理范畴。

第十四条【合规培训制度】 建立全面系统的安全生产合规培训制度，包括以下内容：

（一）企业的主要负责人和安全生产管理人员应具备与本企业所从事的生产经营活动相适应的安全生产和职业卫生知识与能力。

（二）对从业人员进行安全生产和职业卫生教育培训。未经安全教育培训合格的从业人员，不应上岗作业。

（三）对进入企业从事服务和作业活动的承包商、供应商的从业人员和接收的中等职业学校、高等学校实习生，进行入厂（矿）安全教育培训，并保存记录。

第十五条【合规文化建设制度】 将安全生产合规文化纳入日常文化建设必要内容，通过安全生产管理制度上墙、发放合规手册、签订安全生产责任书等方式，强化全员安全合规意识。

第十六条【危险隐患报告制度】 企业对重大危险源进行全面辨识，对确认的重大危险源制定安全管理技术措施和应急预案。

含有重大危险源的企业应将监控中心（室）视频监控数据、安全监控系统状态数据和监测数据与有关安全监管部门监管系统联网，及时报告。

第十七条【合规巡视制度】 企业定期派员巡视，进行隐患排查，如实记录隐患排查治理情况，至少每月进行统计分析，及时将隐患排查治理情况向从业人员通报，及时发现并消除隐患，实行隐患闭环管理。

第十八条【合规奖惩制度】 制定奖惩制度，明确员工举报安全生产不规范行为的奖励和报酬；明确员工违反有关安全生产管理规定的惩罚措施，造成安全生产损失的责任。

第十九条【应急管理制度】 建立应急管理组织机构或指定专人负责应急管理工作，建立生产安全事故应急预案，针对安全风险较大的重点场所（设施）制定现场处置方案，并编制重点岗位、人员应急处置卡，准备应急设施、装备、物资，开展应急演练。

第二十条【安全事故应对制度】 发生事故后，企业立即启动应急响应程序，按照有关规定报告事故情况，并开展先期处置。完成险情或事故应急处置后，主动配合有关部门开展事故调查工作。

建立事故报告程序，明确事故内外部报告的责任人、时限、内容等，并教育、指导从业人员严格按照有关规定的程序报告发生的生产安全事故。

建立内部事故调查和处理制度，按照有关规定、行业标准和国际通行做法，将造成人员伤亡和财产损失的事故纳入事故调查和处理范畴。

第五章　安全生产合规管理重点

第二十一条【安全生产合规管理】 企业安全生产合规管理应重点围绕以下方面开展：

（一）第一责任人责任落实情况，包括第一责任人责任到位、安全管理机构和人员配备、安全生产经费投入、安全生产标准化建设等情况；

（二）落实全员岗位责任情况，包括安全生产教育培训、责任制考核奖惩等情况；

（三）落实安全防控责任情况，包括安全风险识别管控、事故隐患排查治理、危险源安全管理、危险作业安全管理等情况；

（四）落实基础管理责任情况，包括特种设备管理、职工安全防护管理、外包等业务安全管理等情况；

（五）落实应急处置责任情况，包括应急救援能力建设、行政处罚、重大危险源管理、工伤发生、法定检测、执行“三同时”制度等情况。

第六章 附则

第二十二条【解释及施行】 本指引由企业合规监管委员会负责解释，自发布之日起施行。

（注：本指引自 2021 年 4 月 15 日发布施行）

附件 45

张家港市企业合规监管委员会 企业环境保护合规管理指引（试行）

为推进企业加强环境保护合规建设，促进企业内部环境管理体制与机制建设，根据《中华人民共和国环境保护法》《中华人民共和国大气污染防治法》《中华人民共和国水污染防治法》《中华人民共和国环境噪声污染防治法》《中华人民共和国固体废物污染环境防治法》等规定，结合本市《企业合规管理指引（试行）》的规定，制定本指引。

第一章 总则

第一条【概念定义】 企业环境保护合规是指企业的生产经营活动与国家环境保护法律、法规、标准、政策以及企业内部规则相一致，同时遵守自身的自愿性承诺，承担相应的绿色社会责任，包括遵守组织标准、行业标准、合同约定、与非政府组织间的协议、节能减排承诺，构建绿色供应链，公开环境相关信息等。

第二条【总体目标】 结合企业的建设、生产情况和当地环保监管的要求，企业环保合规管理的主要目标包括：

（一）环境管理机构、管理制度、管理人员状况及环境管理责任是否明确；

（二）建设项目环评许可和排污许可是否符合法律规定；

（三）大气污染物和水污染物排放环节、排放口、排放种类、排放量、排放浓度、污染防治设施设备、污染处理工艺现状及是否符合环评、排污许可、法律规定；

（四）噪声污染的产生环节、排放情况、污染防治设施设备、污染处理工艺现状及是否符合环评、排污许可、法律规定；

（五）固体废物及危险废物的产生、贮存、运输、处置、管理等各个环节的现状及是否与申报情况及管理计划相符、是否符合法律规定；

（六）危险化学品管理是否符合法律规定，环保安全距离是否符合环评和法律规定。

第三条【基本原则】 企业应当宣传和执行环境保护法律法规及有关规定，充分、合理地利用各种资源、能源，控制和消除污染，促进本企业生产发展，创造良好的工作生活环境，使企业的经济活动合规，尽量减少对周围生态环境的污染。

第二章　环境保护合规组织体系构建

第四条【合规管理部门】 企业管理层根据自身的规模、行业及发展特点，决定设置环境保护和监测机构或选任企业环保合规专员，也可将合规职能分配给现有职位，或委托第三方专业机构（如律师事务所、会计师事务所等）参与企业合规建设，全面负责本企业环境保护工作的管理和监测任务，改善企业环境状况，减少企业对周围环境的污染，并协调企业与政府环境保护主管部门的工作。主要职责包括：

（一）在企业领导负责下，认真贯彻执行国家、上级主管部门的有关环保方针、政策和法规，负责本企业环保工作的管理、测试等；

（二）负责组织制定环保长远规划和年度合规工作计划；

（三）监督检查本企业执行“三废”治理情况，参加新建、扩建和改造项目方案的研究和审查工作，并参加验收，提出环保意见和要求；

（四）组织企业内部环境监测，掌握原始记录，建立环保设施运行台账，做好环保资料归档和统计工作，按时向上级环境保护主管部门报告；

（五）对员工进行环保法律、法规教育和宣传，提高员工的环保意识，并对环保岗位进行培训考核。

第五条【决策层合规职责】 企业决策层是指企业董事会、董事、监事会、监事、股东会、总经理，以及其他有权参与、决定、影响企业经营管理方针、政策的组织、部门或个人。主要职责包括：

（一）全面协调环保系统的内部协调工作，处理与外部各方有关的环保事项；

（二）根据国家有关环保法规，建立适应企业发展需要的、健全的环境保护管理体系和从事环境保护工作的专业或监管队伍，建立健全环境保护制度，指导及保障企业的环保系统运行；

（三）定期组织有关环保会议，根据反馈的信息，总结经验，并对下一阶段环保工作提出要求和部署；

（四）其他合规工作重点事项。

第六条【业务部门合规职责】 业务部门负责本领域的日常合规管理工作，按照合规要求完善业务管理制度和流程，主动开展合规风险识别和隐患排查，发布环境保护合规预警，组织合规审查，及时向环境保护合规组织机构通报风险事项，妥善应对合规

风险事件，做好本领域合规培训和商业伙伴合规调查等工作，组织或配合进行违规问题调查并及时整改。

第七条【员工合规职责】 主要职责包括：

（一）充分认可、贯彻落实企业环境保护合规计划；

（二）积极参与环境保护合规培训；

（三）及时反映环境保护合规疑虑、问题和缺陷；

（四）其他职责。

第三章　环境保护合规相关制度构建

第八条【环境保护合规计划】 环境保护合规计划是指企业进行环境保护合规管理建设，满足全面、全部履行企业环保义务的需要。企业合规计划一般应包括如下内容：

（一）建立环境保护合规组织体系，如合规管理组织架构、成立合规综合管理部门、明确各部门的合规责任；

（二）制定环境保护合规管理规范、合规政策、合规行为准则；

（三）梳理环境保护合规风险，针对重点领域制定管理制度；

（四）明确合规计划完成时限；

（五）建立环境保护合规预防体系、识别体系、应对体系等运行机制；

（六）其他有利于加强环境保护合规管理的相关制度、措施。

第九条【环境保护合规管理规范】 环境保护合规管理规范的主要内容：

（一）环境保护合规管理的目标和任务；

（二）环境保护合规管理组织机构设置；

（三）环境保护合规管理制度、法律法规手册；

（四）环境保护合规管理的其他基本内容。

第十条【环境保护合规政策】 环境保护合规政策一般包括：

（一）环境保护合规行为准则；

（二）环境保护方面管理制度；

（三）环境保护操作流程、污染物处置规定。

第十一条【环境保护合规行为准则】 环境保护合规行为准则一般是指为不同岗位员工提供环境保护风险管理要点。

第四章 环境保护合规管理运行机制构建

第十二条【合规风险评估制度】 定期对企业自身环保现状和管理体系的有效性进行评估。企业可以根据环保合规法律法规手册，制作环保义务框架图，列出各个层级和方面的完整环保义务清单，逐项进行内部环保合规评估。

第十三条【合规调查制度】 对企业的并购及投资等项目的环境风险与法律责任分析，具体包括：区域环境规划及整治、大气及地表水环境、场地土壤及地下水环境、一般固体废弃物及危险废物、化学品管理及风险管控、突发事件防范及应急措施。

第十四条【合规培训制度】 企业就环境保护合规管理工作对全体员工进行法律培训、讲课，尤其是日常合规管理和应急情况管理。

第十五条【合规日常管理制度】 对员工进行环保法律、法规教育和宣传，提高员工的环保意识，并对环保岗位员工进行培训考核。

第十六条【合规信息报告制度】 做好环境信息公开，结合企业情况，从重点排污单位、公开内容、公开时间等方面进行管理。

第十七条【合规巡视制度】 企业定期派员巡视，进行环境风险识别，编写环保合规报告，通过对企业经营中的合规事件或行为进行概述，结合法律法规、案例等进行合规分析，明确其可能产生的法律后果，提出相对应的具有可操作性的意见或建议。

第十八条【合规奖惩制度】 制定奖惩制度，对在环境保护工作中成绩明显的员工给予精神和物质奖励；对玩忽职守，任意排放企业“三废”，造成污染环境事件的员工，视情节轻重，给予处分和罚款。

第十九条【行政、刑事监管应对制度】 针对环境风险类型的识别，进行分析和评价，根据环境风险的程度高低，给予不同应对处理方式。

第五章　环境保护合规管理重点

第二十条【建设项目合规管理】 加强企业建设项目环保手续合规管理：

（一）企业建设项目应依法履行环评手续及“三同时”；

（二）环评文件及环评批复应齐全；

（三）企业现场情况应与环评文件内容保持一致：重点核对项目的性质、生产规模、地点、采用的生产工艺、污染治理设施等是否与环评及批复文件一致；

（四）环评批复五年后项目才开工建设的，应重新报批环评。

第二十一条【环保验收合规管理】 项目投运后，应进行环保竣工验收，环保竣工验收手续应当完备。

建设项目竣工环境保护验收主要是对环评文件及批复中提出的污染防治设施落实情况进行验收。

第二十二条【污染物处理合规管理】 加强废水、废气、固废、危废、噪声等污染物处置的合规管理。

第六章　附则

第二十三条【解释及施行】本指引由企业合规监管委员会负责解释，自发布之日起施行。

（注：本指引自 2021 年 4 月 15 日发布施行）

附件 46

张家港市企业合规监管委员会
企业税务合规管理指引（试行）

为推进企业加强税务合规建设，建立规范的财税管理制度，促进企业诚信经营、依法纳税，参照国家税务总局《大企业税务风险管理指引（试行）》《纳税信用评价指标和评价方式（试行）》，结合本市《企业合规管理指引（试行）》的规定，制定本指引。

第一章　总则

第一条【概念定义】 企业税务合规是企业及其员工的经营管理行为符合税务方面的法律法规、监管规定、行业准则和企业章程、规章制度以及国际条约、规则等要求。

第二条【总体目标】 税务合规管理的主要目标包括：

（一）税务规划具有合理的商业目的，并符合税法规定；

（二）经营决策和日常经营活动考虑税收因素的影响，符合税法规定；

（三）对税务事项的会计处理符合相关会计制度或准则以及相关法律法规；

（四）纳税申报和税款缴纳符合税法规定；

（五）税务登记、账簿凭证管理、税务档案管理以及税务资料的准备和报备等涉税事项符合税法规定。

第三条【基本原则】 企业应当按照以下原则建立税务合规管理体系：

（一）持续联动。推动税务合规管理动态调节、持续跟踪，与外部法律、法规、政策的更新、发布相统筹、相衔接，确保合规管理体系有效运行。

（二）领导重视。税务风险管理由企业董事会负责督导并参与决策。董事会和管理层应将防范和控制税务风险作为企业经营的一项重要内容，促进企业内部管理与外部监管的有效互动。

（三）全员参与。倡导遵纪守法、诚信纳税的税务风险管理理念，增强员工的税务风险管理意识，并将其作为企业文化建设的一个重要组成部分。

第二章　税务合规组织体系构建

第四条【合规管理部门】 企业管理层根据自身的规模、行业及发展特点，决定是否创建税务合规管理机构或选任税务合规专员，也可将合规职能分配给现有职位，或委托第三方专业机构

（如律师事务所、会计师事务所等）参与企业合规建设。主要职责包括：

（一）制定和完善企业税务风险管理制度、税务合规计划和其他涉税规章制度；

（二）参与企业战略规划和重大经营决策的税务影响分析，提供税务风险管理建议；

（三）组织实施企业税务风险的识别、评估，监测日常税务风险并采取应对措施；

（四）指导和监督有关职能部门、各业务单位开展税务风险管理工作；

（五）建立税务风险管理的信息和沟通机制；

（六）组织税务培训，并向本企业其他部门提供税务咨询；

（七）其他税务合规管理职责。

第五条【决策层合规职责】 企业决策层是指企业董事会、董事、监事会、监事、股东会、总经理，以及其他有权参与、决定影响企业经营管理方针、政策的组织、部门或个人，主要职责包括：

（一）实施税务管理决策；

（二）设置适宜的组织机构，配备必要的资源；

（三）就税务管理的有关事宜予以授权；

（四）领导、审查、批准和监督税务管理机构的各项工作；

（五）协调企业内外有关税务工作。

第六条【业务部门合规职责】 业务部门负责本领域的日常合规管理工作，按照合规要求完善业务管理制度和流程，主动开展合规风险识别和隐患排查，发布合规预警，组织合规审查，及时向税务合规管理机构通报风险事项，妥善应对合规风险事件，做好本领域合规培训和商业伙伴合规调查等工作，组织或配合进行违规问题调查并及时整改。

第七条【员工合规职责】 主要职责包括：

（一）充分认可、贯彻落实企业税务合规计划；

（二）积极参与税务合规培训；

（三）及时反映税务合规疑虑、问题和缺陷；

（四）其他职责。

第三章 税务合规制度构建

第八条【税务合规计划】 税务合规计划要符合法律法规要求，并与企业发展总方针相适应，一般包括：

（一）明确税务合规组织机构或企业内各有关职能部门和层级实现税务管理目标的职责；

（二）制定税务合规管理规范、合规政策、合规行为准则；

（三）梳理税务合规风险，针对重点领域制定管理制度；

（四）明确合规计划完成时限；

（五）建立税务管理合规预防体系、识别体系、应对体系等运行机制；

（六）其他有利于合规管理的相关制度、措施。

第九条【税务合规管理规范】 税务合规章程，一般包括：

（一）税务管理方针和目标；

（二）税务合规管理组织机构设置；

（三）税务合规管理制度；

（四）税务合规管理的其他基本内容。

第十条【税务合规政策】 税务合规政策一般包括：

（一）税务风险管理组织机构、岗位和职责；

（二）税务风险识别和评估的机制和方法；

（三）税务风险控制和应对的机制和措施；

（四）税务信息管理体系和沟通机制；

（五）税务风险管理的监督和改进机制。

第十一条【税务合规行为准则】 编制税务管理手册并保持其有效性，明确不同岗位员工税务风险管理。

第四章 税务合规管理运行机制构建

第十二条【合规风险评估制度】 结合实际情况，通过风险识别、风险分析、风险评价等步骤，查找企业经营活动及其业务流程中的税务风险，分析和描述风险发生的可能性和条件，评价风险对企业实现税务管理目标的影响程度，从而确定风险管理的优先顺序和策略。企业应结合自身税务风险管理机制和实际经营情况，重点识别下列税务风险因素：

（一）董事会、监事会等企业治理层以及管理层的税收遵从意识和对待税务风险的态度；

（二）涉税员工的职业操守和专业胜任能力；

（三）组织机构、经营方式和业务流程；

（四）技术投入和信息技术的运用；

（五）财务状况、经营成果及现金流情况；

（六）相关内部控制制度的设计和执行；

（七）经济形势、产业政策、市场竞争及行业惯例；

（八）其他有关风险因素。

第十三条【合规调查制度】 企业对发生频率较高的税务风险建立监控机制，展开调查，评估其累计影响，并采取相应的应对措施。

第十四条【合规培训制度】 建立起全面系统的税务合规培训制度，定期对涉税业务人员进行培训，不断提高其业务素质和职业道德水平。企业涉税业务人员应具备必要的专业资质、良好的业务素质和职业操守，遵纪守法。

第十五条【合规日常管理制度】 建立和完善税法的收集和更新系统，及时汇编企业适用的税法并定期更新，确保企业财务会计系统的设置和更改与法律法规的要求同步。

第十六条【合规报告制度】 建立税务风险管理的信息与沟通制度，明确税务相关信息的收集、处理和传递程序，确保企业税务部门内部、企业税务部门与其他部门、企业税务部门与董事会、监事会等企业治理层以及管理层的沟通和反馈，发现问题应及时报告并采取应对措施。

第十七条【合规巡视制度】 企业定期派员巡视，查看企业战略规划和重大经营决策的制定，并跟踪和监控相关税务风险。重点审查下列税务风险因素：

（一）审核企业日常经营业务中涉税事项的政策和规范；

（二）审核各项涉税会计事务的处理流程，明确各自的职责和权限，保证对税务事项的会计处理符合相关法律法规；

（三）审核纳税申报表编制、复核和审批以及税款缴纳的程序，明确相关的职责和权限，保证纳税申报和税款缴纳符合税法规定。

第十八条【合规奖惩制度】 制定奖惩制度，明确员工举报涉税违法行为的奖励和报酬；明确员工造成涉税损失的责任。

第十九条【税务风险内控制度】根据风险产生的原因和条件，企业从组织机构、职权分配、业务流程、信息沟通和检查监督等多方面建立税务风险控制点，根据风险的不同特征、发生的规律和重大程度，建立预防性控制和发现性控制机制。

第二十条【税务风险整改制度】 针对重大税务风险所涉及的管理职责和业务流程，企业制定覆盖各个环节的全流程控制措施；对其他风险所涉及的业务流程，合理设置关键控制环节，采取相应的控制措施。

第二十一条【行政监管应对制度】 企业因内部组织架构、经营模式或外部环境发生重大变化，以及受行业惯例和监管的约束而产生的重大税务风险，可以及时向税务机关报告，以寻求税务机关的辅导和帮助。

第五章　税务合规管理重点

第二十二条【纳税信息管理】 加强涉税申报信息合规管理、税（费）款缴纳信息管理、发票与税控器具信息管理、税务登记与账簿信息管理。

第六章　附则

第二十三条【解释及施行】 本指引由企业合规监管委员会负

责解释，自发布之日起施行。

（注：本指引自 2021 年 4 月 15 日发布施行）

附件 47

张家港市企业合规监管委员会
企业知识产权合规管理指引（试行）

为推进企业全面加强知识产权合规建设，推动企业知识产权创造、运用、保护和管理能力的持续提升，营造良好的创新与竞争环境，参照《企业知识产权管理规范（GB/T29490—2013）》等标准，结合本市《企业合规管理指引（试行）》的规定，制定本指引。

第一章　总则

第一条【概念定义】 企业知识产权合规是企业及其员工的经营管理行为符合知识产权保护方面的法律法规、监管规定、行业准则和企业章程、规章制度以及国际条约、规则等要求。

知识产权包括：专利权；商标权；著作权（计算机软件著作权）；商业秘密；集成电路布图设计权；植物新品种权；地理标志权；商号权及其他知识产权法律法规规定的权利。

第二条【总体目标】 企业依据自身特点，按本指引要求建立知识产权管理体系，加以实施和保持，并持续改进其有效性。主要目标包括：

（一）识别所涉及的知识产权种类及其在企业中所起的作用；

（二）确保知识产权创造、运用、保护和管理的有效运行和控制；

（三）开展检查、分析、评价，确保持续改进。

第三条【基本原则】 企业应当按照以下原则建立知识产权合规管理体系，基本原则是：

（一）战略导向。统一部署经营发展、科技创新和知识产权战略，使三者互相支撑、互相促进。

（二）领导重视。最高管理者的支持和参与是知识产权管理的关键，最高管理层应全面负责知识产权管理。

（三）全员参与。知识产权涉及企业各业务领域和各业务环节，应充分发挥全体员工的创造性和积极性。

第二章 知识产权合规组织体系构建

第四条【合规管理部门】 企业管理层根据自身的规模、行业及发展特点，决定是否组建知识产权合规管理机构或配备知识产权合规专员，也可将合规职能分配给现有职位，或委托第三方专业机构（如律师事务所、会计师事务所等）参与企业合规建设，主要职责包括：

（一）组织编制企业知识产权目标、制度、合规计划；

（二）执行企业知识产权内部控制制度；

（三）负责企业知识产权的获取、使用、维护和日常管理工作；

（四）负责企业各种获得、使用与转让、许可知识产权的合同管理；

（五）负责知识产权风险的防范与应对，依法处理企业内外部知识产权纠纷；

（六）负责企业知识产权信息资源的建设、管理和利用；

（七）负责企业员工知识产权教育和培训。

第五条【决策层合规职责】 企业决策层是指企业董事会、董事、监事会、监事、股东会、总经理，以及其他有权参与、决定影响企业经营管理方针、政策的组织、部门或个人，主要职责包括：

（一）实施知识产权管理决策；

（二）设置适宜的组织机构，配备必要的资源；

（三）就知识产权管理的有关事宜予以授权；

（四）领导、审查、批准和监督知识产权管理机构的各项工作；

（五）协调企业内外有关知识产权工作。

第六条【业务部门合规职责】 业务部门负责本领域的日常合

规管理工作，按照合规要求完善业务管理制度和流程，主动开展合规风险识别和隐患排查，发布合规预警，组织合规审查，及时向知识产权合规管理机构通报风险事项，妥善应对合规风险事件，做好本领域合规培训和商业伙伴合规调查等工作，组织或配合进行违规问题调查并及时整改。

第七条【员工合规职责】 主要职责包括：

（一）充分认可、贯彻落实企业知识产权合规计划；

（二）积极参与知识产权合规培训；

（三）及时反映知识产权合规疑虑、问题和缺陷；

（四）其他职责。

第三章 知识产权合规制度构建

第八条【知识产权合规计划】 知识产权合规计划要符合法律法规要求，并与企业发展总方针相适应，一般应包括如下内容：

（一）明确知识产权合规组织机构或企业内各有关职能部门和层级实现知识产权管理目标的职责；

（二）制定知识产权合规管理规范、合规政策、合规行为准则；

（三）建立与知识产权创造、运用、保护和管理相适应的内部控制制度；

（四）明确合规计划完成时限；

（五）其他有利于合规管理的相关制度、措施。

第九条【知识产权合规管理规范】 知识产权合规章程的主要内容：

（一）知识产权合规管理方针和目标；

（二）知识产权合规管理组织机构设置；

（三）知识产权合规管理制度；

（四）知识产权合规管理的其他基本内容。

第十条【知识产权合规政策】 知识产权合规政策一般包括：

（一）与知识产权创造、运用、保护和管理相适应的内部控制制度，如知识产权申请、维护和管理制度、保密制度、员工发明创造奖励制度，并适时修改并完善；

（二）与知识产权管理有关的各项活动的记录，形成档案，为评价知识产权管理体系有效运行提供客观依据；

（三）职务成果管理制度，界定知识产权权属，拟定引进和实施他人知识产权的计划；

（四）知识产权管理目标，并形成实现目标的计划和相应的文件。目标应服务于企业发展总目标，设置可测量参数。

第十一条【知识产权合规行为准则】 编制知识产权手册并保持其有效性，具体内容包括：

（一）知识产权机构设置、职责和权限的相关文件；

（二）知识产权管理体系的程序文件或对程序文件的引用；

（三）不同岗位员工知识产权风险管理。

第四章　知识产权合规管理运行机制构建

第十二条【合规风险评估制度】 定期对企业知识产权管理体系的适宜性和有效性进行评估。评估应包括知识产权管理绩效评价，管理体系、管理方针和目标是否需要调整和改进。重点评估以下两方面：

（一）促进和监控知识产权的实施，有条件的企业可评估知识产权对产品销售的贡献；

（二）知识产权实施、许可或转让前，应分别制定调查方案，并进行评估。

第十三条【合规调查制度】 投融资活动前，应对相关知识产权开展尽职调查，进行风险和价值评估。在境外投资前，应针对目的地的知识产权法律、政策及其执行情况，进行风险分析。

第十四条【合规培训制度】 建立起全面系统的知识产权合规培训制度，包括以下内容：

（一）规定知识产权工作人员的教育培训要求，制定计划并执行；

（二）组织对全体员工按业务领域和岗位要求进行知识产权培

训，并形成记录；

（三）组织对中、高层管理人员进行知识产权培训，并形成记录；

（四）组织对研究开发等与知识产权关系密切的岗位人员进行知识产权培训，并形成记录。

第十五条【合规日常管理制度】 建立知识产权分类管理档案，进行日常维护，包括知识产权评估、知识产权权属变更、知识产权权属放弃。有条件的企业可对知识产权进行分级管理。

第十六条【合规报告制度】 建立信息收集渠道，及时获取所属领域、竞争对手的知识产权信息，对信息进行分类筛选和分析加工，并加以有效利用，在对外信息发布之前进行相应审批。有条件的企业可建立知识产权信息数据库，并有效维护和及时更新。

第十七条【合规巡视制度】 企业定期派员巡视，查看基础设施配备情况，如知识产权管理软件、数据库、计算机和网络设施等，审核知识产权经常性预算费用，是否用于知识产权申请、注册、登记、维持、检索、分析、评估、诉讼和培训等事项，有条件的企业可设立知识产权风险准备金。

第十八条【合规奖惩制度】 制定奖惩制度，明确员工知识产权创造、保护和运用的奖励和报酬；明确员工造成知识产权损失的责任。

第十九条【不当行为调查制度】 新入职员工进行适当的知识产权背景调查，以避免侵犯他人知识产权；对于研究开发等与知识产权关系密切的岗位，应要求新入职员工签署知识产权声明文件。

通过劳动合同、劳务合同等方式对员工进行管理，约定知识产权权属、保密条款；明确发明创造人员享有的权利和负有的义务；必要时应约定竞业限制和补偿条款。

对离职的员工进行相应的知识产权事项提醒；涉及核心知识产权的员工离职时，应签署离职知识产权协议或执行竞业限制协议。

第二十条【不当行为纠正制度】 加强风险管理，采取措施，避免或降低生产、办公设备及软件侵犯他人知识产权的风险，定期监控产品可能涉及他人知识产权的状况，分析可能发生的纠纷及其对企业的损害程度，提出防范预案。有条件的企业可将知识产权纳入企业风险管理体系，对知识产权风险进行识别和评测，并采取相应风险控制措施。

第二十一条【行政、刑事监管应对制度】 及时发现和监控知识产权被侵犯的情况，适时运用行政和司法途径保护知识产权，在处理知识产权纠纷时，评估通过诉讼、仲裁、和解等不同处理方式对企业的影响，选取适宜的争议解决方式。

第五章　知识产权合规管理重点

第二十二条【合同管理】 加强合同中知识产权管理：

（一）应对合同中有关知识产权条款进行审查；

（二）对检索与分析、预警、申请、诉讼、侵权调查与鉴定、管理咨询等知识产权对外委外业务应签订书面合同，并约定知识产权权属、保密等内容；

（三）在进行委托开发或合作开发时，应签订书面合同，约定知识产权权属、许可及利益分配、后续改进的权属和使用等；

（四）承担涉及国家重大专项等政府支持项目时，应了解项目相关的知识产权管理规定，并按照要求进行管理。

第二十三条【保密管理】 加强保密管理，主要做到以下几点：

（一）明确涉密人员，设定保密等级和接触权限；

（二）明确可能造成知识产权流失的设备，规定使用目的、人员和方式；

（三）明确涉密信息，规定保密等级、期限和传递、保存及销毁的要求；

（四）明确涉密区域，规定客户及参访人员活动范围等。

第二十四条【流程管理】 加强知识产权立项阶段、研究开发阶段、采购阶段、生产阶段、销售和售后阶段的管理。

第六章　附则

第二十五条【解释及施行】本指引由企业合规监管委员会负责解释，自发布之日起施行。

（注：本指引自 2021 年 4 月 15 日发布施行）

附件 48

张家港市部分行政机关企业行政合规指导清单（节录）

张家港市应急管理局企业行政合规指导清单（节录）

行政合规事项	常见违法行为表现	法律依据及违法责任	发生频率	合规建议
生产经营单位应建立事故隐患排查治理制度	生产经营单位未建立事故隐患排查治理制度	《中华人民共和国安全生产法》第四十一条第二款　生产经营单位应当建立健全并落实生产安全事故隐患排查治理制度，采取技术、管理措施，及时发现并消除事故隐患。事故隐患排查治理情况应当如实记录，并通过职工大会或者职工代表大会、信息公示栏等方式向从业人员通报。其中，重大事故隐患排查治理情况应当及时向负有安全生产监督管理职责的部门和职工大会或者职工代表大会报告	★★	1. 生产经营单位应当建立健全事故隐患排查治理和建档监控等制度，逐级建立并落实从主要负责人到每个从业人员的隐患排查治理和监控责任制； 2. 生产经营单位应当保证事故隐患排查治理所需的资金，建立资金使用专项制度； 3. 生产经营单位应当定期组织安全生产管理人员、工程技术人员和其他相关人员排查本单位的事故隐患。对排查出的事故隐患，应当按照事故隐患的等级进行登记，建立事故隐患信息档案，并按照职责分工实施监控治理；

续表

行政合规事项	常见违法行为表现	法律依据及违法责任	发生频率	合规建议
		第一百零一条　生产经营单位有下列行为之一的，责令限期改正，处十万元以下的罚款；逾期未改正的，责令停产停业整顿，并处十万元以上二十万元以下的罚款，对其直接负责的主管人员和其他直接责任人员处二万元以上五万元以下的罚款；构成犯罪的，依照刑法有关规定追究刑事责任： （五）未建立事故隐患排查治理制度，或者重大事故隐患排查治理情况未按照规定报告的		4. 生产经营单位应当建立事故隐患报告和举报奖励制度，鼓励、发动职工发现和排除事故隐患，鼓励社会公众举报。对发现、排除和举报事故隐患的有功人员，应当给予物质奖励和表彰； 5. 具体要求参见《安全生产事故隐患排查治理暂行规定》，并做好相关台账备查
生产经营单位应将事故隐患排查治理情况如实记录并向从业人员通报	1. 未记录、虚假记录事故隐患排查治理情况； 2. 隐患排查治理情况未通过职工大会或者职工代表大会、信息公示栏等方式向从业人员通报	《中华人民共和国安全生产法》第四十一条第二款　生产经营单位应当建立健全并落实生产安全事故隐患排查治理制度，采取技术、管理措施，及时发现并消除事故隐患。事故隐患排查治理情况应当如实记录，并通过职工大会或者职工代表大会、信息公示栏等方式向从业人员通报。其中，重大事故隐患排查治理情况应当及时向负有安全生产监督管理职责的部门和职工大会或者职工代表大会报告	★★★	1. 生产经营单位应当定期组织安全生产管理人员、工程技术人员和其他相关人员排查本单位的事故隐患。对排查出的事故隐患，应当按照事故隐患的等级进行登记，建立事故隐患信息档案，并按照职责分工实施监控治理； 2. 事故隐患排查治理情况应当通过职工大会或者职工代表大会、信息公示栏等方式向从业人员通报（应当要有相关台账记录）。其中重大事故隐患排查治理情况应当及时向负有安全生产监督管理职责的部门和职工大会或者职工代表大会报告；

续表

行政合规事项	常见违法行为表现	法律依据及违法责任	发生频率	合规建议
		《中华人民共和国安全生产法》第九十七条 生产经营单位有下列行为之一的，责令限期改正，处十万元以下的罚款；逾期未改正的，责令停产停业整顿，并处十万元以上二十万元以下的罚款，对其直接负责的主管人员和其他直接责任人员处二万元以上五万元以下的罚款： （五）未将事故隐患排查治理情况如实记录或者未向从业人员通报的		3. 粉尘涉爆企业应当根据《粉尘防爆安全规程》等有关国家标准或者行业标准，结合粉尘爆炸风险管控措施，建立事故隐患排查清单，明确和细化排查事项、具体内容、排查周期及责任人员，及时组织开展事故隐患排查治理； 4. 做好相关台账备查

张家港市住建局企业行政合规指导清单（节录）

行政合规事项	常见违法行为表现	法律依据及违法责任
施工单位应按照规定设置安全生产管理机构和配备安全生产管理人员	1. 施工单位未设立安全生产管理机构； 2. 未按规定根据项目规模配备相应的专职安全生产管理人员； 3. 安全生产管理人员未按要求到岗履职；	《中华人民共和国安全生产法》 第九十七条 生产经营单位有下列行为之一的，责令限期改正，处十万元以下的罚款；逾期未改正的，责令停产停业整顿，并处十万元以上二十万元以下的罚款，对其直接负责的主管人员和其他直接责任人员处二万元以上五万元以下的罚款： （一）未按照规定设置安全生产管理机构或者配备安全生产管理人员、注册安全工程师的。 《建设工程安全生产管理条例》 第二十三条第一款 施工单位应当设立安全生产管理机构，配备专职安全生产管理人员。 第六十二条 违反本条例的规定，施工单位有下列行为之一的，责令限期改正；逾期未改正的，责令停业整顿，依照《中华人民共和国安全生产法》的有关规定处以罚款；造成重大安全事故，构成犯罪的，对直接责任人员，依照刑法有关规定追究刑事责任：

续表

行政合规事项	常见违法行为表现	法律依据及违法责任
	4. 施工单位未办理变更手续擅自变更安全生产管理人员	（一）未设立安全生产管理机构、配备专职安全生产管理人员或者分部分项工程施工时无专职安全生产管理人员现场监督的
专职安全生产管理人员未按规定履行安全生产管理职责	1. 工人未佩戴安全帽、高处作业人员未正确悬挂安全带、危大工程未开展现场监督等； 2. 动火作业、脚手架拆除等作业时专职安全员未在现场监督	《建设工程安全生产管理条例》 第二十三条第二款　专职安全生产管理人员负责对安全生产进行现场监督检查。发现安全事故隐患，应当及时向项目负责人和安全生产管理机构报告；对违章指挥、违章操作的，应当立即制止。 第六十二条　违反本条例的规定，施工单位有下列行为之一的，责令限期改正；逾期未改正的，责令停业整顿，依照《中华人民共和国安全生产法》的有关规定处以罚款；造成重大安全事故，构成犯罪的，对直接责任人员，依照刑法有关规定追究刑事责任： （一）未设立安全生产管理机构、配备专职安全生产管理人员或者分部分项工程施工时无专职安全生产管理人员现场监督的。 《建筑施工企业主要负责人、项目负责人和专职安全生产管理人员安全生产管理规定》 第二十条　项目专职安全生产管理人员应当每天在施工现场开展安全检查，现场监督危险性较大的分部分项工程安全专项施工方案实施。对检查中发现的安全事故隐患，应当立即处理；不能处理的，应当及时报告项目负责人和企业安全生产管理机构。项目负责人应当及时处理。检查及处理情况应当记入项目安全管理档案。 第三十三条　专职安全生产管理人员未按规定履行安全生产管理职责的，由县级以上地方人民政府住房城乡建设主管部门责令限期改正，并处1000元以上5000元以下的罚款；造成生产安全事故或者其他严重后果的，按照《生产安全事故报告和调查处理条例》的有关规定，依法暂扣或者吊销安全生产考核合格证书；构成犯罪的，依法追究刑事责任。 《危险性较大的分部分项工程安全管理规定》

续表

行政合规事项	常见违法行为表现	法律依据及违法责任
		第十七条第二款　项目专职安全生产管理人员应当对专项施工方案实施情况进行现场监督，对未按照专项施工方案施工的，应当要求立即整改，并及时报告项目负责人，项目负责人应当及时组织限期整改。 第三十五条　施工单位有下列行为之一的，责令限期改正，并处1万元以上3万元以下的罚款；对直接负责的主管人员和其他直接责任人员处1000元以上5000元以下的罚款： （二）施工单位未按照本规定进行施工监测和安全巡视的

第三节　开展事前合规的注意事项

一、理清事前合规试点各方职责

（一）试点参与四方关系

企业合规监管委员会作为事前合规的组织方，负责统筹协调，引导企业开展事前合规建设，委托第三方组织对企业合规建设进行分级评定验收工作。试点企业作为事前合规建设实施方，自愿接受企业合规监管委员会总体安排开展合规建设，可以自行聘请合规建设团队，申请验收后接受第三方组织分级评定验收。第三方组织作为合规建设验收方，受企业合规监管委员会委托对企业合规体系有效性进行验收评估，对企业合规监管委员会负责。第三方组织工作经费由企业合规监管委员会承担。试点企业聘请的合规顾问团队作为合规建设服务方，对企业负责，为企业提供专业合规法律服务，帮助企业完成第三方组织验收。合规顾问团队的费用由企业自行承担。

需要说明的是，事前合规试点中企业参与合规建设和申请分级评定都基于企业自愿，企业合规监管委员会起组织协调作用，第三方组织仅参与分级评定验收，不参与企业合规建设。但在涉外法律风险领域事前合规试点中，主要考虑涉外法律风险领域事前合规难度大、专业性强、企业合规能力不足等因素，第三方组织需要发挥更大的指导、监督作用，对企业合规建设的全过程进行监督考察。第三方组织需要加强合规建设关键流程把控。合规计划制定环节，重点对顾问团队的资质以及合规计划的制定过程、具体内容等进行全面的审查，提出意见和建议；合规计划执行环节，采取坐班督导、集体访谈、问卷调查、抽样检测等多种方式，对企业涉外合规建设进行跟踪督导，指出问题不足；合规有效性环节，制定涉外合规有效性审查评定标准，邀请专家智库成员参与验收，对评估意见进行论证、点评。

（二）检察机关在推进事前合规中的地位作用

在推进事前合规建设过程中也有质疑：检察机关履职的正当性依据何在？事前合规类似行政合规，是否已经超出了检察机关的职权范围？除了理论上的质疑，还有实践操作层面的质疑：事前合规基于企业自愿，那么检察机关参与的程度如何把握？我们认为，检察机关作为国家法律监督机关，能动履职凝聚多方力量，推动构建以企业合规为核心的社会化支持体系有其正当性。

首先，检察机关是社会公共利益的代表。检察机关推动开展事前合规建设，引导企业完善管理体系，实现合规经营并承担必要的社会责任，有利于构建法治化营商环境，符合社会公共利益。其次，检察机关犯罪预防职能的发挥。事前合规本质上是企业犯罪预防的一种新方式。检察机关作为推进事后合规的主导者毋庸置疑，而事前合规不应与事后合规割裂看待，应当看到二者之间的联系。事前合规侧重犯罪治理的前端预防。因此，检察机关参与事前合规建设体现检察职能作用。最后，检察机关参与社会治理的有效途径。张军检察长强调，以检察履职助力构建有中国特色的企业合规制度，这不仅是建立完善现代企业管理制度的应有之义，也是国家治理体系和治理能力现代化的重要体现。[①] 检察机关引导企业开展事前合规建设，通过公益诉讼、制发检察建议等推动行业合规建设，从个案企业合规向行业企业普遍、同类问题拓展，实现诉源治理。

检察机关推进事前合规有其必要性和现实意义。在推进事前合规改革试点工作中，我们发现犯罪的企业毕竟是少数，事后合规有其滞后性，事前合规的前端预防作用覆盖面、影响力、有效性都是事后合规无法比拟的。张家港市检察院成为全国首批企业合规改革试点单位之一，市委书记对此做出了专门批示要求："抓住试点机会，加大改革创新力度，力争形成新的'张家港样本'。"探索初期，事前合规工作面广量大、专业性强，新问题层出不穷，需要牵头部门投入大量人力物力，协调方方面面。工商联作为人民团体和商会组织，不具有行政职权且人手有限，面对新的职能挑战，力量配置略显不足。为此，张家港市委市政府出台意见，专门成立企业合规监管委员会，并且把牵头责任交给检察院。张家港市检察院把事前合规作为履行预防职能、服务高质量发展的重要抓手，发挥牵头作用，推进事前合规工作取得了一些成效。待机制建立、条件成熟后检察机关将事前合规主导权逐步移交给工商联。毕竟，企业的"娘家"是工商联，事前合规主导责任在工商联。检察机关作为"老娘舅"，可以推动、协调相关事项，履职重点还是在事后合规，这也符合《指导意见》的精神。工商联主导推进事前合规符合事前合规走向规范化、常态化的趋势。

二、区分事前合规和事后合规考察标准

陈瑞华教授提出我国企业合规建设的两种模式，一种是日常

---

① 参见邱春艳、李钰之：《创新检察履职，助力构建中国特色的企业合规制度》，载《检察日报》2020年12月28日，第1版。

性合规管理模式，未涉罪企业以预防合规风险为出发点建立常态化的合规管理体系，即本书中所说的“事前合规”；另一种是合规整改模式，涉罪企业为获得刑事从宽处理，针对涉罪风险进行合规整改，即本书中所说的“事后合规”。[①] 这两种合规模式的适用对象、基本功能和制度构造不同，决定了合规计划类型、合规建设方法、验收评估标准都有所不同。

（一）合规计划类型

事前合规基于企业自愿、未涉罪的性质决定了企业可以有选择地制定合规计划，即可以针对排查出的风险领域制定专项合规计划。比如，企业可能在安全生产、环境保护方面都有潜在合规风险，基于时间、精力、条件等各种因素，企业可以仅就安全生产制定合规计划，建立安全生产领域合规管理体系；或者先制定安全生产领域合规计划，后制定环境保护领域合规计划，逐步建立安全生产、环境保护领域的合规管理体系。总之，企业要针对存在风险的领域进行合规建设。如果企业本身不存在安全生产领域合规风险，当然不需要制定安全领域的合规计划。事后合规则不同，事后合规以消除涉罪风险、防止再次发生同类违法犯罪为目的，涉案企业合规计划必须结合具体违法犯罪领域制定整改方案，消除同类违法犯罪风险以及其他可能的风险。

（二）合规建设方法

事前合规应当以全面合规为目标、专项合规为重点，避免大而全的合规管理体系。事前合规试点初期，考虑到企业合规能力不足、分级评定体系不完善、试点工作推进难等因素，可以允许企业就某一个领域开展合规建设并申请单个领域的分级评定。但从企业长远发展来看，事前合规建设仍是以全面合规为最终目标，这是一个分步实施、逐步深化的过程。对企业进行合规评价，应

① 参见陈瑞华：《有效合规管理的两种模式》，载《法制与社会发展》2022 年第 1 期。

当是全面评价，确保该企业各个领域、各个环节、各个岗位都实现合规运行，才能达到促进企业持续健康发展的目标追求。事后合规以去犯罪化为目标，涉案企业需要在规定的考察期内，在针对性弥补漏洞的基础上建立起专项合规管理体系，并且以全面合规为目标建立合规管理体系。

（三）验收评估标准

事前合规分级评定标准按照国际通行的有效合规管理体系要求的必备要素、标准进行设定，包括合规组织机构、制度体系、运行机制和文化建设等。第三方组织对企业某一个或多个领域对照分级评定标准进行打分。合规分级评定参考指标体系满分为 100 分，采用扣分的方法计算每个领域的分值。按照“按领域单独打分，依权重汇总评价”的原则，申请 2 个以上领域合规建设分级评定的，由第三方组织依据企业经营业务特点及该领域合规建设必要性，提出权重比例分配的建议。企业合规监管委员会审核确定后计算企业分级评定最终得分，根据最终得分情况确定分级评定等级。在事后合规中，首先，对涉案企业进行合规验收评估，应当紧紧围绕涉罪领域整改的针对性和有效性作出评价，这是合规整改通过验收的首要因素。其次，对同一类犯罪建立起的专项合规管理体系进行评估，判定是否实现体系化整改。做到以上两点可以初定企业合规整改合格。最后，可以设定一个加分项，企业以全面合规为目标，对其他领域可能存在的合规风险进行整改完善，将合规管理体系嵌入企业经营管理的各个重点领域、重点环节、重点岗位，促进企业整体合规运行，这是较高标准的合规整改要求。

三、事前合规分级评定经费保障问题

事前合规分级评定工作涉及第三方组织履职经费保障，包括律师、会计师等中介机构专业人员的报酬支付、车旅费用以及现场验收材料费等。张家港市事前合规试点中，为了保证事前合规分级评定工作的公正性和公信力，事前合规经费由财政保障。第三方组织评定 1 家企业报酬的基本标准是 1.1 万元。按照张家港市首批试点 100 家企业来计算，事前合规第三方监督评估工作报酬经费共计 110 万元。虽然财政保障第三方组织履职报酬有其优势，但该笔支出对于财政也是不小的压力。试点初期可以采用财政支持的方式，后期考虑由工商联成立事前合规分级评定专项基金，由试点企业支付分级评定费用作为基金来源，第三方组织完成分级评定后由工商联统一进行结算支付，既可以减轻财政压力，也可以防止利益输送。

第四节 开展事前合规的类型化探索

不同性质、不同规模企业的合规需求不同，合规管理体系的类型、内容、标准等也都不同。事前合规需要结合企业规模、行业特点、主要风险领域，确定不同类型的合规建设模式。中小型民营企业占合规试点企业中较大体量，但合规能力有限，在这些企业中建立起有效合规管理体系要突出针对性，围绕重点业务领域、生产范围建立起专项合规管理体系，在此基础上查找其他管理薄弱环节和风险隐患，将合规管理体系嵌入其他业务板块，逐步推进合规体系建设。对于行业内具有共性合规风险的同类型企业，可以引导相关行业开展整体合规建设，行业商会成立统一的合规组织机构、制定统一的合规标准，促进成员企业执行行业合规管理体系，有效减少合规成本，扩大合规成效。外向型企业涉外法律风险复杂、合规难度大，可以由市企业合规监管委员会牵头，组建由涉外合规领域专业人员组成的第三方组织，引导、帮助企业打造涉外合规管理体系。

一、推动中小企业事前合规的探索

中小微企业是我国民营企业的重要力量，在我国国民经济发展、解决就业等方面发挥着重要作用。同时，中小微企业家族化、不规范的特点突出，这是开展事前合规需要重点解决的问题。下面以张家港市某公司事前合规试点为例进行介绍。

（一）企业基本情况介绍

张家港某模塑有限公司（以下简称某模塑公司）是首批事前合规试点企业，在中小企业合规建设方面具有代表性和典型性。某模塑公司是国家高新技术产业，通过近 20 年的发展，已成为诸多世界 500 强企业优质供应商。公司创建的某卫浴品牌，先后获得国际大奖，被国家相关部门评为全国消费者放心产品。该公司党支部书记、董事长合规意识强烈，将合规建设作为一把手工程推进，充分认识到企业只有全方位地推进合规建设，规范企业行为，做到全员合规、事事合规，才能永葆活力，永续发展。在 2021 年张家港市事前合规分级评定中，某模塑公司获评合规优质企业。

（二）合规管理体系构建

1. 合规文化塑造

某模塑公司以“合规经营、永续发展”为宗旨，秉承利益要公平、领导要公正、办事要公认的“三公”原则，确立了企业四大理念：一是“诚信、务实、进取”的经营理念；二是“人人有事做、事事有落实”的管理理念；三是“团结拼搏、永争第一”的奋斗理念；四是“信誉第一、顾客至上”的服务理念。某模塑公司建立了企业文化展馆，在展馆内向全体人员展示企业合规文化，营造合规文化氛围。接待全国工商联、最高检法律政策研究室等各级领导考察调研，成为企业合规试点的宣传阵地。

2. 合规组织机构

某模塑公司成立了合规委员会和合规办公室。合规委员会成员包括公司总经理、首席合规官和总法律顾问。公司董事长兼总经理作为一把手，亲自抓合规建设，把合规经营理念写入公司章程。公司首席合规官独立于公司业务部门、财务部门之外，是企业专门聘请的外部人员，熟悉商务工作。公司总法律顾问是外聘的律师事务所律师，在公司治理方面有丰富的工作经验。某模塑公司合规组织机构人员结构较合理，保证合规责任部门履职的独立性。合规委员会的工作职责包括：（1）确认合规管理战略，明确合规管理目标；（2）建立和完善企业合规管理体系，审批合规管理制度、程序和重大合规风险管理方案；（3）听取合规管理工作汇报，指导、监督、评价合规管理工作。合规办公室由 4 名人员组成，具体负责开展合规工作，包括：（1）构建公司合规管理体系，制定、修订公司的合规手册和其他合规风险管理规章制度；（2）起草年度合规管理计划，起草合规报告；（3）主动识别、评估、监测和报告合规风险；（4）调查处理违规事件，起草违规处理决定；（5）审查公司内部管理制度、业务流规程，提供合规改进意见等工作。

3. 合规管理流程

某模塑公司建立了合规管理工作流程，共 6 项：（1）建立正式的合规风险评估程序，合规委员会成员与业务部门负责人进行谈话，调查部门工作中存在的合规风险点并进行梳理分析；（2）培育企业合规文化，在公司各类会议强调合规，在部门会议、全员会议、公司年会上进行宣讲；（3）强化领导层的作用，层层签署合规承诺书，形成公司对员工、员工对公司的双向承诺，提供供应商中英文两版合规承诺书，以应对国内外合作伙伴合规需要；（4）完善人力资源流程；（5）建立合规问题上报机制，比如设立合规热线和合规建议箱，畅通员工举报的渠道，听取员工的意见和建议；（6）建立调查程序，对一些重点项目、发展方向进行调查并排除风险隐患的制度，包括对第三方合作伙伴的资质、关系、声誉进行调查。

4. 建立专项合规管理制度

某模塑公司围绕安全、环境、财税、知产四个方面建立和完善合规管理制度，合规办公室牵头各业务部门梳理合规风险点，研究解决的思路和办法。

安全和环境方面，制定安全、环境检查 OPL 表，专人定期检查，填录存在的问题、责任人员、整改完成时间；加装废气处理设施，定期委托第三方机构对公司废水、废气、噪声、粉尘进行现场检测，出具检测报告；在危险废物处置方面，对产生的危险废物信息进行公示，设立临时危险废弃物贮存放置点并作好标识，聘请有资质的公司定期上门回收。

财税合规方面，制定财务合规章程和管理制度，建立和完善内部控制制度，定期梳理财务合规风险，有针对性确认整改方案，建立周期性培训制度，提高涉税员工的职业操守和专业能力。

知识产权方面，制定了知识产权管理制度、知识产权中长期战略规划、保密管理制度和应急预案、知识产权预警及风险防范方案。

5. 建立合规考核奖惩机制

为深入持久推进企业合规建设，某模塑公司建立了合规考核奖惩机制，每年设置一定的资金用于奖励合规的部门、员工。该公司开展“合规示范岗”评比活动，根据车间、行政科室不同工种特点，制定包括合规建议采纳数、岗位技能、员工稳定性、合规执行情况等评比标准，授予不同等级的星级，为获选的员工颁发“合规示范岗”流动红旗，并给予一定的物质奖励。

二、以行业合规推进企业合规探索

行业商会是介于政府、企业之间的民间组织，自我管理、自我组织是行业商会的最本质特征。行业商会可以发挥自治作用，引导行业内企业整体合规建设，实现合规成本最小化、合规效果最大化。张家港市密封件行业内企业既有竞争又互相联系，多家企业制假售假进入刑事程序，部分犯罪行为存在关联性，对产业集群造成不利影响，暴露出该行业普遍存在知识产权意识淡薄、生产管理环节存在侵权风险等问题。为此，检察机关走访了工商联、密封件行业商会、涉案企业以及市场监督管理局等，调研行业合规建设的意愿，并进行可行性分析。密封件行业商会认识到行业内存在的系统性知识产权管理问题，有开展行业合规的意愿。通过沟通协商，张家港市密封件行业商会同意就全行业开展合规建设，并由该商会牵头落实，首批 7 家会员企业签署合规承诺书，自愿参与事前合规建设。

（一）选择行业合规模式的现实意义

1. 解决小微企业合规难问题

张家港市民营经济较为发达，小微企业数量众多是其显著特点。小微企业生产经营往往缺乏规范，容易触碰法律红线，产生法律风险。企业经营的终极目标是利益最大化，推进合规需要耗费人力物力，而小微企业更多关注的是投入产出比，在看不到现实回报的情况下，企业更多考虑的是常规支出，控制生产成本。故此，小微企业往往缺乏参与企业合规建设的意愿。行业合规则通过全行业合规的方式，引导小微企业参与到合规建设中，并提供帮助及支持。在张家港市密封件行业合规的探索中，商会为降低各成员单位的合规成本，提高合规工作的开展效率，由商会统一成立合规组织机构，在协调指导、调查研究、培训交流、咨询服务等方面发挥作用，有效弥补小微企业独立开展合规建设能力不足的弱点。

2. 解决细分领域合规难问题

不同行业的企业因其生产经营范围不同，所需要的专项合规类型、内容都不同。在以往的合规实践中，政府部门出台合规指引一般从安全生产、环境保护、税务、知识产权、商业伙伴、劳动用工等重点环节提出合规建设的建议，这些内容固然囊括了绝大多数企业可能面临的合规风险，但难以抓住不同类型企业、不同行业企业的合规难点、流程内控关键点。如果小微企业照搬这些合规指引进行整改，极易导致企业合规建设流于表面。行业商会作为由同业竞争者为促进共同利益而自愿组成的自治性组织，天然地熟悉所处行业的生产经营风险，能够准确辨识会员企业存在的共性风险，制定出针对性强的合规制度、措施。以密封件行业为例，这类企业在张家港有50余家，密封件商会会员企业23家，且都是小微企业。机械密封是一种旋转机械的油封装置，是一种安装在大型机械设备上的零部件，技术和生产线比较简单，不需要类似央企、国企较复杂的合规管理体系。密封件商会具有行业类型相同、管理模式相似、涉罪风险类同的特点。因此，密封件行业商会具备搭建统一合规管理体系的基础。

3. 解决事前合规推进难问题

事前合规往往因缺乏激励政策，导致企业合规意愿低而难以推进。虽然企业合规监管委员会牵头全市行政机关出台了一些激励政策，但难以满足企业的需求，行业商会奖惩措施可以作为推进事前合规的补充激励手段。行业商会一般都由会员企业缴纳会费，可以制定一套奖励机制，从精神或物质上鼓励会员企业开展合规建设，对事前合规进行正向激励；行业商会对会员企业有指导、监督和协调的职责，对会员企业的违法违规行为可以采取自查、惩戒等措施促进企业遵守，对事前合规形成反向规制。此外，行业商会具有专门知识、信息和资源集中优势，可以为企业合规建设提供切实可行的指导和帮助。实践中在同行业企业竞争时，合规体系完备的企业往往占据优势地位，因合规与否而产生的竞争力差异，往往会吸引原本合规意愿较低的企业参与到合规建设中。

（二）行业合规体系的构建

1. 组建合规组织机构

合规组织机构是企业开展合规工作的重要保障，其包括各成员单位内部的负有合规义务的部门、机构、人员。密封件商会内部为了监督、引导、落实各项合规政策，单独设立了合规委员会和合规部。考虑到各成员单位规模、合规风险类型等因素，密封件商会合规委员会成员包括商会会长、副会长、秘书长以及各会员企业的合规专员。密封件商会为降低各成员单位合规成本，提高合规工作开展效率，并确保各项合规政策能被成员单位充分重视、有效落实，由密封件商会设立合规部，商会会长担任合规部负责人，成员包括各会员企业合规专员以及商会外聘的合规律师团队。签署合规承诺的会员企业推选一名合规专员作为合规部成员，上传下达，紧密配合，按照合规组织机构要求落实合规制度、措施，将合规责任落实到每家企业、具体职位。由此，密封件商会形成了较完备的合规组织架构。

合规委员会负责合规管理的组织领导和统筹协调工作，主要职责包括:（1）审议通过商会合规章程、合规公约等合规管理规范;（2）接受市企业合规监管委员会的指导、监督，对合规建设方面的问题、困难与企业合规监管委员会沟通、协商;（3）对各成员单位在合规整改工作开展过程中所遇到的各项困难、问题定期集中进行反馈;（4）讨论、制定密封件商会内部的各项规章制度、工作机制;（5）讨论决定行业合规重大决策事项;（6）其他。

合规部是推进商会合规工作的核心力量，主要职责包括:（1）负责企业合规管理体系建设，制定企业合规管理建设规划和实施方案;（2）组织制定、修订企业合规管理基本制度和专项制度，总结梳理合规管理相关工作标准程序;（3）制定年度合规管理工作计划，并推动贯彻落实，组织编报合规管理年度报告;（4）持续关注重大法律法规等变化，组织协调重点领域合规风险评估工作;（5）组织协调开展专项合规工作，参与重大事项决策、重要规章制度、重大合同的法律合规审查;（6）设定合规培训计划指标，组织开展合规培训;（7）组织开展合规检查工作，督促违规整改和持续改进，参与违规事件处置;（8）组织或参与企业合规管理考核、评价工作;（9）指导所属企业开展合规管理工作;（10）参与合规管理工作经费预算审核与统筹；（11）启动重大事项讨论机制；（12）其他。

2. 开展行业共性风险自查

合规风险点排查是企业合规建设的第一步，找准合规风险点是合规建设针对性、有效性的基础。密封件行业商会聘请合规律师团队进行行业风险排查，3 名律师利用 1 个多月时间走访了 23 家企业，通过座谈、走访等方式进行风险排查，发现行业具有共性的安全生产、环境保护、知识产权、财税管理四个方面的隐患，制作了合规风险自查报告。

3. 制定行业合规章程和公约

以构建行业合规管理体系为目标，建立统一的行业合规机制、制度、标准，指导督促会员企业在执行行业统一合规标准的基础上完善单个企业的合规管理规范。密封件行业商会在合规章程中规定了合规组织机构及职责、合规运行机制，提出做出合规承诺、构建合规文化的要求。

密封件行业商会制定了 9 条行业公约，对会员企业的行为作出规定，提出必须把依法合规经营作为企业经营的基本方针，要求坚持质量第一、禁止恶意竞争。公约还规定了重点事项讨论机制和违反公约的奖惩措施，如公约第二条、第六条明确约定会员单位须坚持开展合规工作，构建单位合规文化的内容，会员单位可以享有行业信息、生产业务、技术质量、经营管理等方面的服务。

4. 制定和完善专项合规制度

事前合规和事后合规共同的地方是都要针对企业面临的合规风险或潜在风险制定专项的整改措施或制度，弥补企业管理漏洞。密封件行业商会通过合规风险排查发现了行业内共性问题，特别是针对知识产权领域合规涉罪风险制定了 9 条知识产权管理制度、23 项员工行为准则。商会聘请的合规团队经过走访和排查，针对行业中“来样加工”“来图加工”“上门测绘”以及“委托代工”四个高风险领域，制定了较为完备的风险排查梳理流程，同时在与第三方合作伙伴签署的合同中加入了知识产权风险免责条款，降低企业主动侵权或被侵权的可能，强化企业的知识产权管理水平。并针对企业重点关注的安全、环保方面的风险点完善了制度规范，将相对规范企业的管理制度、可行的解决办法运用到存在风险的企业，帮助企业弥补漏洞，完善管理。

5. 行业合规运行管理机制

企业合规体系的执行是合规建设的核心。在建立行业合规的基本运行机制后，能否保障其平稳运行，是行业合规能否真正得以实现的关键所在。在张家港市行业合规的探索中，密封件商会和市企业合规监管委员会分别从内外两方面采取了有针对性的措施，保障合规机制的运行。

在内部，在行业商会指导下，企业制定了环境保护、知识产权、税务管理专项制度，并要求参与合规建设的成员单位按照分类合规台账要求，做好检查记录。此外，密封件商会还建立了巡查机制，定期从合规部成员中随机抽取合规专员组成巡查小组，查看企业有无违法、违规风险，并要求相关人员进行整改，及时调整合规制度。目前，合规部已对商会企业合规建设完成巡查 10 次，发现共性问题 15 个，发出《违规告知单》9 份，持续推动商会及会员企业实质化整改。通过巡查发现行业内企业存在的生态环境保护隐患，如研磨液、清洗剂的排放问题，雨污分流问题；知识产权保护隐患，如商标侵权、泄露商业秘密等问题，发出整改通知书。企业进行整改，完善了危废处置规定，标明环保警示标志，聘请有资质的公司进行处理。商会还制定了统一的合规举报热线和奖惩制度。公约第八条规定凡违反协会章程、本会有关决议和本公约的会员，本会可视情况给予警告或者罚款的处罚，促进企业遵守合规制度。

在外部，张家港市企业合规监管委员会发挥组织协调作用，延伸第三方机制的适用，组建第三方组织对企业合规建设情况进行监督考察，对申请合规验收的企业进行分级评定。密封件商会3家会员企业完成合规建设，向企业合规监管委员会申请分级评定验收，经验收评定为合规达标企业。

6. 行业合规文化打造

为增强合规运行的内发性，密封件行业商会宣传推广合规文化，如各成员公司将合规宣言“生产为矛、合规为盾、攻守兼备、创造非凡”上墙。部分公司一把手向全体员工公开做出合规承诺，提出“安全生产、环境保护、知识产权、财税管理”四大领域合规理念，营造合规文化氛围。商会聘请的合规律师团队定期为企业开展各领域合规培训，邀请检察机关、市场监督管理部门、生态环境部门开展专项合规培训，讲述合规台账的填录要求、梳理合规巡查工作要点等。

三、涉外法律风险领域事前合规探索

（一）探索的背景

近年来，中央的一系列重要文件进一步肯定了合规的重要意义。2019年底，中共中央、国务院印发的《关于营造更好发展环境支持民营企业改革发展的意见》明确要求：“推动民营企业筑牢守法合规经营底线。”2021年初，《国民经济和社会发展第十四个五年规划和2035年远景目标纲要》提出：“引导企业加强合规管理，防范化解境外政治、经济、安全等各类风险。”2021年11月19日，习近平总书记在第三次“一带一路”建设座谈会上强调，要加快形成系统完备的反腐败涉外法律法规体系等。张家港市检察院根据上级部署，2021年底积极稳妥地推进涉外法律风险领域事前合规试点，由市企业合规监管委员会牵头，组建由涉外合规律师、专家学者、行政主管部门业务骨干组成的第三方组织，负责审核企业制定的合规计划、监督合规计划执行、组织合规验收评估等工作。目前世界500强企业江苏沙钢集团等三家首批试点企业的涉外合规建设正在稳步进行，着力打造外向型民营企业合规的全国样板。

（二）探索的过程

1. 组建工作专班，集中力量攻坚

认真研究，争取各方支持，获得上级领导的支持、指导。在检察院内部抽调骨干组成攻坚小组，对涉外合规试点工作进行专题研究。在外部，成立张家港市企业合规监管委员会涉外合规试点工作专班，成员包括市检察院、司法局、商务局、工信局、工商联等各单位负责人。确立联席会议制度，定期召开专班会议，强化部门协调联动，统筹推动各项工作，解决实践运行中的难点问题。编制《涉外合规试点工作各方职责分工》（见第 274 页附件 49），明确涉外合规中参与各方的职责。

2. 多方听取意见，拟制实施方案

主动与市商务局、工商联等单位沟通协调后，围绕“特定性、自愿性、自费性、长期性”四个要点，拟制为期 3 年的《实施方案》，多次听取专家学者意见，工作专班集中讨论修改完善。最终确定了遴选试点企业、组建第三方组织、审核涉外合规计划、监督合规计划执行、组织验收评估、总结等 6 个主要环节、20 个重点项目，明确详细的内容和标准，并配套制定时间表、流程图等 18 个方案附件，便于各试点参与方实际操作。

3. 进行专题汇报，解决保障难题

以企业合规监管委员会名义向市委专题报告涉外合规试点工作，论证了张家港市企业涉外案件和面临的合规风险，分析了国际国内涉外合规总体形势和试点工作的重大意义，争取人、财、物等方面的支持。经请示申报，试点期间第三方组织履职、专家咨询、人员培训、日常办公办会等相关费用约 200 万元，计划分 3 年从合规专项经费支出。

4. 深入走访调研，摸排合适企业

重点走访市商务局、工信局、工商联等部门，了解张家港市外贸企业总体情况，掌握 8 家企业涉外法律纠纷详情。根据《实施方案》，采取自愿报名与社会团体推荐的方式，经公告征集、综合研究、网络公示，确定3家公司为首批试点企业。目前，3家试点企业根据自身实际，分别与律师事务所签订涉外合规建设协议。

5. 组织公开遴选，组建第三方组织

制定《涉外法律风险领域事前合规试点第三方机制专业人员选任管理办法（试行）》（见第275页附件50），明确入选条件、程序、权利义务等内容。在张家港市工商联微信公众号发布选任公告，张家港市企业合规监管委员会综合考虑报名人员学历、专业背景、工作履历、参与意向及专业能力，确定第三方组织专业人员名单并公示。人员包括2名专家学者、2名涉外合规工作经验丰富的律师以及张家港市商务局1名对外贸易科业务骨干。

6. 组建咨询专家库，提供智力支撑

聘请谢鹏程教授、陈瑞华教授、孙国祥教授、王志乐所长等专家学者，组成专家咨询库，提升试点工作专业性和影响力。邀请专家学者以“建立合规管理体系，提升企业竞争力”为主题组织培训，进一步提高试点企业对什么是合规、为什么要合规、怎么样合规以及合规建设效果怎么样“四个问题”的认识。

7. 举行启动仪式，迅速推进落实

2021年11月，召开张家港市涉外合规试点启动仪式，为3家试点企业授牌，向5名第三方组织专业人员颁发聘书，沙钢集团、北京金杜律师事务所作为代表现场签约，各试点参与方表态发言，对下一步试点工作动员发动、提出要求。启动仪式结束后，试点企业立即与合规顾问团队对接，着手排查企业重点领域、重点部门、重点环节的合规风险。第三方组织召开第一次小组会议，围绕审核合规计划、考察合规计划执行等，商讨具体落实方式和标准。

8. 加强组织保障，督促实质监管

第三方组织监督考察工作的实效性是决定涉外法律风险领域事前合规试点成败的关键，张家港市企业合规监管委员会就第三方组织的履职作出明确要求，通过签署第三方组织监督评估服务合同，列明工作内容清单，要求第三方组织重点审核涉外合规计划、保证坐班监管时长、定期向企业合规监管委员会汇报工作情况、阶段验收工作要求等。具体包括如下三个流程：

第一，审核涉外合规计划。第三方组织通过查阅资料、走访座谈、问卷调查等方式，对企业涉外合规计划制定主体、制定过程、计划内容等进行全面审查，提出审查意见。审查内容包括：（1）企业提交拟聘请的合规建设团队信息后，审查合规建设团队资质、专业能力；（2）审查企业与合规建设团队签订的合同，如相关服务项目的可行性、服务费用的合理性等；（3）审查企业合规建设团队制定合规计划的过程，如团队进驻履职情况、风险评估情况等；（4）审查企业涉外合规计划内容，评估是否足以防控企业重点领域、重点部门、重点环节的风险。审查工作结束后，第三方组织制作提交《试点企业涉外专项合规计划考察报告》，企业合规监管委员会结合报告，召开专家论证会，论证合规计划的可行性、有效性和全面性。

第二，监督合规计划执行。根据企业合规监管委员会《涉外法律风险领域事前合规试点第三方监督评估工作办法（试行）》（见第 280 页附件 51），第三方组织重点围绕以下几个方面履行职责，相关成果、进展情况及时提交企业合规监管委员会备案。重点工作包括：（1）制定《涉外合规有效性审查评定标准》；（2）审查企业定期书面报告，了解合规计划执行阶段性情况及合规建设团队履职情况；（3）采用坐班督导、集体访谈、问卷调查、实地查验、抽样检测、比较分析等多种方式，不定期跟踪监督；（4）对企业合规建设存在的问题，提出专项整改意见；（5）建立监督考察工作台账，注明坐班、抽查等履职情况。

第三，组织验收评估。第三方组织制定《企业合规建设阶段验收工作方案》，明确坐班进驻、验收评估等工作安排，提交企业合规监管委员会备案；按照既定方案和标准开展验收，制作考察评估阶段报告、总报告，提交企业合规监管委员会审核。

附件：

49.涉外合规试点工作各方职责分工

50.张家港市企业合规监管委员会涉外法律风险领域事前合规试点第三方机制专业人员选任管理办法（试行）

51.张家港市企业合规监管委员会涉外法律风险领域事前合规试点第三方监督评估工作办法（试行）

52.涉外法律风险领域事前合规试点工作流程图

附件 49

涉外合规试点工作各方职责分工

企业合规监管委员会：试点工作组织方。引导企业开展涉外合规建设，委托第三方组织对企业合规建设进行监督考察，统筹协调各项工作，做好相关保障。

试点企业：涉外合规建设实施方。听从企业合规监管委员会总体工作安排，自愿开展涉外合规建设，自行聘请合规建设团队，自觉接受第三方组织监督考察，做好第三方组织监督必要的保障。

第三方组织：涉外合规建设监督方。向企业合规监管委员会负责，按规定对企业合规建设进行监督、考察、指导、评估；发挥主观能动性，对试点工作提出意见建议。

合规建设团队：涉外合规建设服务方。向企业负责，按约定对企业合规建设提供专业服务，协助企业配合第三方组织监督考察。

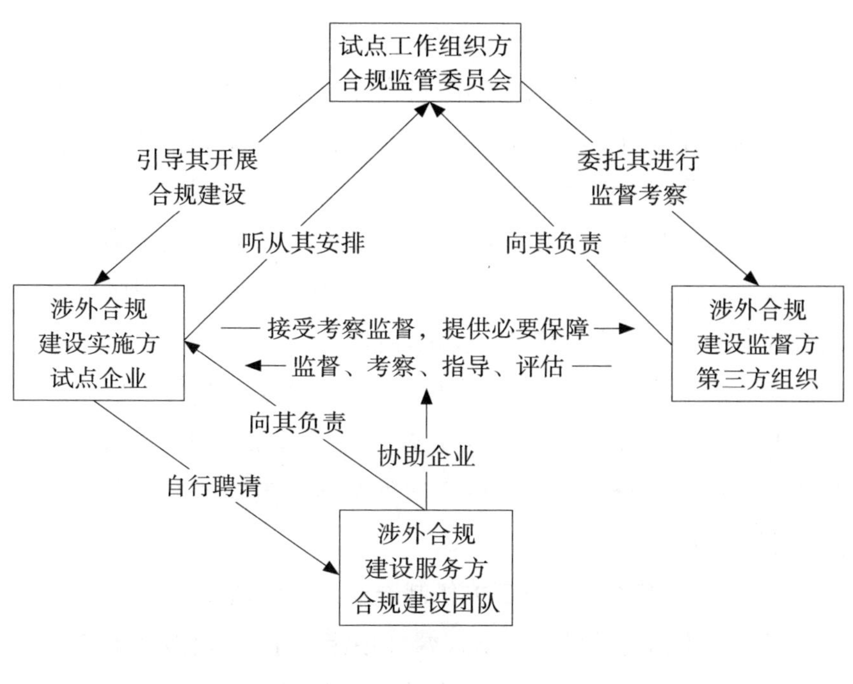

附件 50

张家港市企业合规监管委员会
涉外法律风险领域事前合规试点第三方机制专业人员
选任管理办法（试行）

根据《张家港市企业合规监管委员会关于开展涉外法律风险领域事前合规试点的通知》要求，为规范涉外法律风险领域事前合规试点第三方监督评估机制专业人员（以下简称第三方机制专业人员）选任管理工作，保障涉外事前合规试点第三方监督评估机制（以下简称第三方机制）有效运行，结合工作实际，制定本办法。

第一章　总则

第一条【人员范围】 第三方机制专业人员是指由企业合规监管委员会选任确定，参与涉外法律风险领域事前合规试点第三方监督评估工作的相关领域专业人员，主要包括涉外合规领域专业律师、涉外合规领域的专家学者等专业人员。

商务局、工信局等政府部门具有专业知识的人员可以作为第三方机制专业人员，也可以受企业合规监管委员会邀请和所在单位委派，参加第三方监督评估组织（以下简称第三方组织）或者相关工作，其选任管理由企业合规监管委员会与有关单位协商确定。

第二条【基本原则】 第三方机制专业人员选任管理应当遵循依法规范、充分协商、公开公正的原则。

第三条【职责分工】 第三方机制专业人员的选任、培训、考核、监督等管理工作应当在企业合规监管委员会的领导下开展，具体工作由企业合规监管委员会涉外法律风险领域事前合规试点指导小组负责。

第二章　第三方机制专业人员的选任

第四条【组建涉外第三方监督评估组织】 组建涉外第三方监督评估组织，对试点企业合规建设进行考察、评估。成员不少于三人，人员数量、组成结构和各专业领域名额分配由企业合规监管委员会自行确定，并可以根据情况进行调整。

第五条【入选条件】 第三方机制专业人员应当拥有较好的政治素质和道德品质，具备履行第三方监督评估工作的专业知识和业务能力，本人自荐且单位同意参与第三方监督评估工作。一般应当具备下列条件：

（一）拥护中国共产党的领导，拥护社会主义法治；

（二）道德品行良好，具有良好职业操守；

（三）持有本行业执业证书，从事本行业工作满三年；

（四）工作业绩突出，近三年内考核为称职以上；

（五）具有涉外合规工作背景或者具备相应专业知识，能够熟练运用英语工作；

（六）近三年内未受过行业自律惩戒；

（七）无受过刑事处罚、被开除公职或者开除党籍等情形；

（八）无其他不适宜履职的情形。

第六条【选任程序】 企业合规监管委员会按照制定计划和发布公告、本人申请和单位推荐、材料审核和考察了解、初定人选和公示监督、确定人选和颁发证书等程序组织实施第三方机制专业人员选任工作。

第七条【选任公告】 涉外第三方监督评估组织名单，应当在企业合规监管委员会有关成员单位的官方网站或微信公众号上发布公告。

公告应当载明选任名额、标准条件、报名方式、报名材料和选任工作程序等相关事项，公告期一般不少于五个工作日。

第八条【审核考察】 企业合规监管委员会可以通过审查材料、走访了解、面谈测试等方式对报名人员进行审核考察，并在此基础上提出第三方组织拟定人选。

企业合规监管委员会可以通过成员单位所属或者主管的有关协会商会了解核实拟入库人选的相关情况。

第九条【拟任公示】 企业合规监管委员会应当将第三方组织拟定人选名单及监督联系方式向社会公示，接受社会监督。公示可以通过在拟入库人选所在单位或者有关新闻媒体、网站发布公示通知等形式进行，公示期限一般不少于五个工作日。

企业合规监管委员会对于收到的举报材料、情况反映要及时进行调查核实，视情况提出处理意见。调查核实过程中可以根据情况与举报人、反映人沟通联系。

第十条【执行标准】 企业合规监管委员会在确定拟入库人选时应当综合考虑报名人员的政治表现、执业资质及经历、研究成果和表彰奖励，以及所在单位的资质条件、人员规模、所获奖励、行业影响力等情况。具有涉外法律风险领域合规工作经验的择优考虑。

第十一条【确定人选】 公示期满后无异议或者经审查异议不成立的，企业合规监管委员会应当向专业人员颁发证书，通知其所在单位或者所属有关协会商会。名录库人员名单应当在企业合

规监管委员会有关成员单位网站上公布，供社会查询。

第三章　第三方机制专业人员的日常管理

第十二条【人员权利】 第三方机制专业人员享有获取相关文件资料、参加有关会议和考察活动、接受业务培训、获得相应报酬及表彰奖励等权利。

第十三条【人员义务】 第三方机制专业人员应当认真履职、勤勉尽责，严格遵守有关任职保密、回避、廉洁等规定。

企业合规监管委员会对违反上述规定的人员，可以进行谈话提醒、批评教育，通报所在单位或者所属有关协会商会，情节严重或者造成严重后果的可以调整出库。

第十四条【建立台账】 第三方机制专业人员履职应当建立台账制度，全面客观记录履职情况，作为评估结果的重要参考。

第十五条【接受监督】 第三方机制专业人员履职情况，应当主动接受企业合规监管委员会的监督管理，以及巡回检查小组、检察机关等外部监督，听取意见建议。

第十六条【履职不当情形】 企业合规监管委员会发现第三方机制专业人员存在以下履职不当情形之一的，应当提出书面纠正意见；第三方机制专业人员仍不予改正的，应当更换专业人员：

（一）无正当理由不参加第三方组织工作，或者不接受第三方机制管委会分配工作任务的；

（二）在履行第三方监督评估职责中不负责任，致使工作出现重大失误，造成不良影响的；

（三）在履行第三方监督评估职责中存在行为不当，造成不良影响的；

（四）其他造成不良影响或者损害第三方组织形象或公信力的情形。

第十七条【资格免除】 有下列情形之一的，第三方机制专业人员应当终止履职：

（一）在选任或者履职中弄虚作假，提供虚假材料或者情况的；

（二）受到刑事处罚、行政处罚或者行业自律惩戒，情节严重的；

（三）违反《关于建立涉案企业合规第三方监督评估机制的指导意见（试行）》第十七条规定，情节严重的；

（四）利用第三方机制专业人员身份发表、从事与履职无关的言行，造成严重不良影响的；

（五）实施严重违反社会公德、职业道德或者其他严重有损第三方机制专业人员形象、公信力行为的。

第三方机制管委会发现第三方机制专业人员的行为涉嫌违法犯罪的，应当及时向公安司法机关报案或者举报。

第十八条【主动辞职】 第三方机制专业人员因客观原因不能履职、本人不愿继续履职或者发生影响履职重大事项的，应当及时向企业合规监管委员会报告并说明情况，主动辞任第三方机制专业人员。

第四章　工作保障

第十九条【履职保障】 企业合规监管委员会各成员单位、有关协会商会以及试点企业，应当为第三方机制专业人员履行职责提供必要支持和便利条件。

第二十条【经费保障】 第三方机制专业人员履职所需费用列入合规专项资金。

第五章　附则

第二十一条【解释及施行】 本办法由张家港市企业合规监管委员会负责解释，自发布之日起施行。

（注：本办法自 2021 年 12 月 15 日发布施行）

附件 51

张家港市企业合规监管委员会涉外法律风险领域事前合规试点第三方监督评估工作办法（试行）

为服务保障外向型企业健康发展，有序推进涉外法律风险领域事前合规试点工作，根据《张家港市关于推进企业合规建设工作的意见（试行）》等规定，结合本市工作实际，制定本办法。

第一章　总则

第一条【组织性质】 涉外法律风险领域事前合规试点第三方监督评估组织（以下简称第三方组织）是由企业合规监管委员会选任组成，并负责对涉外事前合规试点企业的合规计划及其完成情况进行调查、评估、监督和考察的临时性组织。

第二条【运行原则】 第三方组织的运行应当遵循依法依规、公开公正、客观中立、专业高效的原则。

第三条【管理监督】 企业合规监管委员会负责对其选任组成的第三方组织及其组成人员履职期间的监督、检查、考核等工作，确保其依法依规履行职责。

第二章　第三方组织的工作程序

第四条【前期准备】 第三方组织组建后，应当在企业合规监管委员会的具体指导下，以坐班考察调研的方式，深入了解企业涉外风险领域，认真研判试点企业在涉外合规领域存在的薄弱环节和突出问题，合理确定试点企业适用的涉外专项合规计划类型，做好相关前期准备工作。

第五条【合规计划】 第三方组织根据前期工作情况，应当要求试点企业提交涉外领域专项合规计划。

试点企业可以聘请涉外合规建设团队，通过调查问卷、走访座谈等方式进行涉外风险点排查，制定专项合规管理计划。常见的专项合规计划有：反商业贿赂合规计划、诚信合规计划、出口管制合规计划、反洗钱合规计划、数据保护合规计划等。

第六条【合规计划审查】 第三方组织应当对试点企业合规计划的可行性、有效性与全面性进行审查，重点审查以下内容：

（一）企业聘请的涉外合规建设团队的专业性、独立性，制定合规计划的过程；

（二）试点企业完成合规计划的可能性以及合规计划本身的可操作性；

（三）合规计划对试点企业预防涉外法律风险的实效性；

（四）合规计划是否全面涵盖试点企业在某一涉外合规领域的薄弱环节和明显漏洞。

第三方组织可以就合规计划向试点企业提出修改完善的意见建议，制作《涉外专项合规计划审查报告》，并向企业合规监管委员会备案。

第七条【召开专家论证会】 企业合规监管委员会可以视情召开专家论证会，邀请专家智库成员对企业合规计划的有效性进行分析论证，听取意见建议。

第八条【合规考察期限】 第三方组织根据合规计划预设的时间进度安排和试点企业具体情况，合理确定合规考察期限，并向企业合规监管委员会备案。

第九条【合规计划执行监督】 在合规考察期内，第三方组织可以定期或者不定期对试点企业合规计划履行情况进行检查和评估，可以要求试点企业定期书面报告合规计划的执行情况，同时向企业合规监管委员会备案。

第三方组织发现涉案企业执行合规计划存在明显偏差或错误的，应当及时进行指导、提出纠正意见。

第十条【验收报告】 第三方组织在合规计划确定的合规建设期间，应当制定《企业合规建设阶段验收工作方案》，定期对试点企业的合规计划完成情况进行全面检查、评估和考核，并制作《合规考察阶段验收报告》。

合规考察期限届满，第三方组织应当制作《合规考察验收总结报告》，对企业合规计划完成情况作出终局性评价意见。

合规考察验收报告一般应当包括以下内容：

（一）涉案企业履行合规承诺、落实合规计划情况；

（二）第三方组织开展坐班监督、检查、评估、考核情况；

（三）第三方组织监督评估的程序、方法和依据；

（四）监督评估结论及意见建议；

（五）其他需要说明的问题。

第十一条【合规报告效力】 合规考察报告应当由第三方组织全体组成人员签名或者盖章后，报送企业合规监管委员会。

第三方组织组成人员对合规考察报告有不同意见的，应当在报告中说明其不同意见及理由。

第十二条【监督评估方法】 第三方组织可以采用以下检查、评估方法开展监督评估工作：

（一）观察、访谈、文本审阅、问卷调查、知识测试；

（二）对试点企业的涉外业务与管理事项进行抽样检查，按照业务发生频率、重要性及合规风险的高低，从确定的抽样总体中抽取足额样本，并对样本的符合性做出判断；

（三）对试点企业的涉外业务处理流程开展穿透式检查，检查与其相关的原始文件，并根据文件上的业务处理踪迹，追踪流程，对相关管理制度与操作流程的实际运行情况进行验证；

（四）对试点企业开展相关系统及数据检查，重点检查业务系统中权限、参数设置的合规性，并调取相关涉外贸易交易数据，将其与相应的业务凭证或其他工作记录相比对，以验证相关涉外业务是否按规则运行。

第十三条【建立台账制度】 第三方组织应当建立工作台账制度，对开展工作过程进行记录，提交企业合规监管委员会备案。

第十四条【试点企业义务】 试点企业及其人员对第三方组织开展的检查、评估应当予以配合并提供便利，如实填写、提交相关材料，不得弄虚作假。

试点企业或其人员认为第三方组织或其组成人员的检查、评估行为不当或者涉嫌违法犯罪的，可以向企业合规监管委员会反映或者提出异议。

第十五条【第三方组织解散】 企业合规监管委员会收到第三方组织报送的合规考察书面报告后，应当及时进行审查，双方认为第三方组织已经完成监督评估工作的，由企业合规监管委员会宣告第三方组织解散。

第十六条【回避】 第三方组织组成人员系律师、专家学者等中介组织人员的，在履行第三方监督评估职责期间不得违反规定接受可能有利益关系的业务；在履行第三方监督评估职责结束后一年以内，上述人员及其所在中介组织不得接受涉案企业、个人或者其他有利益关系的单位、人员的业务。

第十七条【责任追究】 企业合规监管委员会发现第三方组织故意提供虚假报告或者提供的报告严重失实的，应当依照《关于建立涉案企业合规第三方监督评估机制的指导意见（试行）》的规定及时向有关主管机关、协会等提出惩戒建议，涉嫌违法犯罪的，及时向司法机关报案或者举报，并将其列入第三方机制专业人员名录库黑名单。

第三章　附则

第十八条【解释及施行时间】 本办法由张家港市企业合规监管委员会负责解释，自发布之日起施行。

（注：本办法自 2021 年 12 月 15 日发布施行）

附件 52

涉外法律风险领域事前合规试点工作流程图

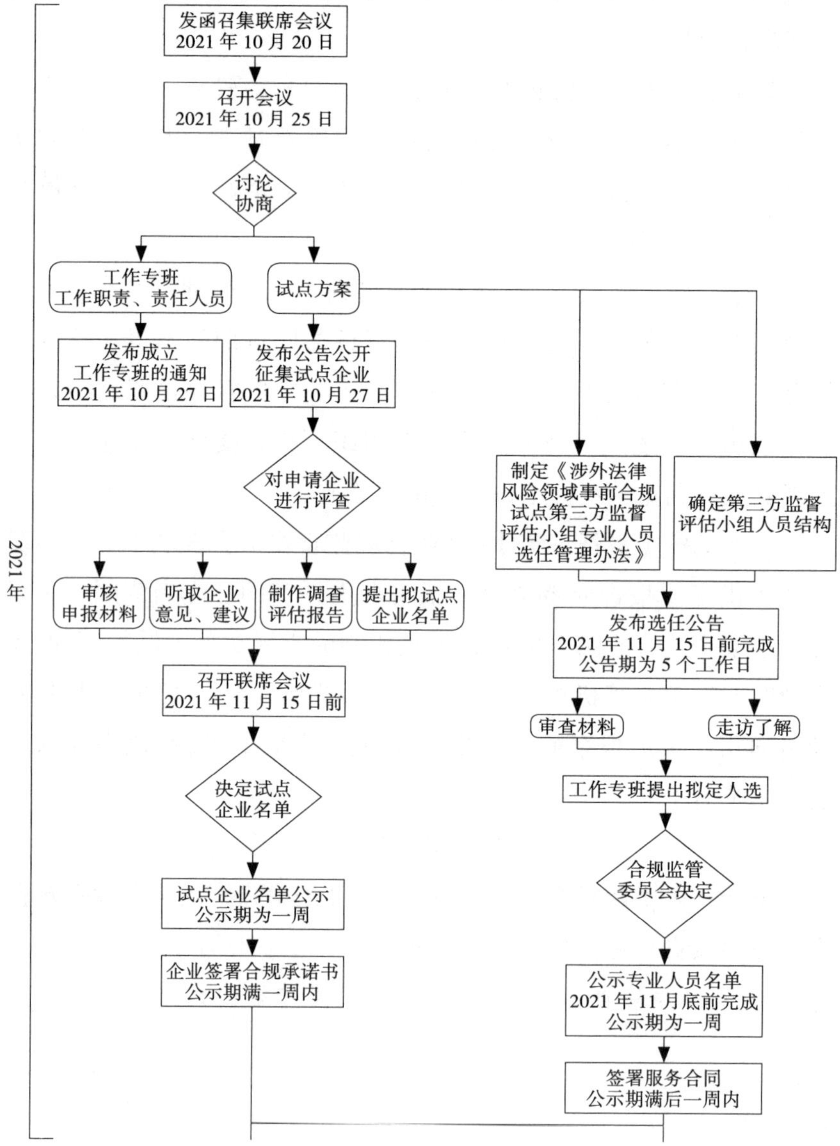

2021 年

发函召集联席会议
2021 年 10 月 20 日

召开会议
2021 年 10 月 25 日

讨论协商

工作专班
工作职责、责任人员

发布成立工作专班的通知
2021 年 10 月 27 日

试点方案

发布公告公开征集试点企业
2021 年 10 月 27 日

对申请企业进行评查

审核申报材料

听取企业意见、建议

制作调查评估报告

提出拟试点企业名单

召开联席会议
2021 年 11 月 15 日前

决定试点企业名单

试点企业名单公示
公示期为一周

企业签署合规承诺书
公示期满一周内

制定《涉外法律风险领域事前合规试点第三方监督评估小组专业人员选任管理办法》

确定第三方监督评估小组人员结构

发布选任公告
2021 年 11 月 15 日前完成
公告期为 5 个工作日

审查材料

走访了解

工作专班提出拟定人选

合规监管委员会决定

公示专业人员名单
2021 年 11 月底前完成
公示期为一周

签署服务合同
公示期满后一周内

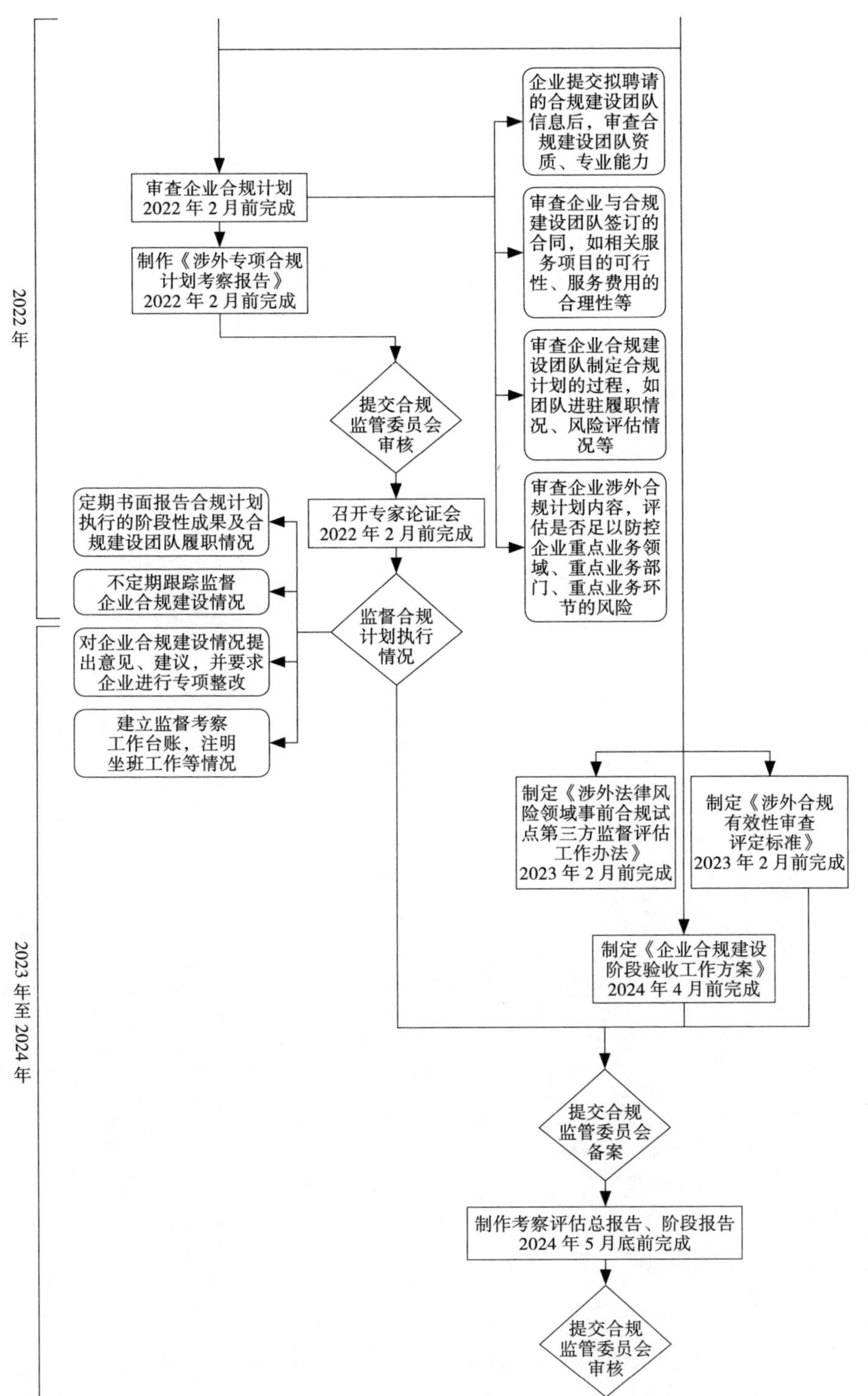
2022年
2023年至2024年
审查企业合规计划
2022年2月前完成
制作《涉外专项合规计划考察报告》
2022年2月前完成
提交合规监管委员会审核
召开专家论证会
2022年2月前完成
监督合规计划执行情况
定期书面报告合规计划执行的阶段性成果及合规建设团队履职情况
不定期跟踪监督企业合规建设情况
对企业合规建设情况提出意见、建议，并要求企业进行专项整改
建立监督考察工作台账，注明坐班工作等情况
企业提交拟聘请的合规建设团队信息后，审查合规建设团队资质、专业能力
审查企业与合规建设团队签订的合同，如相关服务项目的可行性、服务费用的合理性等
审查企业合规建设团队制定合规计划的过程，如团队进驻履职情况、风险评估情况等
审查企业涉外合规计划内容，评估是否足以防控企业重点业务领域、重点业务部门、重点业务环节的风险
制定《涉外法律风险领域事前合规试点第三方监督评估工作办法》
2023年2月前完成
制定《涉外合规有效性审查评定标准》
2023年2月前完成
制定《企业合规建设阶段验收工作方案》
2024年4月前完成
提交合规监管委员会备案
制作考察评估总报告、阶段报告
2024年5月底前完成
提交合规监管委员会审核

第八章
展望思考

第一节 企业合规立法展望

一、企业合规相对不起诉模式的局限性

最高检启动企业合规改革试点工作以来，形成了一批典型案例和经验做法。张家港市检察院作为首批试点单位，在这一重大改革试点工作推进过程中，持续加强合规从宽的适用条件、范围、标准和程序的基层探索，为企业合规立法提供实践素材。但在探索过程中，受限于现行法律框架，检察机关往往只能依托于相对不起诉的程序路径，探索适用企业犯罪合规不起诉，即对满足条件且自愿进行合规建设的涉案企业设立一定的合规监督考察期限，期满后根据企业的合规完成情况作出是否起诉的决定。此种模式在企业合规改革的前期探索中取得了一定的成效，推动了企业合规制度的"落地生根"，但这一模式在实践中也存在一些瓶颈：

（一）现有的相对不起诉模式不能充分调动涉案企业合规积极性

根据《刑事诉讼法》第一百七十七条第二款规定："对于犯罪情节轻微，依照刑法规定不需要判处刑罚或者免除刑罚的，人民检察院可以作出不起诉决定。"实践中，满足上述条件的涉案企业无须进行合规整改同样有机会获得相对不起诉的处理结果，进而导致部分涉案企业出于节约成本、减少涉诉时间等考虑，无意参与合规整改。而这类企业由于其犯罪行为的偶发性和轻微性，往往极具合规整改价值，若不能充分调动其合规整改积极性，则会使企业合规改革助力和保障企业健康发展的功效难以发挥。并且，由于检察机关酌定裁量不起诉的范围一般限于情节轻微的刑事案件，由此合规不起诉的适用范围难免具有一定的局限性。

（二）相对不起诉模式难以解决合规监督考察期限和办案期限之间的冲突

《刑事诉讼法》对检察机关审查起诉的办案期限有明确规定，而评估调查、制定合规计划、组建第三方组织、进行合规考察等合规程序需要很长时间。这样的办案期限一般能够满足中小微企业或者合规要求比较简单的企业整改需求，但对于大型企业以及比较复杂或者要求相对高的企业是远远不够的。因此，实践中可能导致两种不利后果：一是大型企业或合规建设期限长的企业难以通过合规整改获得相对不起诉；二是因整改时间有限，企业难以深入排查风险隐患，易导致其将主要精力投入合规基础制度搭建，而非进行针对性整改，进而使合规整改流于形式，成为“纸面合规”。

（三）企业合规改革试点中的相对不起诉实际上已经“异化”为“附条件不起诉”

如前所述，相对不起诉的适用只需涉案企业满足法定条件而无须附加任何其他条件，但目前实践中多将通过合规监督考察作为涉案企业获得从宽处理的附加条件。且不论这种模式是否有加重涉案企业负担之嫌，仅就其形式而言，实质是一种针对涉企犯罪的“附条件不起诉”。这种模式是将企业合规制度嫁接到现行法律制度上的“权宜之计”，随着企业合规改革进入深水区，此种异化的“相对不起诉”模式恐难以为今后的企业合规工作继续提供有力支撑。

二、企业合规“附条件不起诉”模式路径展望

企业合规改革不应满足于传统的从宽形式，而应把挽救企业作为目标，建立一套符合企业挽救目的的、独立的企业合规不起诉制度。基于上述“相对不起诉”模式的局限性，我们认为在未来企业合规改革探索中，应当逐步跳出“相对不起诉”的制度束缚。参考我国2012年以来确立的未成年人犯罪附条件不起诉制度，

以大胆创新的姿态更加深入开展企业合规“附条件不起诉”的路径探索。

在立法层面，可以分两步走：第一步，将合规从宽进行单独评价，作为法定从轻、减轻情节，这相较于刑事司法层面将企业合规作为酌定情节而言，体现了更大的刑事激励力度，对于涉案企业的吸引力更大。同时，在《刑法》总则单位犯罪章节中可以增设合规免责制度。[①] 如果单位能够提供证据材料证明在犯罪行为发生前，单位已经确立旨在防止发生该类犯罪的合规制度且该制度运行有效，单位可以免于承担刑事责任。通过建立有效合规，可以切割单位与个人之间的责任，如被称为企业合规无罪抗辩第一案的雀巢员工侵犯公民个人信息案。[②] 第二步，在条件成熟的时候，创立企业犯罪附条件不起诉制度，扩大合规从宽适用条件和范围。

“附条件不起诉”不仅在形式上更加接近域外的暂缓起诉模式，符合国际惯例，其激励效果在以美国为代表的西方国家的企业合规实践中已经得到反复验证，是涉案企业合规中最重要也最有利的程序激励措施；并且依据最高检对涉案企业合规改革工作部署，检察机关积极开展企业犯罪附条件不起诉立法建议相关工作，为构建企业犯罪附条件不起诉制度积累实践经验，也是当前企业合规改革工作的重要目的和应有之义。目前《刑事诉讼法》

---

① 参见唐亚南:《推动刑事合规的良性发展和立法完善》，载《人民法院报》2021 年 12 月 23 日，第 6 版。

② 雀巢公司的员工郑某等六人为了推销雀巢奶粉，通过拉关系、支付好处费等手段，从兰州多家医院医务人员手中非法获取公民个人信息。一审判处上述雀巢公司员工及医院人员均构成侵犯公民个人信息罪。郑某等人上诉，理由是自己的行为系公司行为，均是公司下达的任务，所获取的信息都是提供给公司的。2017 年，兰州中院作出终审裁定，认为“单位犯罪是为本单位谋取非法利益之目的，在客观上实施了由本单位集体决定或者由负责人决定的行为。雀巢公司手册、员工行为规范等证据，证实雀巢公司禁止员工从事侵犯公民个人信息的违法犯罪行为，各上诉人违反公司规定、为提升个人业绩而实施的犯罪为个人行为”，从而区分了单位责任与员工个人责任。

有五种类型的特别程序，共同特点是适用于特定类型的案件，可单独设立“企业合规案件诉讼程序”，对合规案件作出原则性规定。具体思路如下：

适用范围上，目前在支持建立企业合规附条件不起诉制度的学者中，关于该制度的适用范围仍存在争议。部分学者认为，该制度的适用范围应参照《刑事诉讼法》第二百八十二条未成年人附条件不起诉适用范围的规定，限定为《刑法》分则第三章、第六章、第八章中可能被判处 3 年以下有期徒刑的单位犯罪；部分学者认为，应将该制度适用范围放宽至《刑法》分则中所有单位犯罪。我们认为，随着企业合规改革的深入开展，实践中已开始重罪案件适用合规从宽制度的探索，在企业合规附条件不起诉的制度设计中，应拓宽适用附条件不起诉的刑罚条件和罪名条件，与企业经营管理相关的犯罪都可以纳入企业合规附条件不起诉的范围内。

制度衔接上，涉案企业合规改革不仅涉及不起诉制度，同时涉及认罪认罚、刑事和解、刑行衔接等多种制度，企业合规附条件不起诉制度的创立亦需进一步与其他相关制度配套衔接。特别是通过制度设计，进一步明确涉案企业适用第三方机制是否以认罪认罚为前置条件、是否应取得被害人谅解等问题，保证企业合规附条件不起诉制度能够切实巩固合规改革试点成果，为改革的深入开展提供有力支撑。

此外，关于企业合规附条件不起诉制度与《刑事诉讼法》中相对不起诉的关系如何协调的问题，我们认为，二者之间不是非此即彼的关系，完全可以并行不悖。对于犯罪嫌疑人可能被判处 3 年有期徒刑以下刑罚的企业犯罪案件，本身就符合相对不起诉条件的，无须适用合规监督考察，检察机关可径行作出相对不起诉决定。而对于检察机关已经作出不起诉处理决定的企业，如果具有合规的必要性与基本条件，检察机关仍可通过制发检察建议的方式，督促、引导其建立合规管理体系。

程序设计上，企业自愿作出合规承诺，是其认罪认罚的主要表现之一，而认罪认罚又是其自觉履行合规承诺的前提，因此在企业合规附条件不起诉的启动标准上，涉案企业及有关责任人员自愿认罪认罚是程序启动的必要条件，在此基础上还可以附加犯罪事实清楚，证据确实、充分，企业能够正常生产经营、具备合规整改条件，积极赔偿损失、修复环境、补缴税款等其他条件，同时还应确定个人为实施违法犯罪而设立企业、企业设立后以实施违法犯罪为主要活动、企业内部人员盗用单位名义实施犯罪、涉嫌危害国家安全犯罪或恐怖活动犯罪等排除适用的情形。此外，企业合规附条件不起诉制度既然旨在解决合规考察期限与办案期限的矛盾，便需要通过程序设计将涉案企业合规考察期限前移至案件侦查阶段，或参照未成年人附条件不起诉制度，将合规考察期限移出办案期限。

配套保障上，企业合规改革本身作为服务和保障民营经济的一项探索，在实际运行中特别注重公开性和公正性。在目前的实践中，对涉案企业适用第三方机制前要进行充分的调查评估，在合规考察期满，第三方组织评估验收后，对涉案企业作出不起诉决定也需要经过公开听证等程序。企业合规附条件不起诉制度的设计也应在吸取现有经验做法的基础上，进一步提升合规程序的透明度。

开展企业合规试点工作，对于推动企业持续健康发展，促进国家治理体系和治理能力现代化具有重大意义。企业合规制度如同一切新事物一样，都需要一个不断培育和完善的过程。在我国现有法律制度和实践探索的基础上，充分借鉴国际先进经验，必将构建起符合中国实际、具有中国特色的企业合规制度。

第二节　张家港合规城市建设展望

自2020年3月承担企业合规改革试点任务以来，张家港市把改革试点作为服务保障民营经济发展、促进优化法治化营商环境新的重大机遇，以打造“企业违法犯罪率、被违法犯罪率最低”城市名片作为目标追求，在改革道路上大胆探索、勇于实践，在多个领域创造全国“第一”、全国“首例”，逐步探索形成在全国具有重要影响力和知名度的企业合规“张家港样板”。主要成效体现在三个方面。一是有效保障了民营企业健康发展。试点以来，张家港市检察院办理的安全生产、环境保护、税务管理、知识产权四个重点领域涉企犯罪案件呈逐年下降趋势，2021年与2020年相比，降幅超50%，通过变“推一把”起诉判刑为“拉一把”引导合规，相关企业恢复生产经营后，每年为国家税收贡献5000余万元，解决上千人就业。二是有效推动了社会治理模式优化升级。通过企业合规，在促进企业建立现代公司治理制度的同时，反向推动行政机关优化执法模式，促进提升了社会治理能力。通过行政机关、人大代表、政协委员等广泛参与合规监督考察、公开听证等活动，企业合规的意识日益深入人心，成为社会治理创新的重要方面。三是有效增强了企业合规意识。通过试点特别是开展事前合规探索和宣传，以实际成效和典型案例让更多企业以及行业商会、协会逐渐认识到合规建设在防控法律风险、促进经营发展上发挥的重要作用，众多企业、行业商会、协会纷纷要求加强合规普法宣传、主动申请开展合规建设，从“要我合规”到“我要合规”的氛围逐渐形成。

下一步，可以以打造合规城市为目标，构建以引导企业自主合规为核心，以合规政务体系、合规司法体系、合规自治体系、合规服务体系、合规监督体系为保障的“五位一体”支持体系，精心打造“企业违法犯罪率、被违法犯罪率最低”城市名片，积极营造让企业家安心经营、放心投资的最优营商环境。

一、核心目标：引导企业自主合规

企业是经济活动的主要参与者、就业机会的主要提供者、技术进步的主要推动者，促进依法合规经营，是开展企业合规改革的根本要义。企业作为市场主体，是当然的合规主体。构建合规管理体系就是要鼓励引导企业开展合规管理、合规建设，使合规成为企业的自觉遵循。

（一）健全合规管理组织

完善企业法人治理结构，指导企业建立内部合规管理组织体系，具体包括企业应当在最高管理层设置最高级别合规负责人，在企业内部设置涵盖所有部门的综合性及专业性合规组织，如合规委员会、合规部，主要职责包括制定合规计划、合规手册等合规规范，讨论行业合规重大决定、问题，监督企业落实合规工作等。同时，要建立联络员机制，保障合规组织相互协调配合，以实现合规管理。鼓励企业聘请律师、会计师、税务师等专业人士协助、参与企业合规管理组织的设立和运行。

（二）完备合规管理制度

参考ISO37301合规管理国际标准，引导企业建立和运行风险评估、信息报告、风险应对机制以及合规培训、日常管理、激励惩戒、考核评价等管理制度，健全企业内部监督体系，完善违规问责和违规行为处罚制度。强化企业管理制度化、制度流程化、流程信息化的内控理念，将合规要求嵌入各项业务流程，鼓励企业在企业决策、合同签订、项目管理、合作伙伴选择等重大经营管理行为中将合规作为强制性的审查内容。

（三）培育企业合规文化

大力倡导“企业合规 行稳致远”理念，引导企业结合其经营情况、企业文化，建立符合社会主义核心价值观和合规理念的企业价值观，积极培育企业合规文化。鼓励企业开展合规培训，创新合规宣传载体和方式方法，丰富宣传内容，将合规文化通过各种方式传递给所有员工。将合规执行情况与员工薪酬体系、奖金体系、晋升体系挂钩，让每一位企业员工真正接受合规文化，并将合规要求内化于心、外化于行。

二、“五位一体”支持保障体系

（一）合规政务体系

1. 加强党委政府统筹

加强组织保障，成立市委市政府主要领导任组长的合规城市建设领导小组，统筹协调各项工作。领导小组下设具体工作组，细化工作方案，明确部门职责和负责人员，强化部门协调配合，确保各项工作目标推进到位、落实到位。探索将政府部门合规工作履职情况纳入法治化营商环境评价体系，增强各部门责任意识。加强经费保障，适当增加合规城市建设专项经费。

2. 强化合规行政激励

修订完善《企业合规激励政策清单》，推动建立健全企业事前合规正向激励机制，探索将通过企业事前合规分级评定作为企业参与政府招投标、申请扶持政策、享受便利化政务服务等事项的优先条件，并在行政审批、公共服务、执法检查、信用评定等方面给予政策激励，鼓励企业诚信合法经营，主动合规。创新行政执法模式，对事前已开展有效合规建设、分级评定等级高的市场主体，根据实际情况从轻、减轻处罚或不予行政处罚。

3. 积极推动行政合规

在已发布 4 批《企业行政合规指导清单》的基础上，继续在更多领域明确行政合规具体事项，为企业开展行政合规提供方向。组建机关单位企业合规讲师团，选任熟悉企业合规工作的业务骨干，为企业进行专业培训和指导。搭建涉企综合法律咨询服务平台，遴选专业律师，面向企业免费提供专业法律服务、与合规相关的政策咨询。

（二）合规司法体系

1. 完善刑行衔接

建立检察机关与行政机关涉企案件信息互通机制，健全完善行政执法和刑事司法信息共享平台，通过数据交换、个案调阅等方式完成信息互通工作。推动建立涉案企业合规与行政合规结果互认机制，检察机关因涉案企业开展合规建设而作出不起诉决定后，需对涉案企业进行行政处罚的，检察机关应当向行政机关制发检察意见，行政机关将检察意见作为作出处理决定的重要参考。

2. 推动侦诉衔接、监检衔接

侦查机关、监察机关经初查发现或者在立案后发现涉案企业、个人符合企业合规适用条件的，经与检察机关会商一致后可启动企业合规程序。检察机关在开展提前介入、侦查活动指引等诉讼活动中，发现涉案企业、个人符合相关企业合规适用条件的，可以书面商请侦查机关、监察机关启动会商程序。侦查机关、监察机关向检察机关移送起诉时提出从宽处理建议的，检察机关应将涉案企业合规整改情况作为作出检察决定的重要参考。

3. 加强检法衔接

积极促进刑事司法全流程适用企业合规，涉案企业、个人符合企业合规适用条件，并在法院审判阶段提出适用企业合规申请的，法院应及时书面通报检察机关，由法院、检察机关进行会商，协商一致后可启动企业合规程序。涉案企业在审查起诉阶段已完成合规整改的，检察机关在起诉书中应阐明涉案企业合规整改的相关情况。法院探索将企业合规整改情况作为酌情从轻处罚情节，综合审查全案证据后，可根据案件性质、情节、社会危害性及企业合规整改情况酌情从轻处罚并在裁判文书中载明。

（三）合规自治体系

1. 司法办案督促自治

在涉企刑事案件办理过程中，注重从类案或者系列案件中发现共性问题，分析梳理所属行业、领域企业普遍具有的合规风险，积极宣传合规文化、合规政策，把加强合规体系建设作为检察建议的必要内容，推动行业、领域开展整体合规建设，以此规范成员企业的经营行为，实现合规成本最小化、合规效果最大化。

2. 行政机关引导自治

相关行业主管部门把企业合规作为能动履职、诉源治理的有力抓手，紧盯风险多发、高发重点领域，针对暴露出的共性问题和制度漏洞，引导相关行业开展企业合规建设，弥补小微企业独立开展合规建设能力不足的问题，促进防患未然、抓源治本。行业主管部门引导和支持各行业依法制定规约、章程，发挥行业自律和专业服务功能，实现行业自我约束、自我管理。

3. 重点行业牵头自治

选择与张家港市重点产业链密切相关、管理基础较好的行业商会进行重点合规培育，引导支持行业协会、商会组建本行业自身合规组织机构。结合本行业特点依法制定合规公约、章程，指导督促成员企业在执行行业统一标准的基础上完善单个企业的合规体系，多措并举保障行业合规各项机制落实到位，实现行业、领域整体合规，构建行业合规生态，打造行业合规示范样本，推动更多领域、更多行业开展合规建设。

（四）合规服务体系

1. 完善第三方机制

在第三方机制专业人员的确认上加强监管，严格把关资质，注意审查专业能力和执业信誉。加强对第三方组织的履职监督，优化现有的第三方组织智能管理平台，嵌入履职培训、考核评价、奖惩机制、人员禁入机制、出库管理等模块，加强对第三方组织专业人员的动态管理。同时，进一步细化完善涉案合规监督考察的程序、方法、标准，实现考察标准统一化、考察环节具体化、从宽要求明确化。

2. 加强人才培养

完善第三方机制专业人员遴选办法以及学习培训、年度考核、监管回避、资格年审、责任追究等管理制度，保证第三方机制专业人员队伍始终保持素质过硬、公正履职。用好外部合规专家资源，聘请知名合规专家作为企业合规监管委员会专家顾问，为全市企业家、第三方机制专业人员、政府机关业务骨干等授课解惑，针对性提高合规建设能力。积极探索引进培育合规研究机构和合规人才，为合规城市建设提供智力支持。

3. 强化技术支撑

加强企业合规相关信息资源的研发和整合，推动大数据、云服务等技术手段在合规管理、交流、信息共享上的应用，降低企业合规领域的研发、运行成本。搭建企业合规规范化运行法律监督模型，在实现企业合规服务“一网通办”的同时，更好实现对企业合规的风险研判和全流程监督指导，提高企业合规管理的信息化水平。

（五）合规监督体系

1. 加强人大监督

贯彻落实张家港市人大常委会出台的《关于推进全市企业合规改革试点工作的决定》《企业合规建设工作实施办法》两个文件，人大代表可提出意见、建议等交市企业合规监管委员会监督办理，办理情况及时报告市人大常委会，推动人大监督企业合规工作规范化、实质化运行。常态化邀请人大代表现场观摩涉案企业合规验收，听取企业合规计划执行情况汇报、第三方组织评估报告，对企业工作现场进行查看，观摩巡回检查小组履职情况，切实发挥外部监督作用，督促第三方组织“真监管”“真评估”，确保涉案企业“真整改”“真合规”。

2. 加强纪检监察监督

发挥好纪委监委作为企业合规监管委员会主要成员单位的作用，做好全市企业合规建设中纪律约束和日常监督工作。加强对

《张家港市企业合规经费管理办法》执行情况的监督，聚焦开支范围、审批程序、财务制度等重点，规范专项经费使用和管理。对于办理合规案件的司法人员和第三方组织中的行政机关公职人员，将合规履职、廉政纪律等纳入公务员考核考评中，切实做好“防围猎”工作，坚决杜绝利用合规建设以权谋私。

3. 加强日常检查

完善巡回检查机制，巡回检查工作中发现第三方机制专业人员存在违反义务性规定的问题，及时向企业合规监管委员会报告，企业合规监管委员会进行调查核实后，根据问题严重程度，采取口头纠正、更换成员、免除资格、追究责任等方式作出处理。运用大数据碰撞、分析技术，抓取涉案企业经营数据并对比合规建设前后变化，客观了解企业经营态势，为量化评价第三方组织履职成效提供参考。